国家新兴行业人才培养系列教材

电子竞技运动与管理专业新形态融媒体教材

电子竞技概论

（微课版）

主　编　龚雨玲　曾长春

副主编　樊忠良　董　宇

科　学　出　版　社

北　京

内 容 简 介

本书是在行业、企业专家和课程开发专家指导下，由校企"双元"合作开发的现代信息技术专业群系列教材之一。

本书内容包括认识电子竞技、电子竞技的发展、电子竞技产业构成、电竞人才培养、电竞运动选材和电竞赛事组织 6 个单元，全面介绍了电子竞技的基本概念及产业发展，通过电子竞技的赛事组织、运动选材和运营管理相关案例讲解，读者可以了解电子竞技的商业价值和社会影响，从而认识电子竞技行业的从业道路。

本书可以作为电子竞技运动与管理及相关专业的教学用书，也可供电子竞技从业者、爱好者学习或参考。

图书在版编目(CIP)数据

电子竞技概论：微课版 / 龚雨玲，曾长春主编 . —北京：科学出版社，2022.11

国家新兴行业人才培养系列教材　电子竞技运动与管理专业新形态融媒体教材

ISBN 978-7-03-066610-9

Ⅰ.①电… Ⅱ.①龚… ②曾… Ⅲ.①电子游戏－运动竞赛－职业教育－教材　Ⅳ.①G898.3

中国版本图书馆CIP数据核字（2020）第211384号

责任编辑：张振华 / 责任校对：赵丽杰
责任印制：吕春珉 / 封面设计：孙　普

科 学 出 版 社出版
北京东黄城根北街16号
邮政编码：100717
http://www.sciencep.com

三河市骏杰印刷有限公司印刷
科学出版社发行　　各地新华书店经销

＊

2022年11月第 一 版　　开本：787×1092　1/16
2022年11月第一次印刷　　印张：13 3/4
字数：300 000
定价：58.00元

（如有印装质量问题，我社负责调换〈骏杰〉）
销售部电话 010-62136230　编辑部电话 010-62135120-2005

前 言

电子竞技作为新兴的体育项目，正朝着产业化、规模化蓬勃发展。2003 年 11 月 18 日，国家体育总局正式批准，将电子竞技列为第 99 个正式体育竞赛项。2008 年，国家体育总局将电子竞技改批为第 78 个正式体育竞赛项。2016 年，国务院常务会议提到加快发展电子竞技休闲产业。2017 年 10 月，国际奥委会承认电子竞技为正式体育运动项目。2018 年，电竞项目在雅加达亚运会上进行表演。2016 年 9 月，教育部发布了《普通高等学校高等职业教育（专科）专业目录》，增补了"电子竞技运动与管理"专业。2019 年 4 月，人力资源社会保障部确定电子竞技员正式成为一门职业。2020 年 1 月 16 日，国家标准化委员会发布了《电子竞技运营师》《游戏代练师》《电子竞技培训讲师》三项职业技能标准。2022 年 9 月 8 日，电子竞技员国家职业技能标准评审会在北京召开，这标志着相关职业技能标准的颁布正式进入"倒计时"。2022 年 11 月 16 日，国际奥委会官方宣布首届奥林匹克电子竞技周（Olympic Esports Week）将于 2023 年 6 月 22 日至 25 日在新加坡举行。这一声明标志着在奥林匹克运动在支持和接纳电子竞技和虚拟体育方面迈出了重要一步。目前，电子竞技项目逐渐延展到赛艇、高尔夫、滑雪、网球、足球、篮球等虚拟项目。

党的二十大报告指出："加快建设国家战略人才力量，努力培养造就更多大师、战略科学家、一流科技领军人才和创新团队、青年科技人才、卓越工程师、大国工匠、高技能人才。""广泛开展全民健身活动，加强青少年体育工作，促进群众体育和竞技体育全面发展，加快建设体育强国。"为了深入贯彻落实二十大报告精神，编者根据二十大报告和《职业院校教材管理办法》《高等学校课程思政建设指导纲要》《"十四五"职业教育规划教材建设实施方案》等相关文件精神编写了本书。在编写过程中，编者紧紧围绕"培养什么人、怎样培养人、为谁培养人"这一教育的根本问题，以落实立德树人为根本任务，以学生综合职业能力培养为中心，以培养卓越工程师、大国工匠、高技能人才为目标。

相较于同类图书，本书的体例更加合理和统一，概念阐述更加严谨和科学，内容重点更加突出，文字表达更加简明易懂，工程案例和思政元素更加丰富，配套资源更加完善。具体而言，本书主要具有以下几个方面的突出特点。

1）校企"双元"联合编写，行业特色鲜明。本书是在行业专家、企业专家和课程开发专家的指导下，由校企"双元"联合编写的。编者均来自教学或企业一线，具有多年的教学或实践经验。在编写过程中，编者能紧扣该专业的培养目标，遵循教育教学规律和技术技能人才培养规律，将电子竞技产业新理论、新标准、新规范融入教材，符合当前企业对人才综合素质的要求。

2）融入典型案例，强调"工学结合"。本书采用"理实一体化"的职业教育课程改革理念，注重以赛事组织、运动选材和运营管理的真实项目、典型案例为载体组织教学内容，能够满足模块化、案例化等不同教学方式的要求。

3）对接岗位能力标准，体现"岗课赛证"融通。对接电子竞技运营师岗位能力要求，紧密围绕"知识、技能、素养"三位一体的教学目标，将电子竞技运营与管理的相关知识、技能、素养融入教学内容，注重对接岗位能力标准和比赛要求。

4）融入思政元素，落实课程思政。为落实立德树人根本任务，充分发挥教材承载的思政教育功能，对教学内容及配套资源进行了梳理、挖掘、改造，有机融入文化自信、规范意识、质量意识、职业素养、工匠精神等思政元素，将思政元素和教学内容相结合，潜移默化地提升学生的思想政治素养。

5）立体化资源配套，适应信息化教学。为了方便教师教学和学生自主学习，本书配套有免费的立体化的教学资源包，包括多媒体课件、微课、视频等。此外，本书中穿插有丰富的二维码资源链接，通过扫描可以观看相关的微课、视频。

本书由龚雨玲（湖南体育职业学院）、曾长春（重庆市龙门浩职业中学校）担任主编，樊忠良（重庆市龙门浩职业中学校）、董宇（重庆竞速文化传播有限公司）担任副主编。在编写过程中，重庆竞速文化传播有限公司提供了大量的案例和素材，在此表示感谢。

由于编者水平有限，书中疏漏之处在所难免，恳请广大读者批评指正。

目 录

1 单元　认识电子竞技

单元导读

　　说到电子竞技，大家都不会陌生，它是一项以游戏为载体的体育运动。2018 年，在雅加达亚运会上，电子竞技终于登上了洲际综合体育大赛的舞台，电竞选手也以运动员的身份为中国取得两金一银的好成绩，当五星红旗第一次在电子竞技体育赛场上升起，中国电竞代表队选手同所有体育运动项目的运动员一样，享受着为祖国赢得荣誉的喜悦。本单元主要介绍电子竞技的定义与特征、电子竞技游戏的分类、电子竞技的影响等。

学习目标

- 了解电子竞技国际赛事；
- 理解电子竞技与传统竞技体育的区别；
- 熟悉电子竞技游戏的分类；
- 理解电子竞技的特征；
- 了解电子竞技对社会、经济、文化等方面的影响。

思政目标

- 树立正确的学习观、价值观，自觉践行行业道德规范；
- 弘扬爱国情怀，提升文化自信，增强民族自豪感。

1.1　电子竞技相关概念

1.1.1　竞技运动

微课：电子
竞技定义

1. 认识竞技运动

竞技运动即比赛性的体育活动，它是指为最大限度地发挥个人和集体在体力、智力和运动能力等方面的潜力，为创造优异成绩而进行的训练和竞赛。竞技运动是具有竞赛特点和较高技术要求的运动项目的通称。随着科技的发展，现代信息技术的普及，竞技运动又分为体育竞技运动和电子竞技运动，但在常用语言中的竞技运动特指体育竞技运动（图 1.1.1）。

图 1.1.1　体育竞技运动

2. 竞技运动的特征

凡是竞技运动，都以创造优异成绩、夺取比赛优胜为主要目标，具有激烈的竞争性、高度的公平性、严格的规则性、高超的技艺性、高尚的娱乐性、广泛的国际性等特征，赛事结果能够被广大公众认可。

1）激烈的竞争性

竞技运动具有激烈的对抗性和竞争性，竞争是生物的天性，各种生物的生存与发展都离不开与自然的对抗竞争。竞技运动的终极目的是取胜，其个性的主要特征就是竞争，竞争本是人类社会活动中一个人类欲望的因子，它在竞技运动中被无限地放大、发挥，成为竞技运动的一个强烈的表现形式。

失去了竞争性，竞技运动就没有了生机和活力。竞争是竞技运动的最根本特征，没有竞争就谈不上竞技运动。竞技运动的竞争性包括自我的超越和与对手的竞争。竞技运动最低层次的竞争是竞技主体间的竞争，通过竞技活动使人们达到比较优劣、挑战极限和不断超越的目的。同时，也有代表一定单位或行政区乃至国家参与的竞争，这种竞争性的最高层次表现在各国之间的竞争，从而增强竞技运动的国际竞争力。

2）高度的公平性

公平、公开、真实，这是被人类社会普遍接受的一种体育精神，是竞技运动的精髓，也是竞技运动赖以生存的根基。竞技运动的公平性体现在以下几个方面：①竞技运动的竞争主要以竞赛的形式表现出来，在竞赛中竞赛程序、规则具有公开性、平等性；②分配公正，即竞赛的奖励分别按照竞赛的成绩进行分配；③惩罚公正，即对违反规则者进行同等的处罚。

公平竞争是竞技运动的追求，公正是实现公平的基础，公正与规则的制约性紧密联系在一起，规则的公正性是竞技运动公平的前提。竞技运动需要以公正的、统一的规范和规则对不同的竞技主体的活动进行肯定、限定或否定，从而在竞技活动中对于各主体的竞技行为和结果予以公正的、符合实际的评判和认定。

3）严格的规则性

竞技运动在明确而正式的规则范围内进行，其活动内容、竞赛形式和结果被社会乃至世界所承认。竞技运动需要设立合法组织，规范参赛人群主体，明确组织比赛、参加比赛的基本要求，规定比赛规程和规则，规定参赛队伍资格，设定比赛结果和荣誉，设定比赛纪律和罚则等。比赛过程要在组织严密，参赛人群公平、公开、公正的条件下有效完成。

4）高超的技艺性

竞技运动具有高超的技艺性，竞技选手优中选优，层层选拔，以追求"更高、更快、更强"为目标，以取得优异运动成绩为目的，充分展示和发挥运动员的体力、智力、心理等方面的潜能。

5）高尚的娱乐性

当今世界所开展的竞技运动项目是社会历史的产物。远在公元前700多年的古希腊时代，就出现了赛跑、投掷、角力等项目，发展至今已有数百种之多。普遍开展的项目有田径、体操、篮球、排球、足球、乒乓球、羽毛球、举重、游泳、自行车等。各国、各地区还有自己特殊的民族传统项目，如中国的中华武术，东南亚地区的藤球、卡巴迪等。这些传统项目的发展与国家和地区的政治、经济、文化教育、科学技术密切相关。随着社会的不断发展，竞技运动已经发展得越来越成熟，越来越规范，而随着各种运动的不断普及，喜爱和观看竞技运动的人也逐渐增多，希望不同的运动都能长盛不衰，呈现百花齐放的局面。

6）广泛的国际性

机会均等的竞技运动增强了人们的平等观念。竞技运动不分国界、民族、肤色和信仰，为了共同的目标，展示个人或团队的实力，大家同台比拼。运动员们凭着过硬的本领，在比赛场上都能找到共同的语言，没有一种文化能够像竞技运动那样具有国际性。

1.1.2　电子游戏

1. 认识电子游戏

电子游戏（electronic games）又称视频游戏（video games）或者电玩游戏（简称电玩），是指所有依托于电子设备平台而运行的交互游戏。完善的电子游戏在 20 世纪末出现，改变了人类进行游戏的行为方式和对游戏一词的定义，属于一种随科技发展而诞生的文化活动。电子游戏也可代指电子游戏软件。

2. 电子游戏的分类

根据媒介和运行平台，电子游戏分为街机游戏、主机游戏、电脑游戏和掌机游戏。

1）街机游戏

1971 年，世界第一台街机在美国的电脑试验室中诞生。街机是一种放在公共娱乐场所的经营性专用游戏机，起源于美国的酒吧。一般常见的街机，其基本形式由两部分组成：框体与机版。在街机上运行的游戏叫街机游戏（图 1.1.2）。

在我国，街机游戏起始于 20 世纪 80 年代，首先是从我国香港流行过来的，逐步从沿海城市到内地。特别是到了 20 世纪 90 年代初，街机玩家群暴涨，很多人看准了商机，顿时大街小巷遍布游戏厅。那时候没有普及电脑，没有网络，没有 VCD（video compact disc，激光压缩视盘），甚至没有有线电视，家用游戏机也没有普及，游戏质量更是无法与街机相比。因此，街机游戏成为玩家的最爱，这也造就了那个时代街机的辉煌。SNK 公司主打的《KOF》系列、《侍魂》系列、《饿狼》系列成了人们谈论最多的话题。IGS 公司推出的《西游记》《三国战记》系列、《中国龙》等是每个游戏厅必备的热门游戏。

图 1.1.2　街机游戏

　　游戏玩家缺乏自制能力，无法控制自己的游戏热情。国家也意识到了街机厅对青少年身心的影响，出台了一系列政策，严禁未成年人进入游戏厅。2000 年 6 月，《国务院办公厅转发文化部等部门关于开展电子游戏经营场所专项治理意见的通知》（国办发〔2000〕44 号），要求各地立即停止审批新的游戏经营场所，并大力压缩现有数量，停止引进新游戏。国家对于游戏产业的政策大大打击了街机行业（图 1.1.3）。这个规定，使大多数中小规模游戏厅倒闭。另外，国家对街机游戏相关商品交易加以限制，不再准许国外游戏进口，游戏相关产品不能交易。另外，随着电脑游戏、主机游戏的发展，20 世纪 90 年代末期，我国的街机游戏产业趋于衰退。

图 1.1.3　2002 年 1 月 17 日文化部门销毁非法电子游戏机

2）主机游戏

主机游戏（console game）又名电视游戏，包含掌机游戏和家用机游戏两部分，是一种用来娱乐的交互式多媒体。它通常是指以电视屏幕为显示器，在电视上执行家用主机的游戏。在欧美国家，电视游戏比电脑游戏更为普遍，由于游戏软件种类多，设计也较亲切，玩家容易上手，主机游戏比电脑游戏更有可玩性。主机游戏通常有不同的玩法规则、物件、游戏目标、控制方式、游戏角色，以及其他特色。每一种电视游戏都有专用的多媒体光碟或卡带（图1.1.4），会依照不同的游戏机来发行贩售。

为了要玩指定的游戏，玩家需要准备该款游戏所属的游戏主机（又称为平台）。目前主流的游戏主机包括任天堂的Switch、微软的Xbox One（图1.1.5）、索尼的PlayStation 4。

图 1.1.4　卡带式主机游戏　　　　　图 1.1.5　微软 Xbox One

主机游戏的市场起源是在美国［1972年，Magnavox公司推出的"奥德赛"（Odyssey）游戏机］，然而真正发育直至成熟是在日本。与中国众多习惯在PC（personal computer，个人计算机）平台上玩游戏的玩家不同，在日本，电脑是用来办公的，而游戏机才是真正用来玩游戏的。国际上流行的电子竞技项目，如魔兽、CS（反恐精英），因为都是PC平台游戏，所以很少有日本选手参赛的消息；反倒是我们不常关注的街机和主机游戏的相关比赛和Cosplay（角色扮演）等，在日本拥有非常高的人气。

3）电脑游戏

电脑游戏（computer game）是随着PC产生而出现的一种由PC程序控制的、以益智或娱乐为目的的游戏。电脑游戏的出现与20世纪60年代电子计算机进入美国大学校园有密切的联系。1962年，一个名叫斯蒂夫·拉塞尔的大学生在美国DEC公司生产的PDP-1型电脑上编制的《宇宙战争》（Space War）是当时很有名的电脑游戏。一般认为，拉塞尔是电脑游戏的发明人。20世纪70年代，随着计算机技术的发展，其成本越来越低。1971年，"电子游戏之父"诺兰·布什内尔发明了第一台商业化电子游戏机。不久他创办了世界上第一家电子游戏公司——雅达利（ATARI）公司。在 20 世纪 70 年代，随着苹果电脑的问世，电脑游戏才真正走上商业化道路。此时，电脑游戏的图形效果还非常简陋，但是游戏的类型化已经开始出现了。

从 20 世纪 80 年代开始，PC 机大行其道，多媒体技术也开始成熟，电脑游戏成为这些技术进步的先行者，尤其是 3Dfx 公司的 3D 显示卡给行业带来一场图像革命。进入 20 世纪 90 年代，电脑软硬件技术的进步、互联网的普及为电脑游戏的发展带来了强大的动力。进入 21 世纪，网络游戏成为电脑游戏的一个新的发展方向。电脑游戏主要分为角色扮演游戏（role-playing game，RPG）、网页游戏（web game，WEG）、动作游戏（action game，ACT）、冒险游戏（adventure game，AVG）、策略模拟类游戏（simulation game，SLG）、即时战略游戏（real time strategy game，RTS）、格斗游戏（fighting game，FTG）、射击游戏（shooting game，STG）、益智类游戏（puzzle game，PZL）、竞速游戏（racing game，RCG）、卡片游戏（card game，CAG）、多用户虚拟空间（multiple user domain，MUD）游戏，以及多人在线战术竞技（multiplayer online battle arena，MOBA）游戏（图 1.1.6）。

图 1.1.6　MOBA 游戏《DOTA2》

4）掌机游戏

掌机游戏是便携式游戏的一类，是指可以随时随地运用小型游戏机运行的游戏。掌机游戏的运行平台是便携式游戏机，它又名掌上型游乐器、掌机游戏机（图 1.1.7）。最早的掌机游戏可以追溯到任天堂的 Game & Watch 系列。掌机游戏一般具有流程短小、节奏明快的特点。由于其目的是供人们在较短时间（如等车、排队的过程中）内娱乐，它不会像一般视频游戏那样具有复杂的情节；同时，由于硬件条件的限制，一般掌机的画面和声音都不如同时期的家用游戏硬件。

图 1.1.7　掌机游戏机

在亚洲地区，特别是日本和中国，掌机游戏具有大量的用户群，并带动了大量相关软、硬件产业的发展。这是因为掌机游戏机具有便于携带和随时娱乐的特点，同时掌机游戏加入的收集、交换等要素进一步提升了这类游戏的魅力。例如，著名的《口袋妖怪》游戏已成为一种文化现象和符号，其每一新作都会成为青少年群体热议的话题。

1.1.3　电子竞技

1. 认知电子竞技

电子竞技（electronic sports）简称电竞，就是电子游戏比赛达到竞技层面的体育项目。电子竞技运动就是利用电子设备作为运动器械进行的人与人之间的智力对抗运动。通过运动，可以锻炼和提高电子竞技参与者的思维能力、反应能力、心眼四肢协调能力和意志力，培养团队精神。电子竞技也是一种职业，与棋艺等非电子游戏比赛类似。

"电子"是方式和手段，指这项运动是借助信息技术为核心的各种软硬件以及由其营造的环境来进行的，这类似于传统竞技体育运动项目中相应的器材和场地。我们知道，任何一项体育运动都需要相应的器材和场地，如篮球运动有篮球和篮球场，田径有标枪、跳高架和跑道、沙坑等。在电子竞技运动中，这一切都是依赖信息技术来实现的。这是电子竞技运动有别于传统竞技体育的根本不同。

"竞技"则指的是体育的本质特性，即对抗、比赛。一个体育项目，对抗、比赛是最基本的特征，这也是电子竞技运动有别于其他电子游戏特别是网络游戏的主要特点。电子竞技运动有多种分类和项目，但共同的核心一定是对抗、比赛。需要说明的是，体育的比赛具有可定量、可重复、精确比较的特点，作为一项运动项目，竞技具有高度的技巧性、规律性，选手的技战术水平必须通过严格的训练和实战来提高。

2. 电子竞技与传统竞技体育的区别

电子竞技的出现，和传统竞技体育的产生，在本质上并没有什么区别，最初都是为了娱乐，随着参与和关注的人越来越多，人们在娱乐之上附加了一些规则，通过竞技比拼，赛出分数高低，从而获得胜负。电子竞技与传统竞技体育都符合体育运动的基本要求，即有竞争要素，对生命体无伤害，不依赖于某个单一体育器材提供商，不包含刻意为比赛设计的运气因素。电子竞技作为正式的体育项目，它有明确的比赛规则与比赛时间，运动员之间秉着公正、公平的体育精神，进行智力和体力的对抗。

电子竞技与传统竞技体育的差别在于虚拟与真实，虽然电子竞技可以操作，但是毕竟处于虚拟状态，并不能与传统的体育竞技相比。传统竞技体育主要以体力锻炼为主，而电子竞技则更偏向于脑力锻炼。电子竞技是传统竞技体育项目的补充，是现代信息技术高速发展的产物，是竞技体育的电子化，传统竞技体育为电子竞技的赛事组织与执行提供了规范参考。在训练和比赛过程中，传统竞技体育项目需要使用运动场地和运动器械，电子竞技所需的运动器材主要是计算机及网络等相关硬件和软件平台。电子竞技与传统竞技体育项目同根同源，只是载体和表现形式不同。

3. 电子竞技与电子游戏的区别

电子竞技与电子游戏有以下几个方面的区别。

（1）电子竞技与电子游戏的基本属性不同，电子游戏属于大众娱乐，电子竞技属于体育运动；电子游戏主要是在虚拟的世界中以追求感受为目的的模拟和角色扮演（图1.1.8），电子竞技则是在信息技术营造的虚拟环境中，有组织地进行人与人之间的智力对抗（图1.1.9）。

（2）电子竞技有明确统一的比赛规则，有严格的时间和回合限制；而电子游戏缺乏明确统一的比赛规则，游戏时间和回合限制比较随意，容易让人沉迷。

（3）电子竞技比赛是运动员之间秉承公平、公正、公开的体育精神竞赛，体现团队合作、拼搏进取的体育精神，最终通过比赛决定胜负，并获得相关荣誉；电子游戏是人机对战或人与人之间通过游戏平台进行的娱乐活动，比赛成绩或胜负排名不是最终结果。

图 1.1.8　电子游戏

图 1.1.9　电子竞技

知识链接

　　1998年至今，我国电子竞技的发展可谓是一波三折，电子竞技随着时代的发展、思想的愈发包容、科技的进步正一步步走向繁荣。战略游戏《星际争霸》和射击游戏《反恐精英》让全球掀起了首波电子竞技游戏热潮，加之我国互联网飞速发展，网吧行业爆发式增长，使用互联网的人数逐渐增加，从而让多人网上游戏对战成为可能。首家电子竞技对战平台——浩方对战平台于2000年开始运营。玩家数量的快速增长和玩家们如火的热情也催生了电子竞技俱乐部的早期模型。

2003年，中央电视台体育频道创办了以电子竞技为主要节目内容的《电子竞技世界》栏目，各省（自治区、直辖市）台卫视也纷纷创办自己的电子竞技节目，受到广大电子竞技爱好者的火热追捧。诸多国际性的赛事，如ESWC（Electronic Sport World Cup，电子竞技世界杯）、CPL（Cyberathlete Professional League，职业电子竞技联盟）、WCG（World Cyber Games，世界电子竞技大赛）等国际大赛纷纷进入中国，互联网对战平台也开始兴起。

随着互联网的发展和国内外电子竞技取得的一系列成就，相关部门也逐渐放松了对电子竞技的监管，电子竞技产业走向新生。2008年，美国爆发的金融危机影响全球经济，许多电脑硬件厂商销量降低，赞助商纷纷减少对电子竞技行业的投资甚至撤资。厂商的离开直接导致电子竞技行业资金匮乏，许多电竞赛事相继停办，众多俱乐部入不敷出，不得不宣布解散。风靡一时的《反恐精英》和《魔兽争霸》在这个时期开始衰退，渐渐走向其游戏生命的终点。我国互联网和电脑技术飞速发展，而游戏产品却未能跟上网络前进的步伐，在这样的情形下，老的玩家流失、新的玩家没有被吸引进来，整个电子竞技行业处于一种下滑的状态。

直到2011年，全球经济转暖，资本重新注入电子竞技行业，同时我国商业圈和娱乐圈也开始进入电子竞技行业。一时间，诸多电子竞技俱乐部拥有了强大的投资方，电子竞技从业人员的薪水也水涨船高，这使电子竞技行业有能力去获得更好的资源。

随着游戏用户的增多，观看比赛的需求也就体现出来了，我国逐渐出现了一些正规的、实力强劲的电子竞技战队，他们或多或少地参加国内外的各项大型赛事，并且取得了相当不错的成绩。2013年，国家体育总局宣布正式设立中国电子竞技国家队，并着手成立国家体育总局信息中心电子竞技部，在我国广泛开展电子竞技职业赛事。

2016年至今为我国职业电子竞技的爆发阶段。PC端电子竞技稳步发展，不少电子竞技游戏都建成了完备的赛事体系，同时移动电子竞技的加入让电子竞技的发展更加迅速。相关的电子产品、电子竞技平台、大型赛事、媒体广告业及电子竞技商业公司迅速发展，逐步形成一条系统化的产业链，更加全面、系统地推动电子竞技在我国的发展。目前的电子竞技行业已经进入了高速发展阶段，更具娱乐性和观赏性的产品不断出现，各种资本对电子竞技行业链进行布局，电子竞技产品也相继建成规范化的赛事体系，电子竞技用户的快速增长也令人惊叹。

1.2 电子竞技游戏的分类

电子竞技游戏主要偏向团队合作类游戏，在公平、公正、合理的游戏平台上进行对抗比拼，考验选手的个人操作及团队配合能力，体现竞技体育的精神。电子竞技游戏通常以射击类、策略类的游戏为主，具有公平性、观赏性和可操作性等特点，如《魔兽争霸》《星际争霸》《反恐精英》《DOTA》《英雄联盟》等。

微课：竞技
游戏分类

1.2.1 MOBA 游戏

1. 认识 MOBA 游戏

MOBA 游戏是以对抗为主、防御为辅的游戏类型。在战斗中，玩家一般需要购买装备，通常被分为两个队，分别分散在游戏地图中进行相互竞争，以摧毁对方主基地为获胜目标。MOBA 游戏起源于暴雪娱乐公司于 1998 年发行的《星际争霸》。暴雪娱乐公司第一次在制作并发行的游戏中绑定了地图编辑器，当时玩家 Aeon64 利用这款地图编辑器制作出一张名为 Aeon of Strife 的自定义地图，该地图中间以河流分隔，进攻双方各占一边，游戏以摧毁对方的阵地为获胜目标，这就是所有 MOBA 游戏的雏形（图 1.2.1）。

图 1.2.1　MOBA 游戏的雏形

2. MOBA 游戏的开创者《DOTA》

《DOTA》是比较成型的早期 MOBA 游戏（图 1.2.2），即时对战，支持 10 人同时在线，也是暴雪娱乐公司官方认可的《魔兽争霸》的 RPG 地图。因此，《DOTA》的早期世界观是建立在《魔兽争霸 3：冰封王座》基础上的，与现在暴雪娱乐公司的《魔兽世界》背景设定有一定的联系。《DOTA》的英雄属性大多和《魔兽争霸》相同，分为力量、敏捷和智力这三大类，主属性在成长时会增加自身的攻击力，在此基础上，也对英雄做了调整，施法技能的前摇、后摇等都有差别。《DOTA》是所有 MOBA 游戏的起点，也是所有 MOBA 游戏中操作难度最高的。

《DOTA2》是《DOTA》的地图核心制作者 IceFrog（冰蛙）联合美国 Valve 公司研发的一款游戏，于 2013 年 4 月 28 日开始测试，发布中文名为 "刀塔"，是该系列的第二部作品（图 1.2.3）。《DOTA2》邀请了央视版《西游记》中孙悟空的配音演员李世宏为新英雄齐天大圣配音。《DOTA2》完整继承了原作《DOTA》的 100 多位英雄，并脱离了上一代作品《DOTA》所依赖的《魔兽争霸 3：冰封王座》引擎的多人即时对战游戏。《DOTA2》的世界由天辉和夜魇两个阵营所辖区域组成，有上、中、下 3 条主要的作战道路相连接，中间以河流为界。每个阵营分别由 5 位玩家所扮演的英雄担任守护者，他们将以守护己方远古遗迹并摧毁敌方远古遗迹为使命，通过提升等级、赚取金钱、购买装备和击杀敌方英雄等手段获得胜利。

图 1.2.2 《DOTA》游戏界面

图 1.2.3 《DOTA2》游戏界面

3. 火爆全球的《英雄联盟》

游戏界有许多公司发行了 MOBA 游戏，但只有美国拳头公司开发的《英雄联盟》（图 1.2.4）知名度最高，最受全球玩家欢迎。和《DOTA》相比，

《英雄联盟》有着全新的平台，操作难度较低，玩家容易上手。虽然说现在腾讯公司已全资控股拳头公司，但腾讯公司主要负责游戏的运营推广和管理，不参与拳头公司的游戏设计。《英雄联盟》迅速打开全球游戏市场，成为一款全球最火爆的 MOBA 网游，同时在电子竞技赛事当中也具有超高的人气。目前，《英雄联盟》已经形成了自己独属的竞技文化。

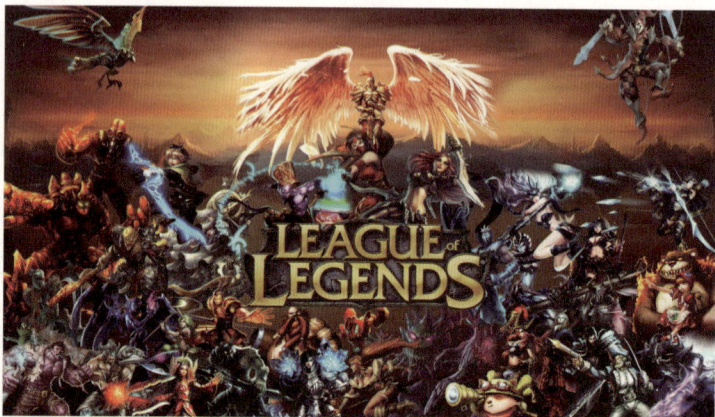

图 1.2.4　《英雄联盟》游戏界面

4. 热门手游《王者荣耀》

前面几款游戏都是电脑游戏，而《王者荣耀》则是一款 MOBA 手游（图 1.2.5）。随着近几年智能手机用户规模的大增，手机性能不断提升，《王者荣耀》迅速打开了游戏市场，上线 4 年多，依旧是目前中国市场上最火爆的手游之一。起初，《王者荣耀》是模仿《英雄联盟》设计的，但经过15 个赛季的优化更新，这款游戏目前已基本脱离《英雄联盟》的影子，拥有了自己的忠实"粉丝"，成为一款十分优秀的 MOBA 手游。

图 1.2.5　《王者荣耀》游戏界面

目前《王者荣耀》正处于 S15 赛季，已有 92 位英雄。游戏中有很多英雄采用的是历史上的真实人物，但故事背景改变，又重新融合成了一个新人物。和《英雄联盟》《DOTA》不同，不同等级的铭文对游戏中英雄的技能威力有不同的增幅效果，而充钱购买的皮肤也能在对局中起到微末的作用。

MOBA 游戏是目前电子竞技比赛中的首选项目，已成为游戏领域的重要内容之一，带动了电子竞技行业的蓬勃发展，并且拥有着越来越完整的生态链。它从 1988 年至今，先后经历了《星际争霸》《魔兽争霸》《DOTA》《英雄联盟》《天翼决》《300 英雄》《DOTA2》等。

1.2.2　RTS 游戏

1. 认识 RTS 游戏

RTS（real-time strategy，即时战略）游戏是策略游戏（strategy game）的一种。游戏是即时进行的，而不是策略游戏多见的回合制。RTS 游戏和竞技对战游戏在有些方面比较类似，最早也是以局域网为平台的游戏，玩家可以在互联网上找到对战平台，最有代表性的就是《魔兽争霸》，它是世界网络电子竞技大赛的重要项目。此类游戏除了要求玩家有较快的反应能力，还需要玩家有较高的战略战术和组织协调能力，玩家在有限的资源和时间内要尽快建筑工事、发展科技、制造部队，并操纵不同的兵种组合，达到战胜对手的目的。该类游戏一个回合的时间比竞技对战型游戏长，操作要复杂一些，对抗性也比较强，在打法和战术变化上比较丰富，但是基本上还是单调地重复同样的动作。

2.《星际争霸》系列

《星际争霸》（Star Craft）系列是由美国暴雪娱乐公司发行的一款 RTS 游戏（图 1.2.6），第一部《星际争霸》于 1998 年 3 月 31 日正式发行。《星际争霸》共有 3 部分的战役，对应人族、虫族、神族 3 个种族，加上新增战役"母巢之战"，一共有 6 部分。虽然战役有时间线划分，但是并不需要玩家去解锁。玩家可以从任意一部分战役开始，并且自动保存已经通过的关卡进度。战役顺序如下：原版第一章（人类战役：反抗的呐喊）、原版第二章（虫族战役：主宰）、原版第三章（神族战役：陨落）、"母巢之战"第四章（神族战役：抵抗）、"母巢之战"第五章（人类战役：铁拳）、"母巢之战"第六章（虫族战役：刀锋女皇）。《星际争霸：母巢之战》于 1998 年 11 月 30 日正式发行。

《星际争霸 II》是由暴雪娱乐公司在 2010 年 7 月 27 日推出的一款 RTS 游戏（图 1.2.7），是《星际争霸》系列的第二部作品。游戏以三部曲的形式推出，即《星际争霸Ⅱ：自由之翼》（Star Craft Ⅱ：Wings of Liberty）、《星际争霸Ⅱ：虫群之心》（Star Craft Ⅱ：Heart of the Swarm）、《星际争霸Ⅱ：虚空之遗》（Star Craft Ⅱ：Legacy of the Void）。《星际争霸Ⅱ》延续了《星际争霸》人族、神族和虫族三足鼎立的传奇史诗，三大截然不同又各赋异禀的种族再次面临冲突与对抗。《星际争霸Ⅱ》保留了一些《星际争霸》的兵种与建筑，同时一些兵种被赋予了新的技能，一些兵种被淘汰或代替了。旧有兵种、升级兵种以及全新的兵种一一登场，为了各自种族的生存，展开搏杀，战火烧遍整个星系。游戏资料片描述了 26 世纪初期，位于银河系中心的 3 个种族在克普鲁星区中争夺霸权的故事。游戏为玩家提供了多人对战模式，在这个游戏战场中，玩家可以操纵任何一个种族，在特定的地图上采集资源，生产兵力，并摧毁对手的所有建筑取得胜利。

图 1.2.6 《星际争霸》游戏界面

图 1.2.7 《星际争霸Ⅱ》（吉姆·雷诺）游戏界面

3.《魔兽争霸》系列

《魔兽争霸》与暴雪娱乐公司的《星际争霸》一样，是一款成功的 RTS 游戏（图 1.2.8）。该游戏包含大多数 RTS 游戏所具备的要素：采集资源、建设基地和指挥战斗。游戏的操作方式也与《星际争霸》类似，秉承了《星际争霸》易于上手的优点，并对《星际争霸》中一些烦琐的操作进行了简化。例如，在游戏中玩家可以选择将一些常用的魔法设定成"自动施放"，在战斗中它们就被电脑自动施放出来从而省去了手动操作的过程。

图 1.2.8 《魔兽争霸》游戏界面

此外，游戏中 4 个种族的某些设定也能从《星际争霸》中找到影子，如暗夜精灵族就像《星际争霸》中的人族一样可以移动自己的基地。类似于《星际争霸》中的神族，不死族在造建筑物的时候农民可以离开建筑物（就像"召唤"建筑一样，而不是"建造"建筑）。同样与神族相似的是，不死族可以生产一个专门用来侦察的隐形单位。

《魔兽争霸》在世界游戏排名中一直排在前列，初版《魔兽争霸：人类与兽人》1994 年在电脑平台上发布，《魔兽争霸 2：黑潮》和《魔兽争霸 2：黑暗之门》分别在 1995 年和 1996 年发行，《魔兽争霸 3：混乱之治》和《魔兽争霸 3：冰封王座》分别在 2002 年和 2003 年发行，它们是非常受欢迎的单机游戏。

4.《帝国时代》系列

《帝国时代》（Age of Empires，AoE，香港和台湾地区译为"世纪帝国"）是一个根据历史制作的 RTS 游戏（图 1.2.9）。游戏由全效工作室开发，由微软公司于 1997 年发行到 Windows 和 Macintosh 平台。这款可以让玩家操纵历史上某个真实民族的游戏，受到电玩市场热烈的欢迎。后来有许多公司也竞相推出类似的游戏，像《地球帝国》《国家的崛起》以及微软公司再推出的《神话时代》等，却无法复制《帝国时代》的成功。《帝国时代》在2003年推出了掌上型电脑版。由于《帝国时代》的风行，其后陆续推出续作与扩充资料片，形成了《帝国时代》系列游戏，包括《帝国时代》及其资料片《帝国时代：罗马复兴》，《帝国时代Ⅱ：帝王世纪》及其资料片《帝国时代Ⅱ：征服者》，《帝国时代Ⅲ：探索时代》及其资料片《帝国时代Ⅲ：酋长》和《帝国时代Ⅲ：亚洲王朝》，《帝国时代Ⅳ：终极版》。

图 1.2.9　《帝国时代》游戏界面

《帝国时代》的基本玩法是要求玩家控制一个文明从狩猎收集时代发展成一个庞大的铁器时代帝国。为了确保胜利，玩家必须收集尽可能多的资源以生产新的单位、建筑并研发更高级的科技。玩家同时也要注意对资源的储藏，因为在游戏过程中不会再产生新的资源，即如果玩家砍伐了一棵树，这棵树将不会再出现。

游戏者可以在 12 个文明中任选一个进行游戏，各个文明有着不同的属性，如可以研发的科技不同、可使用的单位不同等。各个文明都有其独特的科技，因此没有一个文明可以研发出所有的科技。

《帝国时代》的主要游戏方式就是 4 个不同时代的演进。从游戏开始的石器时代（中石器时代 / 旧石器时代）经过工具时代（新石器时代 / 红铜时代）、青铜时代，最后发展到铁器时代。随着时代的演进，玩家可以建造更高级的建筑物，训练更高级的军事和经济单位，研发更高级的科技，使自己的国家更强盛。

5.《红色警戒》系列

《红色警戒》又称《红色警报》，是美国艺电游戏公司为个人电脑用户开发的一系列 RTS 游戏（图 1.2.10），玩家通常简称为"红警"或"RA"。

《红色警戒》系列由西木公司开发并发行，游戏发行至二代的《尤里的复仇》后西木公司被美国艺电游戏公司收购后解散，美国艺电游戏公司的子公司EALA对其继续进行开发。游戏属于标准的采集资源、升级建筑、造兵攻打的RTS游戏，因极其简单的操作和良好的可玩性而受到许多玩家的喜爱。《红色警戒》已经出了三代，包括《红色警戒1：反戈一击》《红色警戒1：劫后余生》《红色警戒2：共和国之辉》《红色警戒2：尤里的复仇》《红色警戒2：兵临城下》《红色警戒3：起义时刻》，其中《红色警戒2：尤里的复仇》是该系列的里程碑之作。

图 1.2.10　《红色警戒》游戏界面

1.2.3　FPS 游戏

1. 认识 FPS 游戏

FPS（first person shooting，第一人称射击）游戏，顾名思义，就是以玩家的主观视角进行的射击游戏。玩家不再像别的游戏一样操纵屏幕中的虚拟人物来进行游戏，而是身临其境地体验游戏带来的视觉冲击，这就大大增强了游戏的主动性和真实感。在 FPS 游戏中，玩家需要操纵一个人物，发射子弹击杀敌人，同时躲避敌人的子弹。严格来说，FPS 游戏属于 ACT 游戏的一个分支，但和 RTS 游戏一样，其因在世界上的迅速风靡而发展成为一个单独的游戏类型。FPS 游戏可以分为 PVE 和 PVP 两种模式。PVE 指玩家对战环境（player vs environment），即在游戏中玩家挑战游戏程序所控制的 NPC 怪物和 Boss。PVE 有时候又被称作 PVC（player vs computer）。PVP 指玩家对战玩家（player vs player），即玩家互相利用游戏资源攻击而形成的互动竞技。

射击类游戏从发展之初 1973 年《迷宫大战》的开天辟地，到 1992 年《重返德军总部》与 1993 年《毁灭战士》的初具雏形，再到 1996 年的《毁灭公爵 3D》和《雷神之锤》，掀起了 FPS 游戏的第一次浪潮，随后便诞生了《黄金眼 007》和《半条命》等优秀作品。2003 年，《CS 1.6（反恐精英）》发售。2004 年，《半条命 2》发售。2004 年，《反恐精英：起源》发售。2007 年，《使命召唤 4》发售。2012 年，《CS: GO（反恐精英：全球攻势）》发售。2015 年，《彩虹六号：围攻》发售。2016 年，《守望先锋》发售。2017 年，《绝地求生》发售。2018 年，《使命召唤：黑色行动 4》发售。

2.《德军总部》系列

《德军总部》不仅是 FPS 游戏的开拓者，更是射击类游戏发展的一个标志。《德军总部》系列将"纳粹"与"丧尸"两个元素有机地结合了起来，自 1981 年问世以来，已经发展了五代，另有手机版本，分别是《德军总部 3D》《重返德军总部》《德军总部：新秩序》《德军总部：旧血脉》《德军总部 2：新巨像》《德军总部：新血脉》。

1981 年于 PC 平台上推出的这款游戏是《德军总部》系列的首作，但最初的《德军总部》并不是后来大家所熟悉的 FPS 游戏，而是一款基于平面的卷轴动作冒险游戏，其玩法更倾向于潜行，在第一代游戏中，玩家需要躲开德军的视线，到达指定地点并完成任务。

1992 年，一款名不见经传的游戏风靡了世界各地，这就是 FPS 游戏的开山鼻祖——《德军总部 3D》。这款游戏开创了一种新的游戏方式，以自己的视角探索地图并击杀敌人，将 FPS 游戏的概念和构架正式展现给了游戏玩家。

2001 年，Gray Matter Interactive 和 Nerve Software 两家公司重启了这一系列，带来了《重返德军总部》。这部新作品不仅融合了当时游戏界的一些新兴要素，也继承了《德军总部 3D》的主要游戏要素。

2014 年发售的《德军总部：新秩序》是一部单人剧情游戏，不仅保留了前几作爽快的手感，也更加注重刻画描写剧情，并将传统与现代设计融合。游戏背景被设定在另一条时间线的"二战"世界，盟军被纳粹击垮，世界被纳粹掌控，而游戏的主角 B. J. Blazkowicz 在昏迷 14 年后苏醒，决定反抗纳粹暴政，解放世界。

不到一年后，游戏工作室 Machine Games 又推出了《德军总部：新秩序》的独立前传《德军总部：旧血脉》。该作品为 2001 年《重返德军总部》的重制，讲述了 B. J. Blazkowicz 在德军总部狼穴中对抗纳粹及不死军团的故事，补充了《德军总部：新秩序》中所缺少的超自然力量元素，在节奏上也较前作轻松，前几代《德军总部》系列的经典地图也在《德军总部：旧血脉》中得到了重现，敌人的数量也较《德军总部：新秩序》多。

2017 年发售的《德军总部 2：新巨像》作为《德军总部：新秩序》的

续作，收获了大量的好评。在众多的玩家看来，《德军总部：新巨像》不仅发扬了前一作《德军总部：新秩序》的诸多长处，又在剧情上补充了B. J. Blazkowicz的爱情线。同时，新作很好地平衡了游戏激烈的战斗场面与戏剧化剧情这两方面内容。

2019年7月26日，《德军总部：新血脉》在PS4、Xbox One、Nintendo Switch及PC平台正式发售，与以往的《德军总部》系列不同的是，这次新作允许玩家与一个伙伴一起合作游玩，主角也从经典的B. J. Blazkowicz变为他的两个孪生女儿，新的改变使这部新作与前几部作品有着更大的区别。同时，开发者Gustafsson也声称《德军总部：新血脉》不仅会在玩法上有所改变，其总游戏时长也会超过前几部游戏。《德军总部：新血脉》除了带给玩家颇具开放性的游戏体验，也将支持光线追踪技术，为玩家提供更好的游戏画质（图1.2.11）。

图1.2.11　《德军总部》游戏界面

3.《毁灭公爵3D》

《毁灭公爵3D》是一款由3D Realms公司开发的电脑游戏（图1.2.12），并由Apogee Software公司在1996年1月发行。《毁灭公爵3D》的主人公曾经在3D Realms公司的系列游戏中出现，此系列包括《毁灭公爵》（Duke Nukem）、《毁灭公爵2》（Duke Nukem 2）。但是《毁灭公爵3D》不同于上述作品，它是一款FPS游戏。这是一款非常成功的游戏，3D Realms公司在作品中融入了很多幽默元素，而其他这类游戏都缺乏幽默感。

游戏的故事主线：一个邪恶的计划"Rigilatin"正在进行中，其目的就是奴役地球。异类绑架了毁灭公爵，要用他的大脑阻止其他方的进攻。毁灭公爵奋力逃离了魔爪，并再一次拯救了世界。此游戏第一次引用了"游戏引擎"的概念。

图 1.2.12 《毁灭公爵》游戏界面

4.《雷神之锤》系列

《雷神之锤》是一款 id Software 公司开发的第一人称射击游戏（图 1.2.13），于 1996 年 5 月 31 日发布，是此系列的第一款游戏。《雷神之锤》创造了欧美 FPS 游戏的神话，游戏的界面和玩法与当时的其他游戏有着本质区别，那就是玩家形象和怪物都是三维模型而不是以往的二维图形，游戏中的世界是作为真正的三维空间被创造的，而不是将拥有高度信息的二维地图渲染成 3D 图像。另外，游戏组合了光照纹理（light map）和动态光源（dynamic light sources），而不使用过去游戏中的顶点静态光照（sector-based static lighting）。《雷神之锤》首先采用了流动控制方案（fluid control scheme），它使用鼠标来观看、瞄准、定向［即"鼠标视角"（mouse look）］以及用键盘来前进、后退、侧移，改造了 FPS 游戏的玩法，助推了 3D 游戏的发展。人们普遍认为这个游戏带来了独立 3D 显卡的革命，《雷神之锤》是当时第一个真正示范了 3DFX 公司 Voodoo 芯片组能力的应用。

图 1.2.13 《雷神之锤》游戏界面

《雷神之锤》从发售至今，共推出了四个版本。游戏背景设定在北欧的远古时期，有一位名叫索尔的天神，他经常驾驭一辆由两只山羊拉着的战车横越天空。他手中握着一个巨大的铁锤，挥动时就会电闪雷鸣，接着天上就会下起雨，有了雨水，田里的玉米才会生根、发芽。于是农民就把索尔敬为掌管肥沃和富饶的雷神。

玩家是一名士兵，被政府派往传送门去阻止名为 Quake 的敌人。传送门可以即时传送各种物品，玩家一旦通过这扇传送门，就必须同成群的魔鬼作战并阻止它们。《雷神之锤》中的无名英雄在《雷神之锤Ⅲ：竞技场》中再一次出现，此次是作为可选的角色之一，名为 Ranger。

5.《使命召唤》系列

《使命召唤》是由动视公司（现为动视暴雪公司，2007 年 12 月 2 日宣布合并）于 2003 年制作发行的 FPS 游戏系列（图 1.2.14）。该系列已发布正式作品至第 16 部，分别是《使命召唤》《使命召唤 2》《使命召唤 3》《使命召唤 4：现代战争》《使命召唤：战争世界》《使命召唤：现代战争 2》《使命召唤：黑色行动》《使命召唤：现代战争 3》《使命召唤：黑色行动 2》《使命召唤：幽灵》《使命召唤：高级战争》《使命召唤：黑色行动 3》《使命召唤：无限战争》《使命召唤：二战》《使命召唤：黑色行动 4》《使命召唤：现代战争》。其中，《使命召唤》有两部资料片——《使命召唤：联合进攻》《使命召唤：决胜时刻》；《使命召唤 2》有一部资料片——《使命召唤 2：红一纵队》；《使命召唤 3》有一部资料片——《使命召唤：胜利之路》。此外，《使命召唤》系列网络游戏包括《使命召唤 Online》与《使命召唤：精英》（已停运）；官方手游包括《使命召唤：突击队》《使命召唤：英雄》。

图 1.2.14 《使命召唤》游戏界面

6.《战地》系列

《战地》是 EA DICE 工作室开发的军事题材射击游戏系列(图 1.2.15)。《战地》系列的首作《战地 1942》于 2002 年上市。截至 2018 年，《战地》系列共有 17 款游戏产品公布。最新作称为《战地 5》，故事背景为第二次世界大战。《战地 5》已于 2018 年 11 月 20 日正式发售。《战地》系列游戏以大规模的载具和步兵在大地图上协同作战为品牌卖点，注重游戏娱乐性的同时兼顾真实性。《战地》系列历来是网络游戏，有一些作品同时设计了作为附加模式的单机游戏。部分《战地》系列游戏的扩展功能比较完善，第三方团体可以制作各种各样的模组满足玩家不同的需要。传统的《战地》系列游戏主攻 PC 平台；自 2005 年起，开发组也逐渐重视起游戏机平台。

图 1.2.15　《战地》游戏界面

《战地》系列游戏作品都有多元化载具，可以分为陆、海、空三类。游戏地图上，载具的数量足够一半以上的玩家使用。陆地载具主要有轻型突击车和重装甲坦克，部分游戏还会有吉普车、装甲运兵车、防空车、单人四轮车等。不同势力的同种载具在性能设定上大体接近。空中载具主要分直升机和固定翼飞机，飞机是游戏中最难操作的载具，但它的刺激性让很多玩家心驰神往。一般不同型号飞机的性能参数有较明显的差距，有些偏重灵活，有些攻击威力强。多数《战地》系列游戏为士兵配备了降落伞。

《战地 1942》有丰富的海上载具，包括登陆艇、潜艇、战列舰、驱逐舰等。然而海上载具之间的对战会拖慢游戏的节奏，因而之后的《战地》系列游戏都大幅削减了海上载具的规模，《战地 2》《战地：叛逆连队》只保留登陆艇，而《战地 2142》则没有任何海上载具。多数载具允许搭载 2 名以上的乘员，有些载具的乘员还可以控制特殊武器。载具被击毁后会在据点处重生，因而载具之战可以从游戏开始持续到结束。《战地：叛逆连队 2》中加入了载具定制系统，允许玩家为载具选择不同的挂件。

7.《孤岛惊魂》系列

《孤岛惊魂》（Far Cry）是育碧软件于 2004 年 3 月 23 日发布的 FPS 游戏（图 1.2.16），由德国 Crytek 工作室开发，在 Windows 平台上运行，至今已经有 5 部作品。《孤岛惊魂 5》是一款由 Ubisoft 制作的 FPS 游戏。玩家将进入一个混乱、未知并且无比凶险的世界。游戏首次将背景设定在美国的蒙大拿州，玩家能够以单人或双人合作的模式完全自由地探索这个看似平静实则深深扭曲的世界。游戏发生在蒙大拿州虚构的"希望镇"上，而玩家将扮演新到任的年轻警长。很快，玩家就会发现自己的到来加速了一场沉寂一年之久的无声变革，而幕后黑手是一个狂热的邪教组织。他们的"伊甸之门"计划所引发的暴力波及了整个城镇。在猝不及防的情况下卷入权力斗争的玩家必须阻止这个精心布设的计划，生起反抗的烈焰让"希望镇"获得解放，重燃希望。

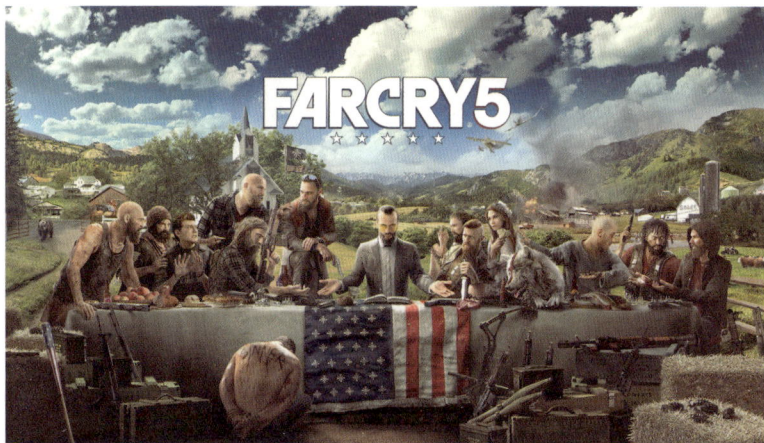

图 1.2.16　《孤岛惊魂》游戏界面

8.《反恐精英》系列

《反恐精英》（Counter-Strike）是 Valve 在 1999 年夏天开发的射击系列游戏（图 1.2.17），创始人是 Jess Cliffe 和 Minh Lee。《反恐精英》最初是 Valve 旗下游戏《半条命》中的一个游戏模组。后来该模组被 Valve 公司购买，Minh Lee 与 Jess Cliffe 继续在 Valve 公司工作。《反恐精英》系列一共有 5 部，分别是《半条命：反恐精英》，《反恐精英》及其资料片《反恐精英：零点行动》，起源引擎重制的《反恐精英：起源》，进行全面修改的新作《反恐精英：全球攻势》。

《半条命：反恐精英》Beta 1.0 ～ Beta 7.1 于 1999 年 6 月 19 日开始更新，2000 年 9 月 13 日结束更新，主要完善了《反恐精英》的本体，平衡性等也是在这个时期建立的。《半条命：反恐精英》V1.0 ～ V1.5 于 2000 年

11 月 8 日开始更新，2002 年 6 月 12 日停止更新，完善了游戏的细部。在 1.5 版本时，该游戏已经具备很强的可玩性。《反恐精英》仍为游戏模组而非独立游戏。很多玩家口中的《反恐精英》是指 1.6 版本，该版本于 2003 年 9 月 15 日发售，游戏使用 Steam 联机。《反恐精英：零点行动》是《反恐精英》的资料片，于 2004 年 3 月 23 日发售。该作品由 Valve 和 Turtle Rock Studios 开发，Valve 公司发行，提供了单人任务和任期模式、大幅增强的 AI 敌人、修正的平衡性与更高精细度的模型。《反恐精英：起源》是起源引擎重制版，于 2004 年 10 月 7 日发售，最初使用起源 2004 版引擎，具有新的物理系统、渲染系统和全新的地图。《反恐精英：起源 2010》是用新起源引擎制作的重制版，比 2004 版拥有更多的功能，于 2010 年 5 月 8 日发布，最新版本是 V75 版本。《反恐精英：全球攻势》于 2012 年 8 月 21 日发售。该作品由 Valve 和 Hidden Path Entertainment 公司开发，游戏包含全新地图、角色与武器。另外，游戏还引入全新的游戏模式、竞技配对系统、排行榜等。新的对战模式分为休闲和竞技两种。在休闲模式中，玩家的攻击将不会对队友造成误伤，可以跨团队和敌方聊天，系统还将自动为人物穿上防弹衣。

图 1.2.17　《反恐精英》游戏界面

《反恐精英》将玩家分为"反恐精英（counter terrorists）"阵营与"恐怖分子（terrorists）"阵营两队，每个队伍必须在一个地图上进行多回合的战斗。赢得回合的方法是达到该地图要求的目标，或者是完全消灭敌方玩家。游戏有多种模式：爆破（bombplant & defuse）模式、人质救援（hostage rescue）模式、刺杀（assassination）模式、逃亡（escape）模式等。其中，《反恐精英：零点行动》有剧情任务。游戏提供了 4 种不同的人物皮肤，在《反恐精英：零点行动》中又增加了2种，而在《反恐精英：全球攻势》中不能选择人物皮肤，人物的形象会根据玩家所选择的地图的不同而不同。

9.《穿越火线》

《穿越火线》游戏是由韩国 Smile Gate 公司开发，由腾讯公司代理运营的一款 FPS 游戏。游戏讲述了全球两大佣兵集团 Global Risk 和 Black List 的对决。游戏中有团队模式、爆破模式、幽灵模式等多种模式，引进了"缺人补充"形式的即时加入系统。2016 年 11 月，《穿越火线》荣登 2016 中国泛娱乐指数盛典"中国 IP 价值榜——游戏榜 Top10"。

腾讯公司非常重视《穿越火线》的赛事运营，而且把国内的第三方赛事与国际大赛接轨，是《穿越火线》赛事历史上的一次重大突破。同时，这一做法也开创了主流电竞项目官方世界赛向第三方赛事开放晋级通道的行业先河。从某种程度上说，对第三方赛事的扶持，尤其是助推第三方国际赛事的举办，对于《穿越火线》来说并非创造新的历史，而是恢复过去第三方赛事曾经的光荣和传统。这样一个崭新的《穿越火线》国际赛事体系看似遥远，但随着越来越多的海外战队与国内战队抗衡，越来越多的国家和地区开始成为《穿越火线》国际大赛的举办地。

《穿越火线》在正式运营期间，不断优化内容和更新版本，推出了各种全新内容玩法，其中"萌宠大作战"玩法更是极大地丰富了地图元素和游戏趣味，游戏整体内容得以不断完善和优化（图 1.2.18）。游戏从同时在线人数 50 万、100 万、300 万、500 万，再到 600 万，以不断刷新的纪录向业界证明自己才是当前 FPS 网游界的领军者。

图 1.2.18 《穿越火线》游戏界面

10.《绝地求生》

"大吉大利，晚上吃鸡"（简称"吃鸡"）的网络流行语，最早来源于电影《决胜 21 点》，随后因在游戏《绝地求生：大逃杀》《和平精英》中出现而火遍网络。该词是指玩家在《绝地求生：大逃杀》等大逃杀游戏中取得第一名。当在该游戏中获得第一名的时候就会有一段台词出现："大吉大利，晚上吃鸡！"

《绝地求生》是由蓝洞公司开发的一款战术竞技型射击类沙盒游戏。该游戏中，玩家需要在游戏地图上收集各种资源，并在不断缩小的安全区域内对抗其他玩家，让自己生存到最后。每一局游戏有 100 名玩家参与，玩家空投跳伞至地图的各个角落，赤手空拳寻找武器、车辆及物资，并在各种各样的地形中展开战斗。玩家要想取得胜利，策略与枪法同样重要。在游戏过程中，会有一个蓝色的圈驱逐玩家到一个较小的地方交火。这个蓝圈俗称为"电圈"或者"毒圈"。"毒圈"的称呼来自同类型游戏《H1Z1》里缩小的氯气毒圈，开发者说这是由某种电力发射器释放的某种电场，本来是用于镇压 Erangel 当地人的反抗行动的。游戏的每一局比赛都会随机转换安全区，并且每个区域获得的武器、道具均是随机出现的。

玩家在游戏中只能拥有一个免费的角色，如果在服务器中没有角色，系统默认会跳出角色创建面板，引导玩家创建角色的名称和外观。玩家可以自定义角色的性别、发型、服装。性别、发型各有 9 种，头发颜色有 6 种，无论玩家创建出了什么样的角色，所拥有的属性都是完全一样的，角色不能升级改造变化，但外观可以花费一定数量的游戏内货币来重置。

游戏角色会有 100 点生命值和 100 点背包容量。玩家可进入这些地图，搜集各种物资来维持生命值，或扩展自身的背包容量。角色身上可携带的物品数量不能超出背包容量。角色身上可携带 4 种武器，分别是近战武器 1 把（如镰刀、平底锅等）、远程枪械 2 把（步枪、机枪、狙击枪、霰弹枪、冲锋枪），手枪一把，投掷武器（破片手雷、烟雾弹、闪光弹，可携带多颗不同种类），不过在作战过程中，只能切换以上其中一把武器来使用。

《绝地求生》绝大多数玩家会选择第三人称模式，这个模式下交火的打法比较一致，相同水平下有掩体的玩家打没掩体的玩家比较轻松，这就意味着跑圈过程中，当双方都处于掩体后时，谁先出手就意味着处于劣势，所以两边都不会先将身体暴露给对方，后期更有利的打法是在安全区内选点，打靶卡圈外的人，随着安全区刷新快速转移（图 1.2.19）。

图 1.2.19 《绝地求生》游戏界面

1.2.4　其他休闲游戏

1. 认识休闲游戏

休闲游戏（casual game）是比较简单、易上手的电子游戏，游戏题材和操作形式都不固定。这类游戏的特点是游戏时间短、难度小，因此，适合玩家放松和休闲。电脑操作系统在出厂时往往会默认安装一些休闲游戏，如 Windows 系统中经典的《纸牌》和《扫雷》等。还有一些休闲游戏主要考验玩家的观察能力和手脑协调能力，如《对对碰》和《俄罗斯方块》等。

与其他电子游戏不同，休闲游戏并不要求玩家实现某些任务或者达成某些成就，只是用简单的操作来消磨时间。早期一些网络休闲游戏的出现，是为了帮助人们更好地进行社交。需要注意的是，有些轻型游戏要求的智力水平与策略性都很高，所以不能算是休闲游戏，如围棋、象棋和兵棋类游戏等。休闲游戏的受众面很广，可以说每个人都是休闲游戏的潜在玩家。休闲游戏通常是免费的，游戏成本很低，因此更容易被人接受。

2.《球球大作战》

《球球大作战》是一款由巨人网络 Superpop & Lollipop 工作室自主研发，并且免费（不包括道具）的手机网络游戏（图 1.2.20）。2015 年 5 月 27 日，《球球大作战》由巨人网络在中国大陆发行。游戏以玩家间的实时互动 PK 为设计宗旨，通过简单的规则将玩家操作直接转化为游戏策略，体验智谋碰撞的战斗乐趣。在这个球球的世界里，每个玩家都化身为一颗独特的球球，大球吃小球，努力生存下来就是唯一的目标。2016 年 7 月 30 日，《球球大作战》获得 2016 年星耀 360 游戏"年度十大人气移动游戏奖"。2016 年 9 月，《球球大作战》正式列入 CEST（China electronic sport tournament，中国电子竞技娱乐大赛）首个移动电竞项目。2016 年 11 月，《球球大作战》荣登 2016 中国泛娱乐指数盛典"中国 IP 价值榜——游戏榜 Top10"。

图 1.2.20 《球球大作战》游戏

3．棋牌游戏

棋牌游戏是棋盘游戏和纸牌游戏的统称。与其他游戏相比，棋牌游戏的发展历史较为久远，操作简单而又容易上手，并且难度不大，因此，成为一项大众化的娱乐活动。起初，棋牌游戏通常是人们在线下玩的游戏，随着互联网的出现，棋牌游戏开始由线下发展至线上（图 1.2.21）。互联网时代的棋牌游戏发展至今已经有 20 多年的历史，拥有大量用户，也因此出现了电子竞技赛事。

自 2017 年下半年以来，很多棋牌游戏平台不但在线上开放了比赛模式，而且积极在线下组织各种大型棋牌赛事。电子竞技模式的加入，让棋牌游戏市场愈发火爆。电竞模式使棋牌游戏的市场更加多元化，运营者要想在竞争激烈的环境下抢占更多玩家资源，就要不断在游戏玩法上进行创新，使棋牌游戏市场呈现出一派欣欣向荣的景象。2017 年，中国棋牌游戏总市场规模为 91.6 亿元，这说明棋牌游戏市场的发展空间巨大，电竞化后的棋牌游戏打开了年轻玩家市场。

随着国家对棋牌赛事的扶持力度加大，逐渐出现了专为电竞赛事诞生的竞技型棋牌游戏。一些棋牌公司主打的竞赛模式，市场发展也表现不俗。在 2017 年举办的第 15 届 TFC 全球泛游戏大会上，水木智娱创始人兼首席执行官徐华欧在演讲中说："以日活跃用户数量 6 500 人、每日用户平均收入 15 元的情况来计算，日收入约为 10 万元，年毛利可以达到 1 200 万元，组织棋牌游戏赛事的营收相当可观。"总的来说，棋牌竞技化是未来棋牌游戏行业发展的一大趋势。

图 1.2.21　棋牌游戏界面

1.3　电子竞技的特征

电子竞技运动有两个基本特征：电子和竞技。"电子"是其方式和手段，指这项运动是借助信息技术为核心的各种软硬件以及由其营造的环境来进行，这类似于传统竞技体育项目中的器材和场地。在电子竞技运动中，"器材"依赖信息技术来实现，这是电子竞技与传统竞技体育运动的不同之处。"竞技"指的是体育的本质特性，即对抗。作为一个体育项目，公平对抗是其最基本的特征，电子竞技也体现团队合作和大众娱乐等特征。

微课：电子
竞技特征

1.3.1　公平对抗

竞技体育最吸引人的就是竞技的公平性，普通的体育项目发展成为竞技体育项目要经过严格的筛选和规则的演变，这也是为了保证比赛的公正性以及带给观众的可观赏性。电子竞技作为一种新兴的竞技类别，同样需要遵循竞技规则。

以目前国内最为火爆的电子竞技项目《英雄联盟》为例，从 S1 赛季开始，《英雄联盟》一直在维护赛事的公平调整，相信很多玩家也深有体会，如曾经的"日炎神教""黑切联盟""香炉怪"等版本的出现，就是对于英雄属性平衡的失败尝试。不过《英雄联盟》的出品方拳头公司一直在尽力维持，每个赛季都会至少更新大的版本多达十余次，这还不包括大版本下的小版本更新，所以《英雄联盟》S9 版本一直处于一个动态的职业平衡版本中。

当然，对于 MOBA 竞技项目，回合制电竞的平衡性似乎更加完善一些，造成这一现象的原因是回合制电竞的职业之间有着相互依存的关系。如果一个职业兴起，那么势必会有另一个可以针对它的职业兴起，这就造成了整个游戏的生态环境一直处于相对平衡的状态。当然，仅仅有这样的特点还是不够的，以《神武 3》手游为例，职业平衡的调整一直都是游戏策划最为关心的游戏改动之一。基于这样的游戏特点，回合制电竞比赛的可观赏性和公平性也能够更好地展现给观众。

为了给观众带来更加有意思的回合制电竞，《神武 3》手游在 2019 年 4 月开启了新一年的 CJ 争霸赛。整个赛事采取线上和线下联动的方式，使广大玩家均有机会参与到电竞赛事中来。与此同时，整个 CJ 争霸赛分为 109 级组别和 130 级组别，所有进入比赛场地的玩家都会统一按照这两个级别的属性进行比赛，进一步保证了电子竞技的公平性。

1.3.2　团队合作

电子竞技运动发展到今天，已经结束了单打独斗的时代，团队作战成为获胜的关键（图 1.3.1）。纵观全世界大大小小的电子竞技比赛，冠军的获得者都是通过团队合作取得的，团队合作的魅力已成为电竞玩家热爱游戏的重要驱动力。

图 1.3.1　电子竞技团队作战

　　游戏战队需要锻炼和提高参与者的思维能力、反应能力、心眼四肢协调能力和意志力，培养团队精神和毅力，以及对现代信息社会的适应能力，从而促进其全面发展。更重要的是，电子竞技运动有着易于开展和深受年轻人喜爱等特点，通过训练磨炼意志，通过努力拼搏享受胜利带来的成就感，通过参加赛事展示自己和队友之间的交流。电子竞技运动实际上是年轻人更好地去表现自己和自我实现的一种方式，在较量之中对年轻人心理的历练非常有利，这是所有体育项目共有的特点。

1.3.3　大众娱乐

　　《世界与中国：2019 年全球电竞运动行业发展报告》显示，2019 年，全球电子竞技产业首次突破十亿美元收入大关。电竞爱好者又一次证明了他们对这项娱乐活动的热爱和关注，同时表现出了极强的消费欲望，其活力吸引了各个行业企业的关注。在实体商品和虚拟商品之间，电竞已经寻找到了展示其商业价值的机会。艾瑞数据统计显示，2019 年中国电子竞技市场整体规模已超千亿元，用户规模高达 4.3 亿人。电竞已经渗透进入近八成游戏用户的娱乐生活，成为新一代年轻人离不开的休闲方式。在此基础上，中国电竞的影响力正在向海外辐射，过半海外用户表示近两年看过中国选手参加电竞比赛。中国电竞产业的未来发展也普遍被海外国家看好，67% 的用户认为中国是电竞产业未来最具发展潜力的国家（图 1.3.2 和图 1.3.3）。由此可见，电子竞技成为一项名副其实的大众娱乐活动。

图 1.3.2　2016～2020 年中国电竞市场规模

注：2020 年数据为预测值。

图 1.3.3　2016～2020 年中国电竞用户规模

注：2020 年数据为预测值。

1.4　电子竞技的影响

随着电竞产业蓬勃发展，全球对这一新兴领域的关注度逐年上升。在国家政策鼓励、5G 技术应用、资本市场参与等有利条件下，我国电竞市场将保持持续快速增长。从产业链来看，当前电竞产业已经初步实现成熟化运营，并形成了一个包含电竞游戏研发、电竞赛事服务、电竞教育、电竞场馆、电竞俱乐部、电竞媒体等多个方面的完整产业链。它将对社会、经济和文化产生巨大的影响。

1.4.1　社会影响

电子竞技在信息时代背景下飞速发展，伴随着电子竞技而产生的一系列新兴产业对社会变革产生着深刻的影响，而电子竞技本身更是受到广大青年的热爱。电子竞技的参与门槛很低，吸引了众多人士的参与。电子竞技具备社交属性，因此人们在电子竞技场景中能够建立一种社会联系。同时，电子竞技不再是单纯的"玩游戏"，而已经成为一项正式的职业。因此，电子竞技不但能够创造商业价值和文化价值，还能创造社会价值。

1．增加就业岗位

从 2008 年电子竞技就被国家体育总局列为第 78 个体育运动，到 2016 年，国家有关部门颁布政策条例支持电子竞技发展，电子竞技的社会影响力和产业增值速度加快。2017 年 10 月 31 日，国际奥委会正式宣布，认证电子竞技运动为正式体育项目。2019 年 4 月 3 日，国家有关部门正式向社会发布了电子竞技运营师、电子竞技员这两个新职业信息（图 1.4.1）。这说明电子竞技运动已经受到社会的认可，同时其背后有着一股不可忽视的产业价值。

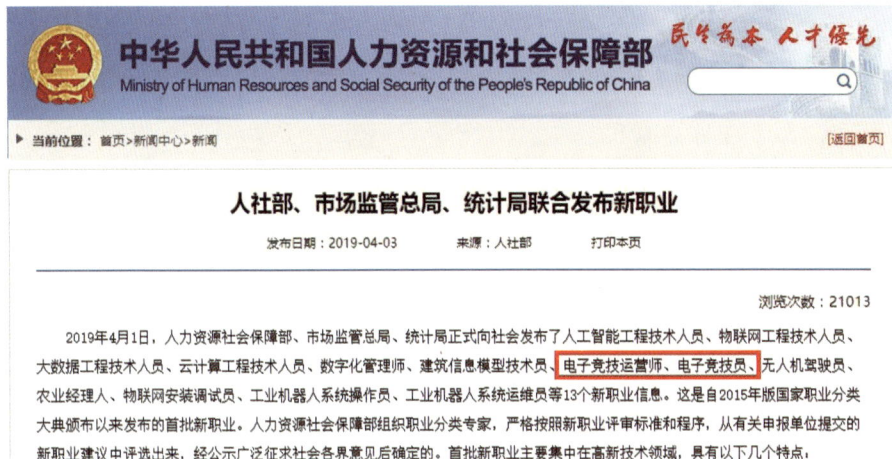

中华人民共和国人力资源和社会保障部
Ministry of Human Resources and Social Security of the People's Republic of China

民生为本　人才优先

▶ 当前位置：首页>新闻中心>新闻　　　　　　　　　　　　　　　　　[返回首页]

人社部、市场监管总局、统计局联合发布新职业

发布日期：2019-04-03　　　来源：人社部　　　打印本页

浏览次数：21013

2019年4月1日，人力资源社会保障部、市场监管总局、统计局正式向社会发布了人工智能工程技术人员、物联网工程技术人员、大数据工程技术人员、云计算工程技术人员、数字化管理师、建筑信息模型技术人员、电子竞技运营师、电子竞技员、无人机驾驶员、农业经理人、物联网安装调试员、工业机器人系统操作员、工业机器人系统运维员等13个新职业信息。这是自2015年版国家职业分类大典颁布以来发布的首批新职业。人力资源社会保障部组织职业分类专家，严格按照新职业评审标准和程序，从有申报单位提交的新职业建议中评选出来，经公示广泛征求社会各界意见后确定。首批新职业主要集中在高新技术领域，具有以下几个特点，

图 1.4.1　电子竞技新职业

作为现今发展较为迅猛的产业，电子竞技行业的发展也带来大量的就业机会。目前，电子竞技行业可以大致划分为六大类：赛事发行运营公司、赛事活动公司、电子竞技俱乐部、直播平台、媒体与内容制作团队以及电竞衍生领域岗位。

（1）赛事发行运营公司。业务包括赛事体系建设及执行推动，赛事 IP 衍生产品开发，生态战略规划，联盟生态建设及扩充发展，赛事市场推广及品牌建设，赛事商业化开发。

（2）赛事活动公司。整个电子竞技赛事想要如期正常地举办，所需求的人才量巨大。参赛战队及选手相关事务的安排工作，现场活动主持、裁判都需要专业的项目管理人员。比赛的舞台效果、创意设计都需要导演安排。为了给观众提供流畅的画面，少不了字幕组、回放组等的帮助。赛事商业化开发、艺人等签约工作更需要专业人士完成。

（3）电子竞技俱乐部。电子竞技俱乐部是一个完整的生态环境，赛事团队、运营团队、市场团队和商务团队相互配合才能使一个电子竞技俱乐部蓬勃发展。选手参赛的相关事宜、"粉丝"积累、品牌塑造、俱乐部衍生

品开发都是一个电子竞技俱乐部日常必须完成的工作。

（4）直播平台。各大电子竞技赛事举办都需要在直播平台上转播，赛事招商、宣传都需要制定规划。赛事跨界合作及新合作内容的拓展都需要由专业商务领域人士来完成。

（5）媒体与内容制作团队。媒体工作是行业发展的重要支撑，赛事新闻、视频摄影、宣传海报等制作都需要人来做。技术部门则要控制好产品的前端及后期维护工作。市场发行部门负责确定相应的发行方式以催动流量最大化。

（6）电竞衍生领域岗位。根据研究方向锁定数据范围开展产业研究，形成产出分析结果，用于编制产业报告并展开结论分析，为职业联赛等提供产业支持服务。

2．传承体育精神

奥林匹克运动"更快，更高，更强"的精神一直传承到现在。电子体育演变至今不应只是为社会带来经济利益，而是应更好地与体育精神相交融，做到"科技与传统"相结合，"娱乐与交流"并存，"竞技与拼搏"为主思想，引导积极而正确的价值观，并通过电子体育媒介将正能量注入社会。

在传统竞技体育项目中，运动员在赛场外刻苦训练，努力提高竞技水平；在赛场上互相理解和尊重，按照公平的规则竞赛，力争取得好成绩；比赛结束时，还能够收获深厚的友谊：这就是体育精神的体现。我们如今都能在电子竞技赛场上看到这样的精神。亚洲电子体育联合会主席霍启刚曾经表示，电子竞技所倡导的"个人拼搏、团队合作、全力争胜"的精神和传统竞技体育活动是完全一致的。

电子竞技运动员在竞技中对于胜利的孜孜追求，体现了拼搏进取的精神；失败后及时调整心态，重新投入高强度、高重复性的训练中，则体现了"重在参与、永不放弃、永不气馁、永不低头"的精神。电子竞技运动员看似是在打游戏，其实他们在背后付出了巨大的努力。电子竞技运动员在某些情况下费用需要由自己或者团队承担，或者要拉赞助，但是他们仍保留着自己心中的那份梦想，成为世界冠军，为自己、家人、国家争光（图 1.4.2）。

3．推动科技发展

在电子竞技运动的特征中，"电子"是重要的方式和手段。早年间《反恐精英》与《星际争霸》是国内主流的电子竞技项目。但受限于游戏竞技设备与网络条件，大部分赛事因为成本问题不得不在线下进行，而直播清晰度、宣传渠道也很有限，电子竞技直播在当时还是件"稀罕事"。电子竞技运动，需要依赖以信息技术为核心的各种软硬件、优质的网络环境以及先进的直转播技术。"科技"成为决定电子竞技行业发展的核心因素。

图 1.4.2　WCG 2013 赛事

日益成熟的网络技术为电子竞技行业创造符合标准的网络环境，保障电子竞技赛事的顺利举行；同时，硬件设施持续进化，为赛事提供了稳定的基础操作保障。此外，借助先进的直转播技术，电子竞技爱好者可以通过直播平台观看高清晰的赛事直播，优质的直播品质促进国内电子竞技行业的用户群不断扩大，实现了电子竞技全民化。

以此为背景，在工业和信息化部的指导下，腾讯电竞将联合中国信息产业商会共同制定中国电竞技术标准，标准主要包括电竞网络技术、硬件技术、直转播技术，使电竞赛事的管理机制更加完善。在 2019 年全球电竞运动领袖峰会上，腾讯电竞联合腾讯云，与国际技术领先企业英特尔、高通、英伟达、中国联通、雷蛇及烨侃科技共同发起国内首个电竞技术联盟（图 1.4.3）。这意味着基于行业经验不断积累，新的技术标准不仅仅是某一两个顶级赛事的专利，更将成为全行业各类赛事的基础支持，为电子竞技行业整体发展形成核心推力。

图 1.4.3 2019 年全球电竞运动领袖峰会现场

电子竞技发展与科技升级密切相关，在 2019 年中国电子竞技行业年会"电竞＋媒体融合"分论坛上，中国传媒大学动画与数字艺术学院对外交流与合作部主任王筱卉就 5G 与电子竞技的未来给出分享："5G 网络的带宽够宽，传输的速度够快，从电竞比赛直播的角度，我们就可以同时多机位进行直播。" 5G 网络有传输速度快、低延迟、低功耗等特点，适用于大规模移动互联设备的连接，它不仅为用户提供流畅的 4K 高清赛事转播，而且对移动电子竞技的发展起着巨大的推动作用，5G 技术为电子竞技赛事搭建了更加广阔可靠的"竞技场地"。随着增强现实（augmented reality，AR）技术、虚拟现实（virtual reality，VR）技术、人工智能、区块链等高新技术的发展，基于 AR、VR 的游戏有衍生电子竞技项目的可能，这将打开虚拟竞技和虚拟体验的崭新赛道。科技赋能从另一个维度打开电子竞技的想象空间。2019 年是我国 5G 正式商用的一年，而对电子竞技行业来说，5G 时代的来临，则是突破的关键。电子竞技作为未来体育与数字文创的热点承载，必然会在发展过程中升级优化，并肩负起文化、竞技、科技发展探索的使命。

1.4.2 经济影响

电子竞技产业拥有巨大的潜在经济价值，是直接拉动消费的新型渠道。经过多年发展，电子竞技行业已经形成了一条从游戏授权到内容生产、制作再到传播的完整产业链，它将带动内容制作、授权分发、赛事运营、媒体传播、赛事监管、教育培训及电竞器材研发等一系列相关产业链的全面发展。

随着电子竞技市场不断被开拓，国际电子竞技赛事的竞争呈现白热化。据不完全统计，2018 年国内热门电竞赛事超过了 500 项，2019 年中国电子竞技市场整体规模已超千亿元人民币，用户规模高达 4.3 亿人。我国已经成为世界上最具影响力和最有潜力的电子竞技市场。随着电子竞技产业规模的扩大，电子竞技用户数量和电子竞技观众规模不断提升，预计未来电子竞技赛事会呈爆发式增长。目前中国已成为全球电竞产业发展最快、最受关注的地区之一，并成为全球首个开展电竞主客场的地区（图1.4.4）。

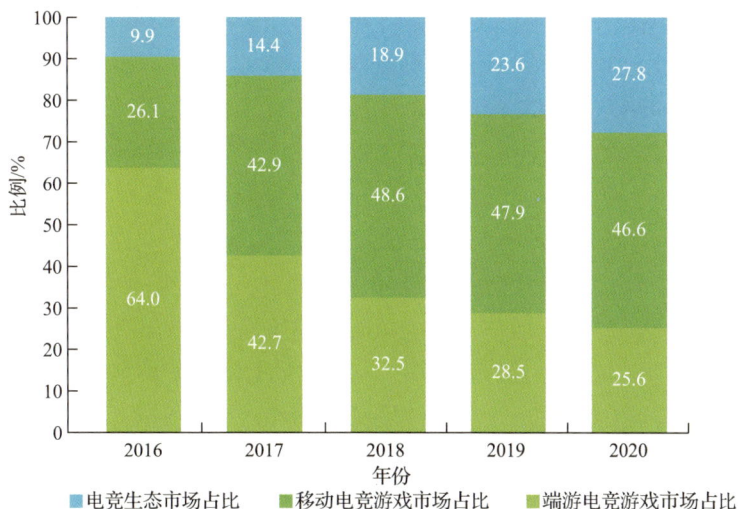

図 1.4.4　2016～2020年中国细分电子竞技市场规模占比

直接拉动消费是电子竞技作为经济新动能的一个重要表现。一方面，电子竞技的消费习惯往往表现为电竞迷更热衷于在游戏内消费，并购买更多的皮肤和品牌外设；另一方面，众多电竞用户到现场观赛，不少购物中心可以选择通过与电竞企业合作举办赛事的方式将人流引入线下购物场所，开启"集市＋电竞"的跨界融合。与此同时，还可以通过线下电竞赛事、直播等形式将线下"粉丝"客流导流至电商平台，或与电竞明星合作，采用游戏互动、社交互动等方式与电商产品相结合，通过电竞"粉丝"经济拉动产品销售，实现"电竞＋新零售"的无缝衔接。

电子竞技已经成为扩大就业的一个新型渠道。一方面，电子竞技的出现已经完全颠覆游戏是"不务正业"的主流价值观，电子竞技已经上升为一个技能化、职业化与专业化的体育运动；另一方面，电子竞技已经不再是某部分人的专门游戏，更多人可以参与进来，使电子竞技具有更广泛的参与度。特别是随着电子竞技俱乐部的市场化运作，不少游戏玩家可以由业余转向职业，借此获得稳定的收入，在赛手服役期满后还可以顺利进入诸如电竞培训、游戏开发等行业。虽然目前来看电竞选手拿到上百万元年薪的还是极少数，但随着电竞用户的不断增多以及电竞产业链的形成与扩张，电竞从业人员获得的报酬必会越来越高。《2018年中国电竞发展报告》显示，41%的业余玩家具有长期从事赛事行业的职业规划，其中25岁以下的年轻人想成为职业玩家的愿望最为强烈，电子竞技将成为国人就业的重要行业。

1.4.3　文化影响

　　电子竞技作为一种传播手段非常广泛的体育项目，它在文化传播方面有自身的特质。《电竞三元论》一书提到，电竞文化是以电竞为试验田，认知和践行中华传统文化的一门学科。基于传统文化"格物致知、道法自然"的理念，结合电竞竞争意识、因果观念、时间观念三大基本原则，通过建立电竞文化的标准，寓教于乐，启动青年人的文化好奇心。在传统文化指导下的电竞活动，将会经历四个阶段：①游戏角度看电竞；②学术角度看电竞；③军事角度看电竞；④传统文化看电竞。最后脱离事物表象，发现事物的本质，也就是传统文化所说的万物本源——道。

　　由于电子竞技是一项门槛很低的竞技项目，来自世界各地的玩家可以在任何时间、任何地点参与其中。就算没有职业选手那么专业，他们也可以获得同样的激情和快乐，这是电子竞技所具有的一种鼓励参与的力量。同时，电子竞技还具有一种亲民的特质，玩家在竞技过程中一同经历胜利和失败，既相互竞争也相互帮助，这种游戏内的社交和参与建立起的社会联系同样牢固。

　　（1）电子竞技所蕴含的"参与的力量"，或许人们并不像运动员那么专业，但同样可以在电子竞技中投入激情，同样享受快乐，极低的参与门槛使电子竞技在参与度上超过了以往任何一种竞技体育运动。

　　（2）电子竞技所具备的亲民特质，使在电子竞技场景中建立的社会联系更为牢固与积极，人们一起参与电子竞技，经历高潮和低谷、喜悦和困难，帮助他人成功，与他人竞争。参与、社交、共享、竞争的文化价值在电子竞技运动中已经初见端倪。随着电子竞技逐渐发展为主流大众文化，会有更多的人参与进来，不断创新和探索电子竞技的潜力，丰富电子竞技的文化价值，发挥电子竞技在新文化领域中的积极作用。

学习评价 ☞

　　进行学习评价，并在"总结与反思"栏内写下自己的学习总结。

学习评价表

评价内容	自我评价			教师评价	
	基本了解	熟悉掌握	理解运用	合格	不合格
电子竞技的定义					
电子竞技与传统竞技体育的区别					
电子游戏按运行平台的分类					
电子竞技游戏的分类					
电子竞技的特征					

续表

评价内容	自我评价			教师评价	
	基本了解	熟悉掌握	理解运用	合格	不合格
电子竞技对社会的影响					
电子竞技对经济的影响					
电子竞技对文化的影响					

总结与反思:

教师签字:

单元测试☞

一、填空题

1．竞技运动即比赛性的 _____ ，它是指为最大限度地发挥个人和集体在体力、智力和运动能力等方面的潜力，为创造优异成绩而进行的训练和竞赛。

2．竞技运动有着 _____ 、 _____ 、严格的规则性、高超的技艺性、高尚的娱乐性、广泛的国际性等特点。

3．电子游戏根据媒介和运行平台分为街机游戏、 _____ 、电脑游戏和 _____ 。

4．常见的 MOBA 游戏有 _____ 、 _____ 和 _____ 。

5．常见的 FPS 游戏有 _____ 、 _____ 和 _____ 。

6．电子竞技的特征包括 _____ 、 _____ 、大众娱乐等方面。

7．目前，电子竞技行业可以大致划分为赛事发行运营公司、赛事活动公司、 _____ 、 _____ 、媒体与内容制作团队以及电竞衍生领域岗位。

8．2018 年，在 _____ 亚运会上，电子竞技终于登上了洲际综合体育大赛的舞台，电子竞技选手也以运动员的身份为中国斩下两金一银。

9．竞技游戏主要偏向 _____ 类游戏，在公平、公正、合理的游戏平台上进行对抗比拼，考验选手的个人操作及团队配合能力，体现竞技体育的精神。

10． _____ 是由蓝洞开发的一款战术竞技型射击类沙盒游戏。

二、简答题

1．简述竞技运动的特点。

2．简述电子竞技的概念。

3. 电子竞技与传统竞技体育的区别有哪些？

4. 电子竞技与电子游戏的区别有哪些？

5. 我们可以在电子竞技的哪些领域就业？

2 单元

电子竞技的发展

单元导读

　　1998 年，随着《星际争霸》《反恐精英》等游戏进入中国，玩家对竞技游戏越来越追捧，中国电子竞技产业开始萌芽。经过多年的发展，电子竞技产业在中国已经逐步走向成熟。2019 年电子竞技运动正式被国家承认，在 2019 年国庆节期间，《人民日报》在《我刚在复兴大道 70 号遇见了你》一文中列举了自中华人民共和国成立以来的一些大事件。其中，中国知名电子竞技俱乐部 iG 夺冠也有幸上榜。2019 年 4 月 12 日，国家体育总局发布的《体育产业统计分类（2019）》正式将电子竞技归为职业体育竞赛项目，该项目可以开展商业化、市场化的职业体育赛事活动组织、宣传和训练，以及职业俱乐部和运动员的展示、交流等活动。

学习目标

● 了解电子竞技的发展历程、产业构成；
● 熟悉电子竞技赛事的形成；
● 了解全球电子竞技的发展现状及我国电子竞技的发展现状及趋势。

思政目标

● 自觉树立和践行社会主义核心价值观，立志成为祖国需要的行业拔尖人才；
● 坚定技能报国、民族复兴的信念，不负时代、不负韶华，努力实现德智体美劳全面发展。

2.1 电子竞技的发展历程

20 世纪 90 年代，多媒体计算机开始普及，计算机网络不断发展，游戏企业纷纷研发基于计算机网络环境的电子游戏，从此，众多种类的网络电子游戏进入人们的视野。90 年代末，网络游戏进入了快速发展时期，游戏玩家数量急剧增加，游戏衍生产业犹如雨后春笋。随着世界游戏产业的发展进程，一个新的竞技运动——电子竞技应运而生。

2.1.1 起步期（1996～2000 年）

1．电子竞技的形成

1996～1997 年，亚洲金融危机爆发并迅速波及全世界，各国娱乐产业纷纷因资金产生断链而引发停业，这直接或间接导致了许多失业人员。迫不得已的待业者有的为生存、有的为打发时间，相继参与到电子游戏中来。1997 年开始，《雷神之锤》《星际争霸》《魔兽争霸》《反恐精英》等经典电子游戏相继问世，这些电子游戏制作成本低、容易上手且基本是免费的，于是迅速吸引了大量玩家的注意，很多玩家积极地参与此类游戏，为电子竞技的蓬勃发展奠定了基础，"电子竞技"作为一个新名词进入人们的视线。

2．电子竞技产业的形成

亚洲金融危机导致韩国 1998 年国内生产总值萎缩了 5.8%，韩元大幅贬值 50%，股市暴跌 70% 以上。韩国注意到了国民经济的产业结构存在严重的问题：国民经济的支柱产业以出口为主，受世界经济环境变化的影响大。金融危机过后，韩国政府开始努力改变产业结构，大力扶持和快速发展电影电视产业、游戏动漫产业，而电子竞技产业作为一支国民经济的生力军也得到了巨大的发展契机。韩国开始制作《星际争霸》的相关节目。1999 年 10 月 2 日，由韩国 ON MEDIA 有线电视台旗下的 On Game Net（简称为 OGN，是韩国 CJ E&M 旗下的电子竞技与游戏电视频道）举办的 Pro gamer Korea Open（PKO）在首尔正式开幕（图 2.1.1），共有 16 位选手参加了这次比赛，其中包括在 I2E2 星际大赛决赛中败给 Grrrr 的 October。PKO 的成功使韩国电子竞技职业联赛逐渐开始正式运作，电子竞技也形成一种新的产业——电子竞技产业。

图 2.1.1　1999 年韩国"99 Pro-gamer Korea OPEN"比赛

3. 中国电子竞技的萌芽

1996 年 5 月，中国历史上第一家网吧在上海出现，名字叫"威盖特"，上网价格达 40 元／时，这在当时堪称天价，因为当时全国职工月平均工资也就 500 元左右。"网吧"最早的时候不叫网吧，而叫电脑室，可以玩局域游戏、休闲娱乐或办公。

1999 年起，《星际争霸》《反恐精英》等游戏逐渐走进中国，吸引了大批玩家。当时国内并没有正规的比赛，没有详细的规则，也没有精美的奖品，仅仅是靠着对电子竞技的一腔热爱，只有部分网吧或私人团队举办小型比赛。

2.1.2　发展期（2001～2013 年）

2000 年 10 月 7 日，韩国 WCGC（World Cyber Game Challenge）组织委员会主办的首届世界电脑游戏挑战赛开幕。此次大赛得到了韩国政府相关部门（文化、旅游、信息产业和通信）和企业的大力支持，韩国三星电子公司出资 700 万美元支持这个项目，同时联合 BETTLE TOP（韩国最大、最权威的游戏联盟）公司和 N' FINIEX 公司成立国际电子营销（International Cyber Marketing，ICM）公司，并且通过 ICM 公司来组织和管理各项活动。成立了国家级的电子竞技机构。官方机构希望世界各地的选手通过此竞技项目能够互相交流、学习，从而形成一种与真正的奥林匹克精神相媲美的运动精神，并希望此后每年在世界各地的著名城市举行一次，以使 WCGC 运动成为真正的"Cyber Game Olympics"，最终使网络竞技运动发扬光大。因此，本次大赛又被称为游戏界的"PRE-Olympics"。

WCGC 主要参赛选手为韩国玩家，竞赛项目分别是《帝国时代 2》《星际争霸》《FIFA 2000》《QUAKE III》。中国有 6 名选手获邀参赛，可惜成绩并不理想。只有《帝国时代 2》的选手和《FIFA 2000》的选手陈迪进入了六强。

1. 电子竞技赛事发展

世界电子竞技大赛（World Cyber Games，WCG）创立于 2000 年，2013 年一度中止举办，2019 年重新启动。它是一项全球性的电子竞技赛事，被称为"电子竞技奥运会"，该项赛事由韩国 ICM 主办，并由三星公司和微软公司提供赞助。中国曾三次举办 WCG，分别是 2009 年（成都）、2012 年和 2013 年（昆山）。WCG、ESWC、CPL 一起被称为世界三大电子竞技赛事，而 WCG 是三项赛事中规模与影响力最大的。每个参加 WCG 的国家和地区将自行举办预选赛，并选送最优秀的选手参加全球总决赛。2001～2013 年的 WCG 对于中国玩家来说几乎就是整个中国电子竞技的发展史，13 个冠军、11 个亚军是中国团队征战 WCG 的辉煌成绩。2001 年，马天元和韦奇迪在韩国首尔举行的 WCG 世界总决赛上拿下《星际争霸》2V2 项目金牌，这也是中国第一个电子竞技世界冠军（图 2.1.2）。在 WCG 历史中最传奇的中国选手当属《魔兽争霸》高手李晓峰，他曾在 2005 年和 2006 年夺得两连冠，也成为唯一入选 WCG 名人堂的中国人。

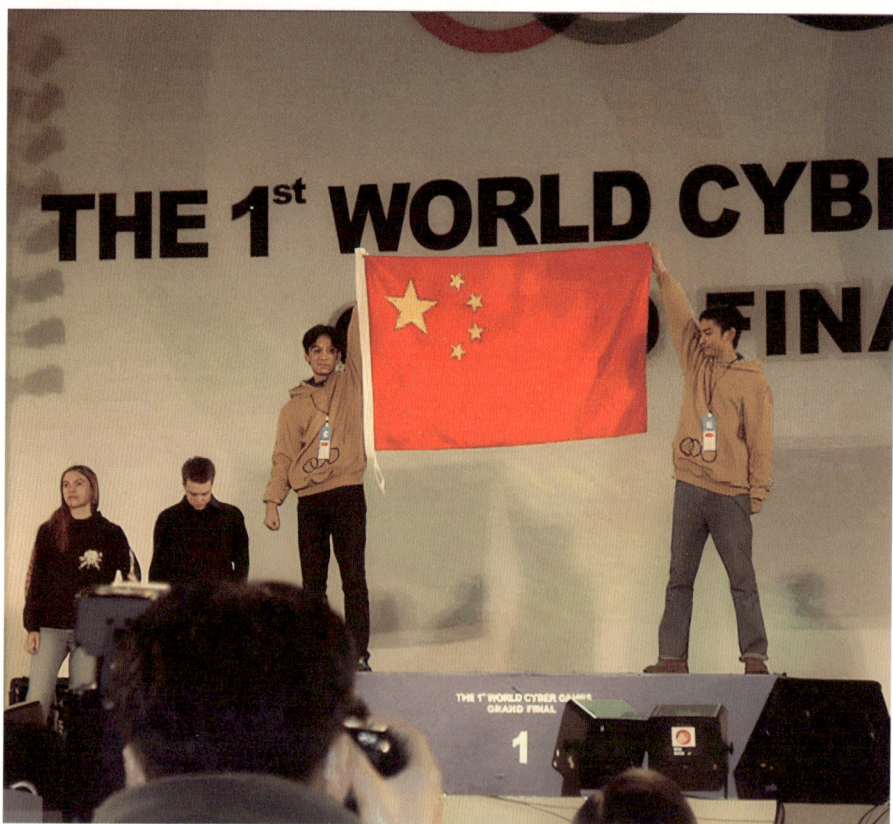

图 2.1.2　中国选手在韩国首尔 WCG 2001 夺冠

知识链接

WCG 的发展历程

第一届，韩国首尔 WCG 2001。

2001 年 8 月 10 日，三星电子杯"World Cyber Games"新闻发布会在中国大饭店隆重举行。会上三星电子中国区总经理宣读了一系列有关首届 WCG 的消息，会上还播放了《雷神之锤》《反恐精英》《星际争霸》《FIFA 2001》四个项目的开场动画和"World Cyber Games"的宣传片。10 月，国内好手会聚北京，展开为进军韩国的最后角逐。12 月 9 日，第一届 WGC 在韩国首尔落下帷幕，共有 37 个国家和地区的 470 多名职业选手在 4 天内进行了激烈角逐。中国队以二金一铜的成绩获得第二名，东道主韩国获得第一名。两块金牌分别由《FIFA 2001》项目的林小刚和阎波、《星际争霸》项目的韦奇迪、马天元夺得，铜牌由《FIFA 2001》项目的郑伟夺得。由 chj 和 rb 组成的《雷神之锤》中国团队在与俄罗斯团队的比赛中以 16：68 的悬殊比分失利，止步八强，无缘晋级。

第二届，韩国首尔WCG 2002。

2002年夏，三星电子与中视科艺在凯宾斯基饭店召开新闻发布会，宣布三星电子杯 WCG 世界电子竞技大赛中国赛区 2002选拔赛即将在中国拉开序幕，全国 11 个重点城市将燃烽烟再起，选手可以通过线上和线下报名的方式参与到大赛中来，中国区总决赛的胜者将代表中国赴韩国，与全球的顶尖游戏玩家角逐 WCG 总决赛，争夺至高无上的荣耀。

全球顶级的体育盛会"世界杯"的余热未消、第十四届亚运会开幕之即，由亚运会官方合作伙伴三星电子推动的电子奥运大赛 WCG 接踵而来。据统计，WCG 2002中国区报名总人数达4 200人，现场观众数量更高达 54 000人。WCG2002《星际争霸》中国选手MTY和HK过早被淘汰，余下 Star.Leona一人经过奋力拼杀，仅仅打入八强，为当年中国《星际争霸》项目的最好成绩。在《雷神之锤3》项目上中国选手发挥良好，=I.D=CHJ 挫败各国好手，最后在和美国著名选手 Makavili 的较量中以 12：19 惜败，证明了中国选手的实力是可以和世界顶尖好手一较高下的。在《FIFA 2001》项目上，林晓刚发挥稳定，跻身四强，但最终未能晋级决赛。

第三届，韩国首尔WCG 2003。

2003年6月18日，三星电子与文化部文化艺术服务中心、中视传媒股份公司在北京嘉里中心召开新闻发布会，宣告正式启动"WCG 2003三星电子杯世界电子竞技大赛中国区选拔赛"。三星电子宣布在全球范围内全力支持被称为"电子竞技运动奥运会"的 WCG，独家冠名赞助 WCG 世界电子竞技大赛中国区选拔赛，以此推动中国电子竞技运动的发展。会上宣布 WCG 2003将在 7月10日～9月 7日举办线上预赛、地区选拔赛、中国区总决赛，届时将决出 14 名优胜者，代表中国参加10月中旬在韩国举行的总决赛。中国选手在《星际争霸》项目进入八强，最好成绩为第八名。《魔兽争霸》项目则由郭斌进入最后决赛，并取得一枚银牌。参加《反恐精英》项目的 Devil.U 战队实现历史性突破进入八强。《FIFA 2001》项目中，中国选手进入四强，最终拿到第四名。在新加入的《彩虹冒险》项目上，我国选手进入四强，以最好成绩取得一枚铜牌。

第四届，美国旧金山 WCG 2004。

2004年的WCG是WCG组委会第一次将比赛地点选在韩国以外的地方，走出了让赛事国际化的重要一步。本届 WCG，参赛人数达到100万人，参加总决赛的选手也超过了600人。本届WCG共设有10个比赛项目，除了传统的PC平台游戏，列入了XBOX等其他平台的竞技游戏。2004年4月12日，国家广电总局发布了《关于禁止播出电脑网络游戏类节目的通知》，电子竞技节目全部被停播，中国电子竞技运动面临严峻形势。

第五届，新加坡WCG 2005。

中国魔兽选手李晓峰（Sky）在《魔兽争霸》项目一举夺得世界冠军的殊荣，为中国带来了首枚WCG单项金牌。赛后，Sky被中国玩家视为英雄，国内众多媒体有关他的报道也一夜间铺天盖地。

第六届，意大利蒙扎WCG 2006。

2006年，Sky在意大利蒙扎举行的WCG总决赛夺得《魔兽争霸3》冠军。Sky的两连冠成为这届WCG让世界玩家津津乐道的话题，在《魔兽争霸》项目上，这几乎是不可能完成的任务，甚至放眼整个WCG的历史，能做到大项两连冠也只有韩国《星际争霸》选手Boxer一人而已。

第七届，美国西雅图WCG 2007。

Sky冲击三连冠的伟业让这届WCG成为中国玩家极为关注的一届赛事。在这届比赛上，中国《星际争霸》选手沙俊春（PJ）在八进四先输一局的情况下，不可思议地连扳两局战胜当时韩国排名第一的IPXZERG，最终拿到了亚军，创下了中国星际争霸在WCG历史上单项最好成绩。

第八届，德国科隆WCG 2008。

本届WCG在比赛项目上达到了历史最多的12项，参赛国家和地区也达到了74个。从2005年到2008年，WCG的规模都在稳步扩大，同时一些不同平台和不同类型游戏项目的加入，也是WCG吸引不同玩家、扩大品牌影响力的一个发展方向。2008年WCG比赛项目的调整，是中国电子竞技发展史上划时代的事件。《QQ飞车》和《穿越火线》的加入，是中国有史以来第一次在正规的大型电子竞技赛事中引入网络游戏项目，以此为肇始，中国电子竞技从此进入了网游时代。中国电子竞技的发展趋势越来越好，但也面临着危机。2008年，《反恐精英》的关注度已经大不如前，而国际金融危机的爆发让更多的俱乐部出现了入不敷出的状况，纷纷开始大裁员。国内的一些小比赛逐渐停办，只有一些大型赛事还在勉强支撑。随后的两年里，国际金融危机蔓延全世界，众多豪门俱乐部纷纷解散，PGL等一大批中国玩家耳熟能详的大型赛事相继停办，整个中国电子竞技遭遇前所未有寒冬。

第九届，中国成都WCG 2009。

2009年，成都举办WCG总决赛，这也是第一次在中国举办的总决赛。65个国家和地区的600多名选手参加本届比赛，而观众更是超过了历届比赛，受到了WCG官方的称赞。2009年，王诩文（Infi）在成都举行的WCG总决赛中夺得《魔兽争霸3》冠军。

第十届，美国洛杉矶WCG 2010。

Grubby梦断三冠王，虽然我们没能看到第一个WCG三冠王的诞生，但作为电子竞技强国的韩国，终于圆了他们的《魔兽争霸》冠军梦。韩国队以三金二银三铜夺下WCG国家杯冠军，并且将冠军奖杯再次带回韩国保存，其余国家成绩比较平均，中国队仅以一枚银牌排名第十。

第十一届，韩国釜山WCG 2011。

2011年WCG总决赛回到韩国釜山，来自超过100个国家和地区的上千名选手将为争夺电子竞技最高荣誉而战。这也是继2003年之后，WCG首次在韩国本土举办。相比2010年的奖金缩水，2011年WCG总决赛的奖金有所提升。令人遗憾的是，本届比赛参赛队伍的水准较往届下降极多，WCG逐渐走向衰落的征兆也日趋明显。2011年，东珈AB战队在韩国釜山举行的WCG世界总决赛夺得《穿越火线》项目冠军。

第十二届，中国昆山WCG 2012。

2012年WCG总决赛落户昆山，成为2009年成都后又一获得WCG举办权的中国城市，并将连续举办两年。本次比赛赛事组委会邀请了韩国女星蔡妍与中国超人气组合MIC参与了本次WCG总决赛的开幕式，有来自40多个国家和地区的 500 多名选手参加。曾卓（Ted）在WCG总决赛夺得《魔兽争霸3》项目冠军。iG 战队夺得《穿越火线》项目冠军。TongFu战队夺得《DOTA》项目冠军。TyLoo 战队夺得《反恐精英Online》项目冠军。

第十三届，中国昆山WCG 2013。

2013年 WCG 是《魔兽争霸3》作为WCG 正式项目的最后一年，WCG 组委会隆重推出了广大游戏迷喜闻乐见的竞技类WCG 定制游戏——《水果忍者》和《神庙逃亡2》。这被视为 WCG 向手游竞赛转型的一个信号。在本届WCG 上人皇 Sky 最后一次冲击三冠失败。本届比赛中，黄翔（TH000）夺得《魔兽争霸3》项目冠军，倾城.QQ会员战队夺得《穿越火线》 项目冠军。2014年，因为三星集团业务转型，该项赛事停办。

第十四届WCG，中国西安WCG 2019。

时隔5年停赛之后，2019年WCG正式宣布回归，回归的首届总决赛将在中国举办，本届大赛共有来自111个国家和地区的约4万名玩家报名参赛，最终来自28个国家和地区的198名选手进入总决赛。中国选手王诩文（Infi）、战队Newbee及DTeam分别在竞赛项目《魔兽争霸3》《DOTA2》《王者荣耀》上夺得冠军，本土作战的中国团队最终在六个竞赛项目中夺得四枚金牌。

2．电子竞技俱乐部发展

2003 年 11 月 18 日，在中国数字体育互动平台启动仪式上，时任中国奥委会副主席何慧娴宣布，国家体育总局正式批准电子竞技成为我国的第 99 个体育项目。由于电子游戏的审批由文化部负责，电子竞技比赛的主管单位是国家体育总局，而电子竞技的电视直播属广电部门管辖，各部门对于电子竞技的态度一直处于摇摆状态，如何管理也没有找到固定的模式，任何一个环节不放行，这个产业的发展都会受影响。这导致电子竞技的发展不尽如人意，由于赛事不稳定，俱乐部分崩离析，赞助商对电子竞技产业的支持度不高。我国电子竞技一直处于缓慢发展阶段，人们一直期待国内有类似于韩国职业电子竞技协会这样组织来负责国内电子竞技的运营。2011 年 11 月，一个由国内电子竞技俱乐部自发组建的电子竞技联盟——中国电子竞技俱乐部联盟（Association of China E-sports，ACE）应运而生，这也标志着电子竞技从大众娱乐转向职业化、专业化、规范化的发展道路。在此期间，中国也出现了一些在国际上较有影响力的电子竞技战队（图 2.1.3）。

图 2.1.3　部分电子竞技战队

中国电子竞技俱乐部联盟主要负责国内职业电子竞技战队注册、管理、转会、赛事监督等多方面工作，并颁布《职业联赛参赛俱乐部管理办法》《职业选手个人行为规范》等条例。俱乐部联盟的管理团队：联盟秘书长 WE 电子竞技俱乐部裴乐（King）、副秘书长 iG 电子竞技俱乐部王棋（Knight）、副秘书长 DK 电子竞技俱乐部彭宇（Farseer），联盟成员包括天禄电子竞技俱乐部、LGD 电子竞技俱乐部、PanDarea 电子竞技俱乐部、AgFox 电子竞技俱乐部、ForLove 电子竞技俱乐部、DT_Club 电子竞技俱乐部、同福电子竞技俱乐部、TBs 电子竞技俱乐部、AY 电子竞技俱乐部等。

2.1.3　成熟期（2014～2016 年）

早在 2003 年，国家体育总局就将电子竞技正式确立为第 99 个体育项目，2008 年又将其改批为第 78 个正式体育竞赛项。2017 年，经过激烈讨论，国际奥委会第六届峰会发表官方声明，正式承认"电子竞技是一项体育运动"。2018 年，电子竞技作为表演赛登上亚运会舞台。在第 30 届东南亚运动会上，电子竞技成为正式比赛项目。在国外，电子竞技作为体育概念的延伸正处于蓬勃发展的阶段。据估算，全世界每年电子竞技产值达 500 亿美元。电子竞技不但带动文化娱乐产业的发展，也带动了信息产业和当地旅游业的发展。近年来中国电子竞技选手在国际大赛上勇创佳绩，屡屡问鼎桂冠，有力地推动了中国电子竞技产业环境的日趋好转，中国举办自己的全球性电子竞技赛事已是大势所趋。

1．电子竞技国家队成立

从 2013 年开始，电子竞技受到国家重视。2013 年 3 月，国家体育总局决定成立一支 17 人组成的电子竞技国家队，出战第四届亚洲室内和武道运动会。中国队将参加第四届亚洲室内和武道运动会 9 个项目的比赛，电子竞技团队将参与《英雄联盟》《星际争霸 2》《FIFA》《极品飞车》四个子项目的比赛。

2018 年 8 月 18 日，中国电子竞技国家队参加雅加达亚运会表演赛。8 月 26 日，中国电子竞技国家队摘下雅加达亚运会电竞表演赛首金，这是电子竞赛首次进入亚运会，中国队在这个历史时刻拿下了赛会首金。8 月 29 日，在雅加达亚运会电竞表演项目《英雄联盟》总决赛，中国队以 3∶1 战胜劲敌韩国队夺得金牌。

2．电子竞技场馆

2013 年 7 月 31 日，国内首个永久性电子竞技专业场馆"创·赛场"亮相上海电子竞技中心（图 2.1.4），场馆占地面积 3 000 平方米，总投资近 4 000 万元，其中电子设备近 3 000 万元，包括比赛大厅、训练基地、产品展示区、玩家互动区等多项功能区域，可举办赛事、明星见面会、厂商推广活动、专业电子培训等活动。此外，还建造 15 000 平方米的电子竞技及动漫主题产业园。这里将成为集游戏产品研发、展示、体验、电子竞技专业培训基地、大型活动举办等于一体的电子竞技行业聚集地。

图 2.1.4　上海电子竞技中心

3．世界电子竞技大赛

国家越来越重视发展文化体育产业，相继出台了一系列支持政策，鼓励引领创新发展，文化体育产业成为城市综合竞争力的重要组成部分。2012 年，国务院批复在宁夏设立内陆开放型经济试验区、银川综合保税区，银川市作为"两区"建设的核心区，先行先试，创新发展，成为沿黄经济带和丝绸之路经济带的先行者和领头雁。在银川举办世界电子竞技大赛符合"产业升级，创新驱动"等发展战略。2014 年 2 月，全球极有影响力的 WCG 宣布停办。由银川市政府主办的电子竞技赛事——世界电子竞技大赛（World Cyber Arena，WCA）（图 2.1.5）填补了 WCG 停办后的空白。WCA 自 2015 年 4 月 13 日正式开赛以来，总观赛人数高达 8 000 万人次。

4．世界电子竞技运动会

2016 年 3 月 30 日，阿里体育在上海召开新闻发布会，旗下电子体育事业部正式亮相，并宣布创办世界电子竞技运动会（World Electronic Sports Games，WESG），阿里体育平均每年在 WESG 投入超过 1.5 亿元，其中包括全年 550 万美元的高额奖金（图 2.1.6）。首届 WESG 即吸引了全球超过 125 个国家和地区的选手参与。为了保证每位运动员应有的权利，维护体育竞赛的公平、公正，从而促进世界电子竞技运动的健康发展。WESG 制定并发布了一套以传统竞技体育运动项目为标准，并充分结合电子竞技运动特点的管理规定，涉及运动员年龄与国籍认定、反兴奋剂、道德礼仪、处罚申诉等方面，参赛队伍均以国家（地区）代表队形式参赛，预选赛赛区覆盖全球近 200 个国家和地区。

图 2.1.5　WCA 全球总决赛

图 2.1.6　WESG

　　WESG 的比赛项目设定主要参照传统竞技体育运动会章程，WESG 将正式比赛项目划分为大项（Sport）、分项（Disciplines）和小项（Event）。前两届 WESG 比赛共设置四个大项，分别为射击类、多人在线战术竞技类、即时战略类和卡牌类，对应的小项分别包括《反恐精英:全球攻势》《DOTA2》《星际争霸Ⅱ》《炉石传说》。从第三届比赛开始，WESG 陆续加入模拟体育类、格斗类两个大项，同时针对不同的分项设置更多小项的比赛。

　　5. 电子竞技产业链的形成

　　随着我国电子竞技产业的蓬勃发展，"互联网＋竞技体育"的新兴产业开始出现，大量的资本涌入，行业发展驱动力转移，使电子竞技朝着产业规模化不断前进。电子竞技以职业赛事为核心，形成了电子竞技游戏研发与运营、赛事组织与管理、赛事内容制作、赛事媒体传播等行业的完整产业链（图 2.1.7）。

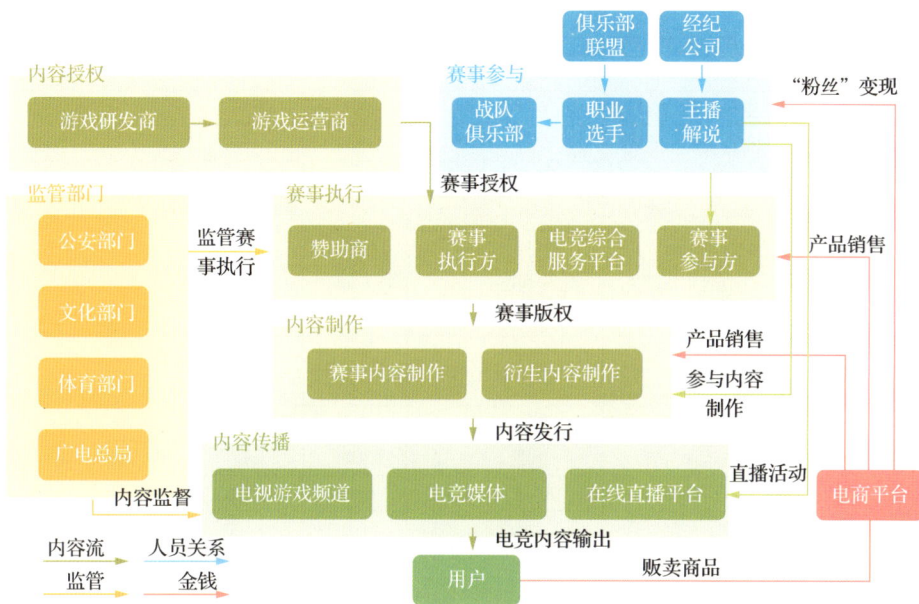

图 2.1.7　电子竞技产业链

6. 电子竞技教育的发展

2016 年 9 月，教育部职业教育与成人教育司发布《关于做好 2017 年高等职业学校拟招生专业申报工作的通知》，公布了 13 个增补专业，其中包括"电子竞技运动与管理"，专业代码 670411，属于教育与体育大类下的体育类。这意味着未来"电子竞技专业"将成为正式教育的其中一部分。湖南体育职业学院、山西体育职业学院、锡林郭勒职业学院、中国传媒大学、四川电影电视学院、四川传媒学院等高校相继开设了电子竞技相关专业（表 2.1.1）。

表 2.1.1　全国高校电子竞技专业开设情况（部分）

序号	学校名称	专业名称	专业学历	学习年限	计划招生/人	学费/（元/年）	备注
1	中国传媒大学	数字媒体艺术（数字娱乐方向）	本科（艺术）	4	20	8 000	前三届包分配
2	中国传媒大学南广学院	艺术与科技系（电子竞技分析）	本科（艺术）	4	40	16 500	
3	上海戏剧学院继续教育学院	电子竞技主持解说与电子竞技舞台设计	本科	4	40	24 000	国家学历教育 8000 元/年，共 5 年
4	上海体育学院	电子竞技解说和主持	本科	4	20	10 000	

续表

序号	学校名称	专业名称	专业学历	学习年限	计划招生/人	学费/（元/年）	备注
5	信阳涉外职业技术学院	电子竞技运动与管理	专科	3	未知	5 700	
6	江西先锋软件职业技术学院	电子竞技运动与管理	专科	3	未知	14 800	
7	南昌工学院	电子竞技运动与管理	专科	3	60	12 500	
8	三明职业技术学院	电子竞技运动与管理	专科	3	未知	未知	备案专业
9	合肥共达职业技术学院	电子竞技运动与管理	专科	3	100	7 000	
10	安徽体育运动职业技术学院	电子竞技运动与管理	专科	3	30	未知	
11	哈尔滨科学技术职业学院	电子竞技运动与管理	专科	3	60	未知	
12	黑龙江商业职业学院	电子竞技运动与管理	专科	3	30	6 000	
13	锡林郭勒职业学院	电子竞技运动与管理	专科	2.5	未知	4 500	设大专、中专
14	兴安职业技术学院	电子竞技运动与管理	专科	3	30	5 000	
15	石家庄财经职业学院	电子竞技运动与管理	专科	3	未知	7 000	
16	湖南体育职业学院	电子竞技运动与管理	专科	3	69	4 600	
17	四川传媒学院	电子竞技运动与管理	专科	3	60	18 000	
18	四川科技职业学院	电子竞技运动与管理	专科	3	30	8 000	
19	四川电影电视学院	电子竞技运动与管理	专科	3	83	15 000	
20	玉溪师范学院	电子竞技运动与管理	专科	3	未知	未知	体校联合办学
21	哈尔滨科学技术职业学院	电子竞技运动与管理	专科	3	未知	未知	面向初中生
22	长春健康职业学院	电子竞技运动与管理	专科	3	未知	10 500	
23	北京吉利学院	电子竞技运动与管理	专科	3	60～100	19 800	
24	山东蓝翔电竞学院	电子竞技管理班	专科	3	700	共51 600	

2.1.4　爆发期（2017 年至今）

2016 年开始，移动智能设备的普及，移动端手机游戏市场的全方面推广，电子竞技的移动用户数量急剧上升。2017 年，我国电子竞技用户体量达到 3.5 亿人，移动电子竞技用户在 2.9 亿人左右。在赛事类型上，MOBA移动电子竞技赛事关注度占比达 62.6%。例如，《王者荣耀》职业联赛就是用户规模较大、增速较快的头部电子竞技产品，成为移动电子竞技行业的标杆，为整体电子竞技行业的发展奠定了坚实基础。随着网络直播平台的兴起，电子竞技被越来越多的人所熟知，国内电子竞技迎来全民参与时代。

1. 移动电子竞技发展

移动电子竞技（mobile electronic athletics）是指移动端（平板电脑、手机等电子设备）电子游戏比赛达到竞技层面的活动。2015 年是移动电子竞技行业的爆发年，除了涌现出大批移动电子竞技爱好者，移动电子竞技行业也得到了国家体育总局体育信息中心的关注。2015 年 8 月，国家体育总局体育信息中心作为指导单位联手 QQ 手游举办第二届 QGC 大赛，该赛事是国内规模最大、参赛人数最多、赛事体系最为完善的移动电子竞技大赛。

根据数据研究机构伽马数据，2016～2018 年我国移动电子竞技游戏市场规模不断扩大，移动电子竞技游戏销售收入占整体收入的份额从2016年的34.0%上升至2018年的55.4%，首次超过了客户端电子竞技游戏收入，这主要得益于《王者荣耀》等移动电子竞技游戏产品的发展。2019年上半年，移动电子竞技游戏市场占比进一步扩大至62.0%（图2.1.8）。

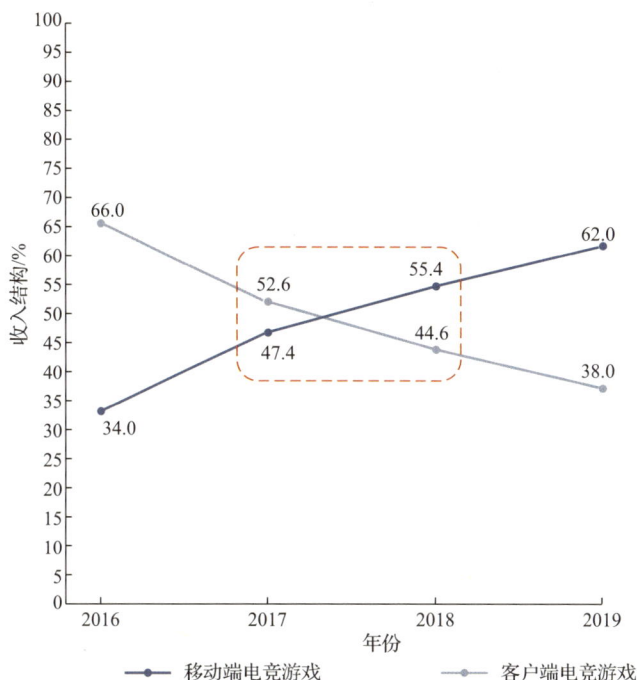

图 2.1.8　2016～2019 年中国电子竞技游戏市场收入结构（按设备类型）

2. 国家及地方政策支持

我国电子竞技行业的迅速发展离不开国家政策的大力支持。在国家层面上，2016年可谓我国电子竞技行业政策福利年，4月，国家发改委主持举办全国性或国际性电子竞技游戏游艺赛事活动；7月，国家体育总局从政策层面完成电子竞技职业化与正规化；9月，文化部对电子竞技泛娱乐开放，教育部增补了13个专业，其中包括"电子竞技运动与管理"。2017年，国家发布的《文化部"十三五"时期文化产业发展规划》中明确提出鼓励发展电子竞技新业态（表2.1.2）。

表 2.1.2　电子竞技的部分国家政策

时间	政策	主要内容
2016 年 4 月	《关于印发促进消费带动转型升级行动方案的通知》	明确指出在做好知识产权保护和对青少年引导的前提下，以企业为主体，举办全国性或国际性电子竞技游戏游艺赛事活动
2016 年 7 月	《体育产业发展"十三五"规划》	将电子竞技列为运动项目重点，引导具有消费引领性的健身休闲项目发展

续表

时间	政策	主要内容
2016 年 9 月	《普通高等学校高等职业教育（专科）专业目录（2015 年）》	增补了"电子竞技运动与管理"专业
2016 年 9 月	《关于推动文化娱乐行业转型升级的意见》	提出鼓励电子竞技场所建设，支持区域性、全国性乃至国际性电子竞技赛事，引导和扶持各种电子竞技比赛与游戏游艺行业融合发展
2016 年 10 月	《关于加快发展健身休闲产业的指导意见》	提出推动电子竞技项目健康发展，培育相关市场
2017 年 4 月	《文化部"十三五"时期文化产业发展规划》	提出推进游戏产业结构升级，推动网络游戏、电子游戏等游戏门类协调发展，促进移动游戏、电子竞技、游戏直播、虚拟现实游戏等新业态发展

在地方层面，2018 年西安、杭州、上海、广东多个省市均明确提出发展电子竞技产业的相关政策。其中，杭州市打造"电子竞技数娱小镇"的计划备受关注。自 2017 年 4 月亚洲奥林匹克理事会与阿里体育宣布在 2022 年杭州亚运会上，电子竞技将成为正式比赛项目以来，杭州市电子竞技数娱小镇计划就一直在筹划中。2018 年，为加快打造电子竞技数娱小镇，推动电子竞技数娱产业集聚发展，杭州市下城区政府发布了针对小镇电子竞技产业发展的政府文件，其中囊括了 16 项电子竞技产业扶持政策，不仅扶持小镇整体的电子竞技产业发展，还细分对小镇内的企业、人才、俱乐部及培训机构等都提供相应的补贴（表 2.1.3）。

表 2.1.3　电子竞技的部分地方政策／学院／会议

地区	时间	政策／学院／会议	主要内容
西安市	2018 年 3 月	《曲江新区、英雄互娱系列项目落地合作协议》	建设西安量子晨双创产业园项目，将引进互联网数字领域的龙头企业和国内外一线游戏制造商，通过电竞游戏、VR 设备等娱乐体验，同时配套新潮时尚餐饮、休闲娱乐品牌，全力推动电竞产业发展，打造城市新经济产业社区和一体化城市时尚潮流中心
杭州市	2018 年 4 月	《杭州市下城区人民政府关于打造电竞数娱小镇促进产业集聚发展的实施意见（试行）》	设立促进电竞数娱小镇产业发展专项资金 1 亿元，扶持电竞数娱产业集聚发展，同时为引进电竞专业人才提供人才用房租金补贴解决住房问题，对电竞数娱初创型企业办公用房给予租金补助，对直播平台软件研发提供创新研发补助奖励，对在小镇内承办各级电竞赛事补贴总奖金最高可达 1 000 万元
上海市	2018 年 7 月	《闵行区文化创意产业发展三年行动计划（2018—2020 年）》	建设重点项目之一的超竞电竞产业园，该项目总投资 65 亿元，主要包括电子竞技赛事区、游戏研发展销区等八大功能区，总面积 3 万平方米，可容纳 6 000 人同时竞技
	2018 年 9 月	上海体育学院	全国首家高校开办"播音与主持艺术（电竞解说方向）"专业
广东省	2018 年 11 月	粤港澳大湾区电竞产业发展与合作论坛	建设粤港澳大湾区电竞小镇，加快电子竞技项目体育产业化、规范化、产业化进程，促进中国电子竞技产业与传统智力密集型产业的交流和合作，进一步推广和普及"竞技＋娱乐"模式在互联网上网服务行业的落地应用

3．职业能力标准的制定

2019 年 4 月 1 日，人力资源社会保障部、国家市场监管总局、国家统计局联合发布了新职业，正式确认了 13 个新职业信息，分别是人工智能工程技术人员、物联网工程技术人员、大数据工程技术人员、云计算工程技术人员、数字化管理师、建筑信息模型技术员、电子竞技运营师、电子竞技员、无人机驾驶员、农业经理人、物联网安装调试员、工业机器人系统操作员、工业机器人系统运维员，电子竞技运营师和电子竞技员正式成为职业。2020 年 1 月 17 日，中国通信工业协会电子竞技分会正式发布的《电子竞技运营师》《游戏代练师》《电子竞技培训讲师》三项职业技能标准，填补了行业职业技能标准的空白，为我国游戏电子竞技职业技能人才的培养和培训提供了科学、准确的参照和依据（图 2.1.9）。

图 2.1.9　电子竞技职业技能标准

4．电子竞技泛娱乐

泛娱乐指的是基于互联网与移动互联网的多领域共生，打造明星 IP（intellectual property，知识产权）的"粉丝"经济，泛娱乐的核心是 IP。IP 在泛娱乐行业属于著作权范畴，在互联网时代被赋予独有、美好、特质化的属性，实质上是在注意力经济模式下将人群快速社群化并最大限度地吸引人群的注意力，通过培养潜在的消费群体，从而实现有限资源的争夺（图 2.1.10）。IP 的核心是内容，在互联网时代，内容不仅仅是打开流量的入口，更多的是作为 IP 商业化的基石而存在。在互联网快速发展的背景下，现代人生活节奏快，时间变得非常有限，如何在有限的时间内有效吸引人群注意力进而缩短流量变现的环节，建立 IP 的影响力，内容的优质性和其输出的持续性是关键。

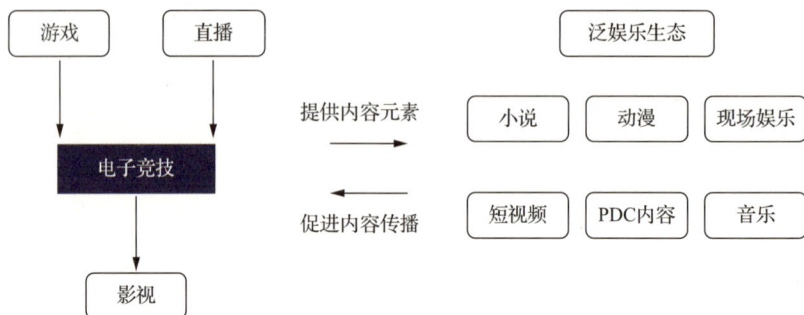

PDC——产品设计与贸易促进中心。

图 2.1.10　电子竞技进一步融入泛娱乐生态

随着电子竞技产业的不断发展与成熟，电子竞技 IP 的价值将逐渐显现。与传统竞技体育赛事相比，以游戏直播为核心传播渠道的电子竞技有着先天的优势。因此，在未来电子竞技有望与电影、音乐、直播、周边产品等文化产业细分领域融合，提供更多与电子竞技相关的文化娱乐享受，进一步融入泛娱乐生态，从而继续扩大自身的影响力。通过与 AR、VR、人工智能等技术，提升电子竞技产业的科技感。

5．电竞小镇

电子竞技作为体育比赛项目，其形式是一个或多个选手采取单独或组队的方式与另一方选手进行竞争，观众可以通过大屏幕实时观察选手的一举一动，具有极强的观赏性。所以，虽然电子竞技赛事并不局限于线上或者线下的比赛形式，但是发展到今天，能与观众产生更强互动的线下形式才是大势所趋。电子竞技比赛对于场馆有诸多要求，专业电子竞技场馆的缺失越来越成为限制电子竞技赛事发展的原因。目前在电子竞技比赛的实际运营过程中，其使用的场馆主要为体育馆、展览馆、网咖或者临时搭建场所等几种形式，以满足不同类型的电子竞技赛事的需要。国内缺乏标志性的主要为电子竞技服务的场馆，不少大型场馆需要兼顾其他体育赛事、商业演出、展览等情况的使用，无法优先满足电子竞技赛事的需求。

随着我国特色小镇建设和电子竞技产业的迅速发展，"电竞小镇"的概念逐渐进入主流视线，越来越多的地区将建设电竞小镇作为本地发展的重点项目。建设电竞小镇不仅能够弥补电子竞技赛事发展过程中专业电子竞技场馆不足的问题，满足电子竞技赛事的发展需求，还可将电竞小镇作为载体，承载电竞综艺、电竞教育、电竞场馆或电竞影视等线下产业外延。

各地区电竞小镇建设模式多以政府与企业合作方式进行，但不同的地方合作方式也有所不同，所起的作用也不同。电竞小镇的首要建设目标即以电子竞技赛事为重点，以电竞文化为支撑，以电竞玩家为服务核心，以电子竞技＋体育、电子竞技＋动漫、电子竞技＋影视、电子竞技＋旅游、电子竞技＋娱乐、电子竞技＋文创、电子竞技＋教育、电子竞技＋文化、电子竞技＋ AI、电子竞技＋大数据为发展路径，构造电子竞技全产业链发展的综合生态圈。

据不完全统计，自 2017 年以来，先后已有浙江杭州、重庆忠县、安徽芜湖、江苏太仓、辽宁葫芦岛、山东青岛等地加入建设电竞小镇的行列之中。建设电竞小镇是各地针对电竞产业发展的一项重要措施，各地政府也为电竞小镇的建设保驾护航，通过一系列税收奖励政策、成立产业扶持基金、配套产业发展基金、产业用地规划支持、人才补贴、俱乐部奖励和设立行业组织等方式，重点奖励、重点宣传，为积极引入电竞企业、俱乐部和相关人才贡献力量。相关企业也通过合作运营的方式积极参与电竞小镇的建设和后期运营，为电竞小镇长期可持续发展奠定基础。

2016 年起，中国的全民电子竞技热潮，在一两年间突然被引爆，风口之下，地方政府纷纷"抢滩"电子竞技。国家密集出台有关特色小镇的政策，鼓励有条件的地区建设各具特色、富有活力的特色小镇，同时给特色小镇建设提供政策性金融支持。例如，上海提出建成"全球电子竞技之都"，杭州打造的电竞小镇"海蓝国际电竞数娱中心"，湖南打造的"关山电竞小镇"，苏州建成的"太仓天镜湖电竞小镇"等。

2017 年 4 月，借助国家发改委此前发布的《关于开展特色小镇培育工作的通知》，重庆忠县联合大唐电信投资 14 亿元打造国内第一家电竞小镇，拥有全国最大的电子竞技场馆——三峡港湾电竞馆（图 2.1.11）。场馆占地面积 110 亩（1 亩≈667 平方米）、总建筑面积 11 万平方米的三峡港湾电竞馆，被称为电子竞技领域的"鸟巢"，可容纳 6 000 人同时观赛，有 16 个玻璃隔断比赛房，能满足 16 个电子竞技选手（战队）同时比赛，而且场馆内配备的灯控、声控、LED 屏幕也能极大地满足观众欣赏比赛（图 2.1.12）。

2017 年 12 月，重庆忠县发布了《忠县人民政府办公室关于促进电竞产业发展的若干政策意见》，被称为"黄金 19 条"，提出了要促进电子竞技产业发展，扩大电子竞技产业规模，引进和培养专业的电子竞技人才等内容。CMEL（China Mobile E-sports League，全国移动电子竞技超级联赛）总决赛、TGEG（Three Gorges E-sports Competition，长江三峡电子竞技大赛）总决赛等全国性赛事也相继在忠县落地。2017 年 12 月 23 日，忠县承办了 CMEG（China Mobile E-sports Games，全国移动电子竞技大赛）总决赛。2018 年 10 月，第一届 TGEG 开赛，忠县迎来了本土赛事 IP。2019 年 8 月，忠县与腾讯签约，双方围绕 IP 打造、品牌推广、赛事合作、电子竞技人才培养、数字产业学院合作办学等方面达成协议。2018 年 12 月 30 ～ 31 日，CMEL 总决赛在忠县举办。2019 年 12 月 28 日，CMEL 总决赛再度落地忠县（图 2.1.13），此次比赛在业界首次应用 5G 直播转播技术。基于 5G 大带宽和低时延的特性，5G 直播转播技术可使非现场观众享受到 4 ～ 8K 的超高清平面直播和以全景视角展示现场实时内容的 VR 直播两种独特的观赛体验。CMEL 总决赛将把《英雄联盟》《王者荣耀》《QQ 飞车手游》等王牌电子竞技游戏作为比赛项目。

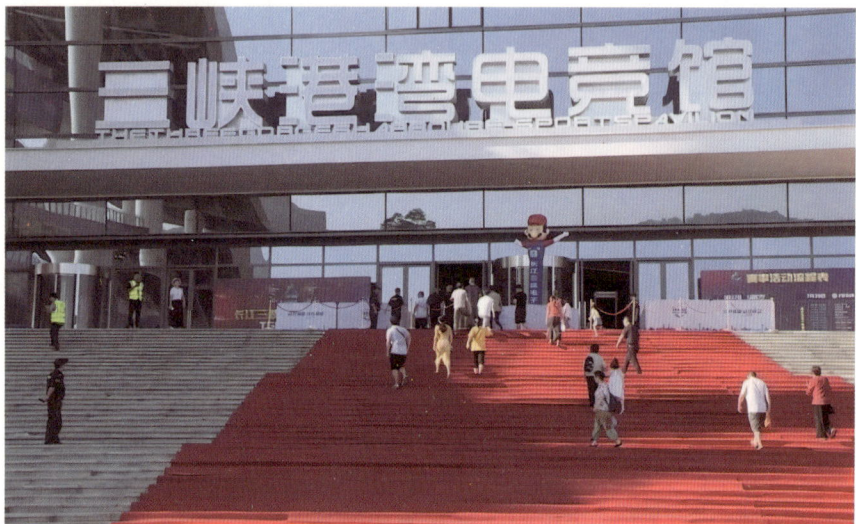

图 2.1.11　重庆忠县三峡港湾电竞馆（1）

图 2.1.12　重庆忠县三峡港湾电竞馆（2）

图 2.1.13　2019 CMEL 总决赛

为大力发展赛事经济、全力打造服务平台、加快培养专业人才的需要，忠县的电子竞技事业除了建设三峡港湾电竞馆，电子竞技教育事业也开始逐步落地。重庆数字产业职业技术学院已在忠县开工建设。根据当地媒体披露的信息，该项目预计总投资 15 亿元，占地面积 502 亩，建筑总面积 20 余万平方米，2020 年建成一期，2025 年全部完成，在校学生规模达万人。同时，学院将设置数字产业、电子竞技和数字媒体 3 个系。学院建成后，将成为全国第一所电子竞技本科学院，实现对电子竞技人才的多层次培养。

忠县已成为长江发展电子竞技产业的一隅，与湖南、湖北、安徽、江苏、上海等区域相得益彰，俨然形成了"长江电子竞技经济带"。在电竞圈内，湖南"盛产电子竞技选手"已被广泛接受。《三湘都市报》关于"IEF2019 湖南·马栏山国际数字娱乐嘉年华主体活动之电子竞技产业论坛"的报道指出，全国知名职业电子竞技选手中有三成是湖南籍选手。国内各大俱乐部的职业玩家中，近半数是湖南人，仅在英雄联盟职业联赛中，湖南籍选手就占到了 47%。重庆的电子竞技选手、电子竞技赛事、电子竞技产业也不甘落后，忠县作为重庆典型的电竞小镇，助推重庆市电子竞技的产生与发展。

6．电竞酒店

电竞酒店是一种依托于电子竞技游戏的新型酒店，顾客不仅可以享受媲美网吧的高品质电子竞技体验，还可以享受住酒店的舒适体验（图 2.1.14）。电竞酒店可根据用户选择，有二人间、三人间、四人间、五人间、六人间等。因电竞酒店类似于网咖，需要在公安部门备案联网，未成年人不可办理入住。电竞酒店的每个房间都配备有专业的电竞设施设备，为让玩家在健康的环境里享受电子竞技带来的快乐。不少电竞酒店还配备有空气净化器和排烟系统。

图 2.1.14　电竞酒店

2.2　电子竞技发展现状及趋势

　　电子竞技是电子游戏比赛达到竞技层面的体育项目，当下，电子竞技职业化日益成熟，资本正在不断流入电子竞技产业链的中下游。在电子竞技行业正式列入体育项目之后，电子竞技产业发展进入新阶段。随着全球电子竞技产业的快速发展，电子竞技运动也开始受到越来越多的关注，作为全球年轻人的共同爱好，电子竞技已成为文化交流的桥梁。

2.2.1　全球电子竞技发展现状

1．全球电子竞技产业市场规模

从世界范围来看，电子竞技产业发展迅速。近年来，因来自广告、赞助和媒体转播权三个领域的营业收入激增，全球电子竞技产业收入逐年增长。根据市场调研公司 Newzoo 的统计，2018 年全球电子竞技产业收入为 9.06 亿美元，2019 年全球电子竞技产业收入突破 11 亿美元（图 2.2.1），2022 年全球电子竞技产业收入将达到 18 亿美元左右。北美、欧洲和亚洲是电子竞技产业收入的主要来源地区，占全部电子竞技产业收入的 95.5%。

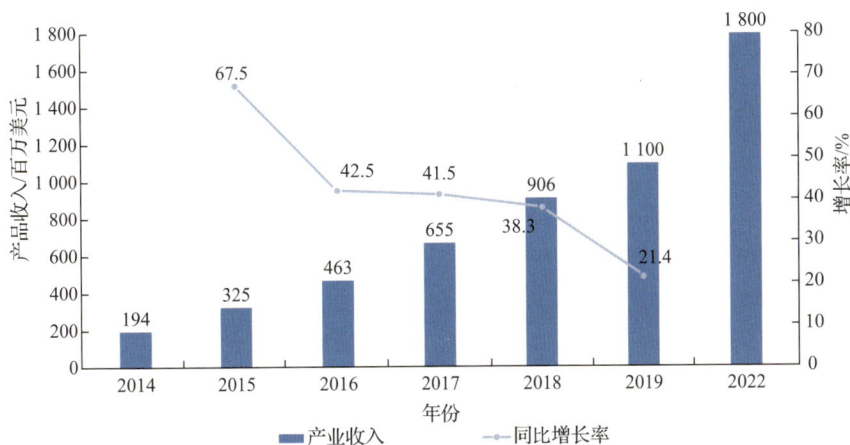

图 2.2.1　2014～2022 年全球电子竞技产业收入规模

注：2022 年数据为预测值。

目前，电子竞技产业的收入来源有五个：①赛事内容的版权销售；②赛事门票及周边商品销售收入；③赛事播出时投放的广告收入；④品牌商对俱乐部和选手及赛事的赞助；⑤利用赛事关注度进行导流，作为游戏发行通道的费用。其中，赛事播出时投放的广告收入、赛事门票及周边商品销售收入，以及品牌商赞助是主要来源。

2．全球电子竞技观众人数

据 Newzoo 统计数据，2013～2018 年全球电子竞技观众人数逐年增长。2018 年全球电子竞技观众人数达到 3.95 亿人，其中休闲观众人数为 2.22 亿人，电子竞技爱好者人数为 1.73 亿人；2019 年，全球电子竞技观众人数达到 4.54 亿人，其中休闲观众人数为 2.53 亿人，电子竞技爱好者人数为 2.01 亿人；预计到 2022 年，全球电子竞技观众人数将达到 6.45 亿人（图 2.2.2）。

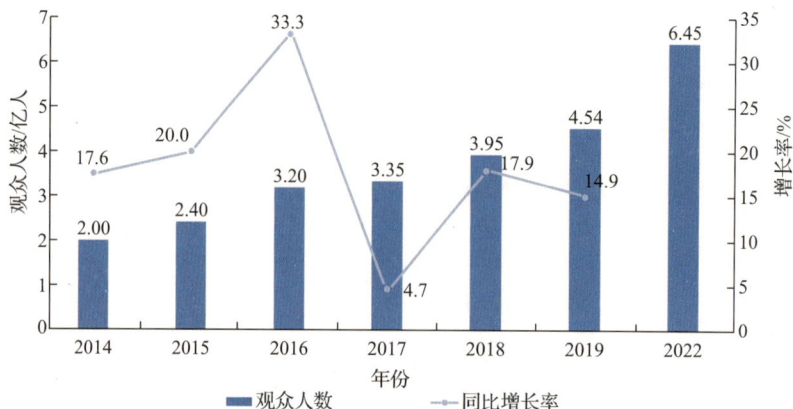

图 2.2.2   2014～2022 年全球电子竞技观众人数

注：2022 年数据为预测值。

3. 全球电子竞技产业市场结构

根据 Newzoo 统计数据，2018 年广告赞助依然是电子竞技产业的主要营业收入来源，2018 年其带来的营业收入达到 3.59 亿美元，占 39.6%（图 2.2.3）。而媒体版权营业收入的增长速度最快，其从 2016 年到 2021 年的年复合增长率将达到 49.8%。到 2021 年，媒体版权营收将比 2018 年增长一倍，成为全球电子竞技产业的第二大营业收入来源。

4. 全球电子竞技游戏赛事奖金规模

根据 Esports Earnings 统计，2015～2018 年全球奖金最高的十大电子竞技游戏奖金总额逐年攀升，2018 年奖金总额已经攀升至 1.31 亿美元，较 2017 年奖金总额增加 4 102 万美元。在 2018 年全球电子竞技比赛奖金排行榜中，《DOTA2》以 4 126 万美元高居榜首，《反恐精英：全球攻势》《堡垒之夜》分列第二、第三名，《英雄联盟》《绝地求生》紧随其后（图 2.2.4 和表 2.2.1）。

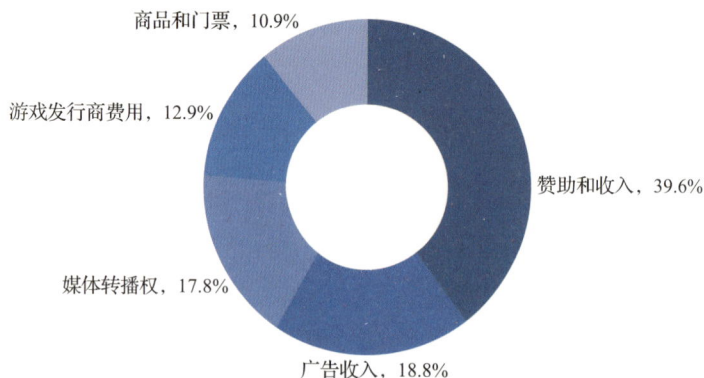

图 2.2.3   2018 年全球电子竞技产业主要营业收入占比

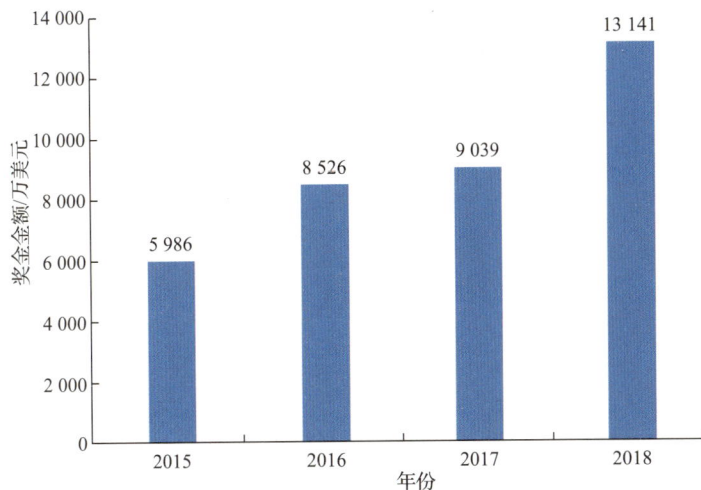

图 2.2.4 2015～2018 年全球十大电竞赛事奖金

表 2.2.1 2018 年奖金最高十大电竞游戏

排名	游戏名称	奖金 / 万美元
1	《DOTA2》	4 126
2	《反恐精英：全球攻势》	2 247
3	《堡垒之夜》	1 996
4	《英雄联盟》	1 412
5	《绝地求生》	673
6	《守望先锋》	670
7	《风暴英雄》	652
8	《炉石传说》	495
9	《星际争霸2》	453
10	《使命召唤：二战》	417

2.2.2 中国电子竞技发展现状

2019 年是非常关键的一年，初步奠定了中国电子竞技在国际市场的正式地位。2019 年备受瞩目的《DOTA2》国际邀请赛（Ti9）在上海成功举办；2020 年 S10 全球总决赛也将再一次来到中国。

1. 发展规模

从市场规模来看，我国电子竞技产业规模迅速扩大，行业仍处于快速发展的过程中。截至 2018 年，中国电子竞技产业市场规模已超 900 亿元，达到了 912.6 亿元，同比增长 18.1%（图 2.2.5）。预计未来在主流网络与电子竞技游戏融入、娱乐观念转变、新兴技术推动、电子竞技赛事进化等多重因素的影响下，电子竞技产业还将继续保持快速发展的态势。

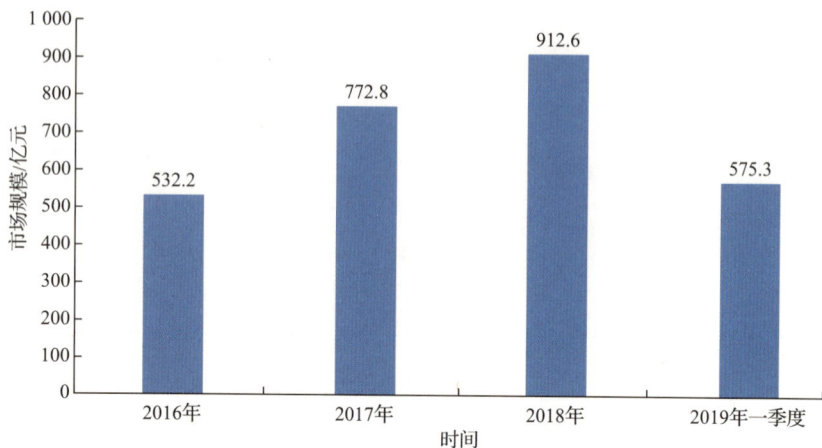

图 2.2.5　2016～2019 年一季度中国电子竞技产业市场规模

2．用户规模

在政策热、赛事热、投资热等因素推动下，我国电子竞技产业链快速扩充并不断完善，市场规模迅速扩大，未来发展一片利好。前瞻产业研究院发布的《中国电子竞技行业市场前景预测与投资战略规划分析报告》统计数据显示，2014 年中国电子竞技行业用户规模为 1.53 亿人，2016 年中国电子竞技行业用户规模突破 3 亿人，2017 年中国电子竞技行业用户规模增长至 3.64 亿人。截至 2018 年年底，中国电子竞技行业用户规模达到了 4.28 亿人，同比增长 17.6%（图 2.2.6）。

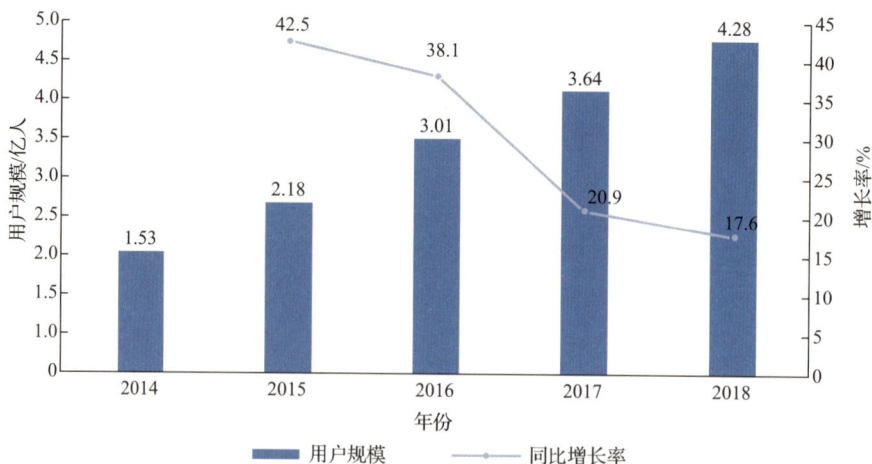

图 2.2.6　2014～2018 年中国电子竞技产业用户规模

3．电竞产业细分市场结构

目前来看，中国电子竞技市场收入主要包括游戏收入、直播收入、电子竞技赛事的相关收入以及其他收入。其中，电子竞技游戏收入占据主要地位，游戏直播以及赛事带来的收入占比较低（图2.2.7）。随着资本逐渐进入电子竞技市场，游戏直播和电子竞技赛事领域受到关注，同时在电子竞技赛事逐步商业化的情况下，未来电子竞技赛事带来的相关收入将会提高。

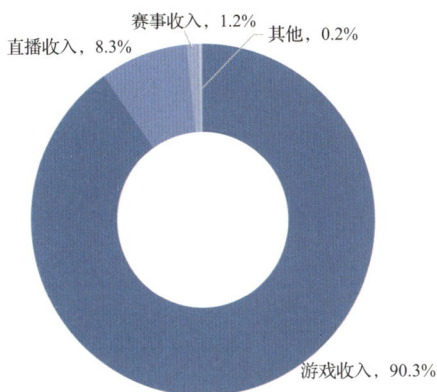

图 2.2.7　2018 年中国电子竞技产业细分市场结构

4．电竞游戏市场收入规模

在电子竞技产业链中，电子竞技游戏是核心。一方面，电子竞技游戏是经济效益最高的一个部分；另一方面，电子竞技游戏也占据着整个产业链上游，既能衍生出爆款赛事，赛事也需要游戏产品的授权。根据伽马数据，2014～2018 年中国电子竞技游戏市场收入逐年增长，2018 年中国电子竞技游戏市场实现收入 824.1 亿元，同比增长 12.8%。2019 年一季度，中国电子竞技游戏市场收入达到 513.2 亿元，同比增长 22.8%（图2.2.8）。

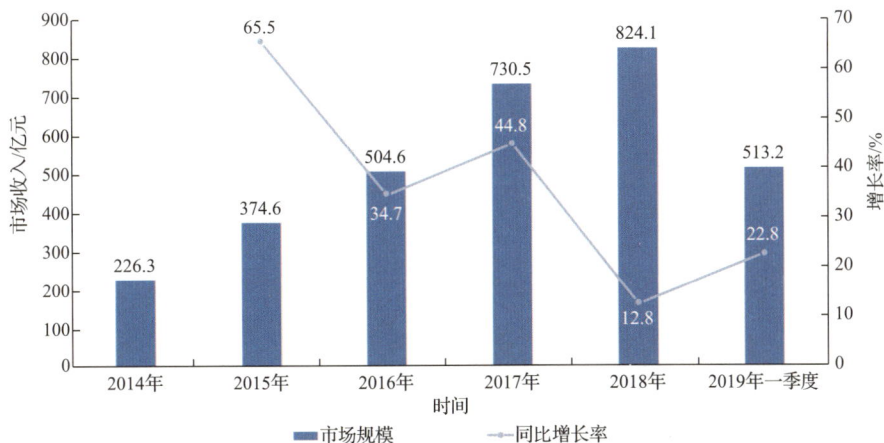

图 2.2.8　2014～2019 年一季度中国电子竞技游戏市场收入情况

5．电竞直播行业收入

在中国游戏直播市场中，电子竞技游戏是重要的组成部分。2018 年，中国电子竞技游戏直播市场实际销售收入超过 54 亿元，占整体游戏直播市场的 72.0%。进入 2019 年，电子竞技游戏依旧受到直播用户的关注，如《王者荣耀》《英雄联盟》《DOTA2》以及新上线的《APEX 英雄》《刀塔自走棋》等新品电子竞技游戏，在各游戏直播平台上均获得了良好的播放热度。

6．电竞赛事市场收入

2018 年，电子竞技赛事市场规模约为 10.95 亿元，约占整个电子竞技市场规模的 1.2%。对比传统的体育赛事占比，电子竞技赛事收入占电子竞技产业比例偏低，依然存在巨大的增长空间。随着头部电子竞技赛事的影响力已经比肩传统竞技体育赛事，热门电子竞技赛事数量不断增加，电子竞技赛事商业化进度加速，预计未来市场规模将突破 100 亿元。

7．电竞教育市场现状

随着电子竞技赛事全球范围内的发展，其对于高层次、高水平、高素质的电子竞技选手、电子竞技战队教练、电子竞技数据分析、电子竞技项目陪练等相关岗位的需求也变得越来越迫切。当前电子竞技人才的培养主要有高校开设的电子竞技相关专业、培训机构以及电子竞技俱乐部或游戏企业内部培训 3 种途径（图 2.2.9）。电子竞技教育要培养的不仅是电子竞技职业选手，更是能满足电子竞技产业职能要求的、具备专业素质的电子竞技全产业链的复合型人才。

(a) 高校开设的电子竞技相关专业　　(b) 培训机构　　(c) 电子竞技俱乐部或游戏企业内部培训

图 2.2.9　中国电子竞技教育市场主要参与者

8．电竞产业人才需求

现阶段电子竞技人才培养体系缺乏，行业人才积累不足，人才稀缺成为电子竞技这一新兴产业面临的发展瓶颈。其中，人才需求主要集中在电竞赛事服务类职位方面，电竞赛事服务类职位的需求占比达到 67.5%（图 2.2.10），国内电子竞技赛事知名度和影响力的不断提升是造成这种情况的原因之一。

15.1%
电竞游戏研发

6.6%
电竞技能培训

67.5%
电竞赛事服务

10.8%
电竞自媒体

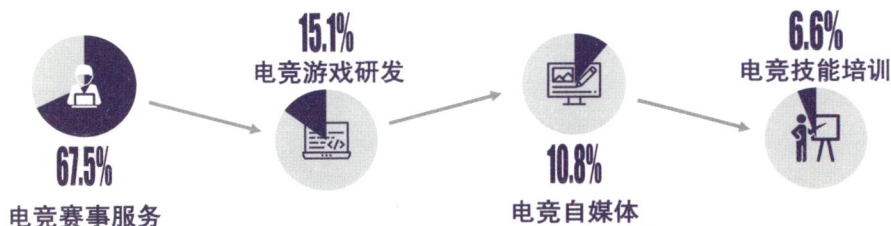

图 2.2.10　2018 年中国电子竞技产业人才需求分布情况（按职位）

从地区方面看，上海对于电子竞技人才的需求最大，占比达到 23.4%（图 2.2.11）。主要原因在于上海是众多电子竞技赛事的举办地，包括《英雄联盟》《守望先锋》《DOTA2》等在内的电子竞技游戏官方赛事均在上海举办。随着各地对于电子竞技产业的重视以及电子竞技赛事影响力的逐渐提升，各地政府将会进一步推动电子竞技俱乐部和赛事落户，推进电子竞技向区域化方向发展。除上海外，北京、深圳等城市对于电子竞技产业人才的需求占比预计会提升。

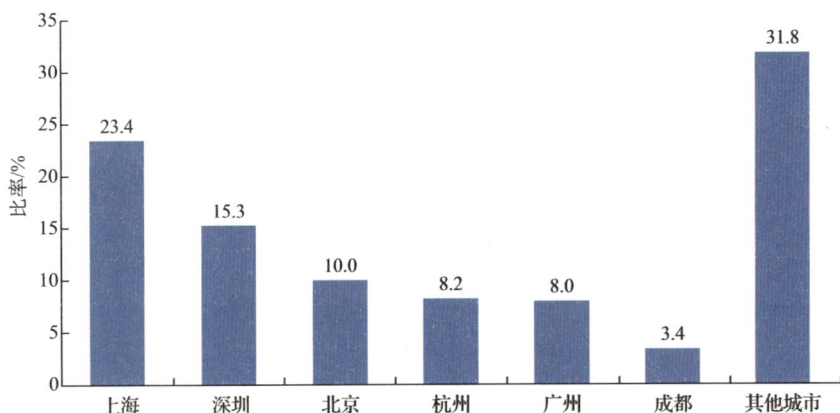

图 2.2.11　2018 年中国电子竞技产业人才需求分布（按地区）

2.2.3　电子竞技发展趋势

1．赛事运营走向主场化

目前中国电子竞技产业发生着巨大的变化，而电子竞技赛事主场化是主要变革之一。过去电子竞技赛事的举办以赛事主办者为基础，众多俱乐部集中在同一所城市中进行比赛。电子竞技赛事主场化就是将原本集中在一所城市中举办的电子竞技赛事，通过俱乐部在各个城市中建立主场场馆，组成类似于 NBA（National Basketball Association，美国职业篮球联赛）等传统竞技体育项目中的主客场赛事联盟，将赛事分散到多个城市。电子竞技赛事的主场化能有效拉动整体行业增长，并且具有提升用户对电子竞技游戏与内容的黏性等诸多正面作用（图 2.2.12），如英雄联盟职业联赛率先开启了主场化运作。

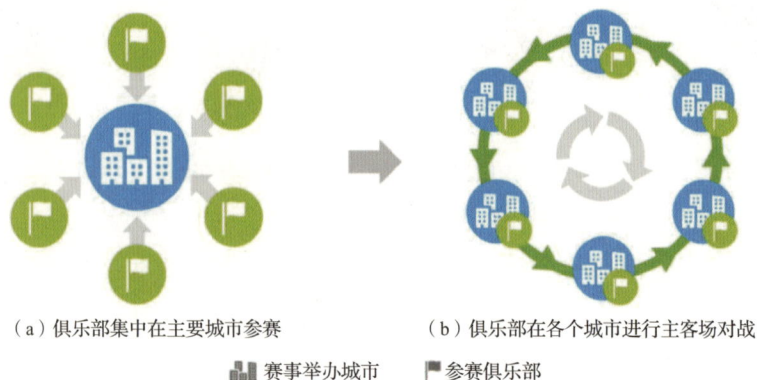

（a）俱乐部集中在主要城市参赛   （b）俱乐部在各个城市进行主客场对战

🏢 赛事举办城市   ⚑ 参赛俱乐部

图 2.2.12　传统电竞赛事与主客场电竞赛事对比

在头部电子竞技企业的推动下，主场化正在逐步推向全国。目前俱乐部场馆落地的城市均有较好的电子竞技用户基础且成功举办过多个电子竞技赛事。未来随着主场化的进一步发展，将会有更多城市的电子竞技用户拥有自己的主场俱乐部。主场化的推广除了能满足各大城市线下电子竞技观赛需求，对当地的电子竞技产业将会起到重要的推动作用（表 2.2.2）。例如，落地西安的 WE 俱乐部与落地杭州的 LGD 俱乐部，均与当地城市展开紧密联系，共同打造城市电子竞技文化名片。

表 2.2.2　主场化对电竞产业的正面影响

项目	影响
用户黏性	提升用户主场俱乐部忠诚度
赛事版权	提升赛事版权与俱乐部收入
社会认同	提升社会电竞认同度
人才培养	建立电竞人才培育体系
打造产业	激活各地电竞产业链
衍生内容	促进电竞文化相关衍生内容生产

2．赛事商业模式走向生活化

电子竞技商业化价值的展现，除了赛场上的品牌植入，赛场下的深度战略化合作、生活化产品合作、发挥数字体育优势方面的衍生内容服务合作等，也将是未来发展的趋势。英雄联盟职业联赛与耐克中国（耐克）开启了电子竞技商业化模式走向生活化、深度战略化的长期合作（图 2.2.13）。与众多传统竞技体育联盟拥有良好合作关系的体育品牌的加入，除印证了电子竞技运动的商业价值逐渐被认可之外，还指明了整个电子竞技行业商业化价值未来的探索方向。

图 2.2.13　电竞赛事的商业化发展

3．游戏运营公司发展趋势

尽管电子竞技市场已经逐渐成熟，拥有深厚的用户积累，整个电子竞技生态产业链已发展多年，但是在推动主场化上仍需要一个主力推动者，那就是游戏公司。无论是对整个产业链的影响还是在行业之外的存在，游戏公司都是唯一能够将赛事联盟、俱乐部、当地地产商等多方集合在一起讨论主场化、联盟化等重大事项的主体。腾讯集团通过调集电子竞技行业内外的资源，通过 5 年时间将整个电子竞技产业推向主场化时代（图 2.2.14）。

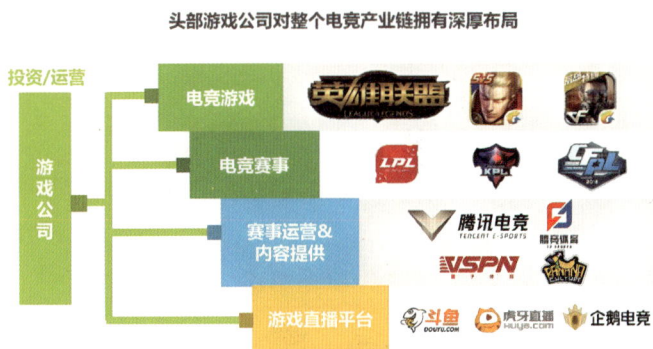

图 2.2.14　游戏运营发展趋势

主场化与联盟化的推进除了需要大量资源的投入，对更加全面的联盟管理与赛事体系的完善提出了更高的需求。面对更高的联盟管理与赛事体系要求，游戏公司将原本面对赛事的职能部门独立，成立新的电竞赛事子公司（如 2019 年腾讯互动娱乐与拳头游戏宣布成立"腾竞体育"），从而针对电竞赛事联盟体系的规则、商业模式以及人才职业化体系进行完善，并且对赛事 IP 衍生内容进行进一步开发。通过组织结构的调整进一步提升了电竞赛事的管理效率，加速了主场化、联盟化的推进进程（图 2.2.15）。

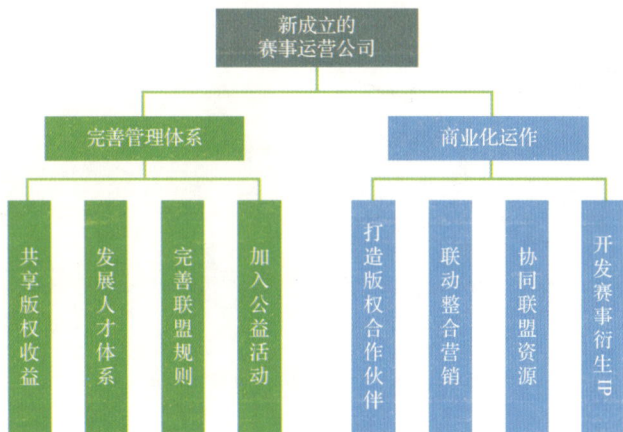

图 2.2.15　新成立的赛事运营公司

4. 电竞俱乐部发展趋势

为了保障俱乐部的竞技水平与运营收益，电子竞技赛事也在不断地进行赛制改革以吸引更多资本入场。其中，升降级制度的取消加强了电子竞技俱乐部的稳定性，让俱乐部拥有更多精力在商业化运营的同时保障投资方的权益。随着电子竞技俱乐部的商业价值逐渐凸显，不同背景的资本纷纷注入电子竞技俱乐部（图 2.2.16）。俱乐部的不同资源也带动了它们在内容上的升级与变化。相关的赛事也通过各个俱乐部与各大品牌商产生直接联系，吸引更多商业资源。

图 2.2.16　近年来新晋俱乐部

大量新兴俱乐部的加入使行业竞争愈加激烈，也促使电子竞技俱乐部行业高速迈向职业化、专业化。传统俱乐部起步早，具有深厚的行业积累与品牌资本；资本投资型俱乐部承接公司化管理运营模式，继承母公司的各项资源、技术与团队（图 2.2.17）。但是如何在保障成绩的前提下实现多元化的商业价值是各电子竞技俱乐部亟待解决的问题。

图 2.2.17 资本投资俱乐部与传统俱乐部对比

赛事主场化除了对当地的电子竞技产业产生促进作用，也将有效提升电子竞技俱乐部的价值并推动俱乐部的价值发展。拥有属于自己的主场电子竞技场馆后，俱乐部的品牌价值不仅能在线上电子竞技赛事中得到体现，还将以主场所在城市为载体下沉到线下，拥有向外投递的线下场景（图 2.2.18）。此外，电子竞技俱乐部将会与城市本地文化相结合形成新的俱乐部文化，成为当地城市的另一张电子竞技名片。

（a）主场化对俱乐部与所在城市影响　　　（b）俱乐部与城市文化结合打造新文化

图 2.2.18 电竞俱乐部与城市的关系

5．电竞内容制作发展趋势

在未来，为顺应电子竞技主客场快速发展以及市场竞争，电竞内容制作公司不会局限于承办角色，而更多地会在保持、创新制作水平的基础上与游戏厂商共同投资、共同招商、共同创造、共同运营电子竞技赛事（图 2.2.19）。此外，虽然电竞内容制作行业在内容产出方面已非常丰满，但在规划电竞内容产出、系统化电竞内容制作程序以及拓宽内容传播渠道方面仍有很大发展空间。

电竞赛事代运营角色

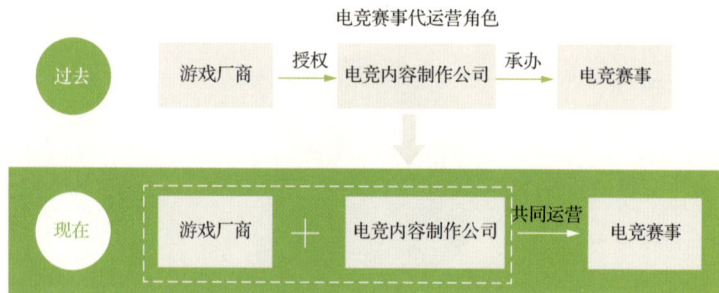

图 2.2.19　电竞内容制作公司发展趋势

　　电竞内容制作公司在未来会开展多元化运营，主要表现在三个方面：第一，在原有商业模式上增加广告销售服务，如获取、疏导、投放电竞资源等；第二，除加大内容制作效率、拓宽内容营销渠道外，更多地向定制化内容进军，并提供电竞泛娱乐内容定制服务，如帮助主场俱乐部提供深度定制化赛事内容运营、直播综艺和艺人经纪等服务；第三，电竞内容制作公司已经开始与电子竞技地产合作，提供与电子竞技相关的赛事内容与主题运营服务（图 2.2.20）。

内容制作、场地运营
加大内容制作效率，保持创新制作水平，拓宽内容营销渠道，加强场地运营管理

广告销售、泛娱乐内容定制服务
增加广告销售服务，提供电竞泛娱乐内容定制服务，如直播综艺、艺人经纪等

电竞泛娱乐内容定制服务
向主场俱乐部提供深度定制化赛事内容运营服务

电竞赛事内容及主题运营服务
与电竞地产行业合作，提供与电竞相关的赛事内容与主题运营服务

图 2.2.20　电竞内容制作公司运营多元化

学习评价

　　进行学习评价，并在"总结与反思"栏内写下自己的学习总结。

学习评价表

评价内容	自我评价			教师评价	
	基本了解	熟悉掌握	理解运用	合格	不合格
电子竞技发展历程					
电子竞技赛事发展					
电子竞技相关政策					
电子竞技运动与管理专业					
全球电子竞技发展现状					
中国电子竞技发展现状及趋势					

总结与反思：

教师签字：

单元测试 ☞

一、填空题

1. 全球电子竞技三大赛事是 WCG、_____ 和 _____。

2. 世界知名赛事 WCG 宣布回归后的首届办赛在中国 _____（城市）。

3. 中国电子竞技国家队成立的时间为 _____。

4. 电子竞技产业链主要包括内容授权、_____、_____、赛事执行、赛事参与和监管部门等方向。

5. 2020 年 1 月 17 日，中国通信工业协会电子竞技分会正式发布《电子竞技运营师》、_____ 和 _____ 三项职业技能标准。

6. 中国电子竞技俱乐部联盟主要负责国内职业电子竞技战队注册、管理、_____、_____ 等多方面工作。

7. 早在 _____ 年，国家体育总局就将电子竞技正式确立为第 99 个体育项目。

8. 2016 年 3 月 30 日，阿里体育创办 _____ 比赛，它制定并发布了一套以传统竞技体育运动项目为标准，并充分结合电子竞技运动特质的管理规定。

9. 2018 年全球电子竞技比赛奖金排行榜中，_____ 游戏以 4 126 万美元高居榜首。

10. 电子竞技人才的培养主要有高校开设的电子竞技相关专业、培训机构以及 _____ 或游戏企业内部培训这 3 种途径。

二、简答题

1. 查阅相关资料，列举国家和地方给予电子竞技产业的政策支持。

2. 电子竞技泛娱乐包括哪些内容？

3. 电子竞技产业收入的来源主要有哪些？

4．查阅相关资料，说明电子竞技运动与管理专业的学习方向。

5．什么是赛事的主场化？主场化赛事对电竞产业有什么影响？

6．简述电竞内容制作公司的多元化经营模式。

3 单元

电子竞技产业构成

单元导读

随着国家的认同、政策的推动、社会的认可，电子竞技以赛事为核心，产业链逐渐完善，市场划分也更为细致。在整个产业链成形过程中，科技、文化、传媒及制造等产业为电子竞技产业的发展汇聚了新动力、新源泉，而逐渐成形的产业链又反作用于各相关产业，利用各相关产业之间的关联特性产生经济联动效应，实现产业链各端口经济效益的最大化。大量的资本涌入，使我国电子竞技产业快速发展，并逐步形成以游戏授权、赛事运营、媒体传播三大环节的电子竞技产业链，即游戏研发及运营为主导的上游产业，以赛事运营、俱乐部管理、赛事内容制作为核心的中游产业，以赛事直播、电竞媒体为传播输出的下游产业。

学习目标

● 了解电子竞技产业链的构成；

● 了解电子竞技游戏的研发与运营；

● 理解电子竞技赛事的运营模式；

● 了解国内知名的电子竞技俱乐部；

● 了解常见的电子竞技直播平台；

● 了解常见的电子竞技媒体传播渠道；

● 熟悉电子竞技产业的特征。

思政目标

● 树立正确的产业发展观，培养全局思维和整体思维；

● 坚定制度自信、文化自信，弘扬爱国精神。

3.1 上游产业

电子竞技以电子游戏为核心载体,在既定的规则下完成智能和体力的博弈对抗,游戏的研发与运营构建了电子竞技的上游产业链。一款优秀的游戏产品,有助于构造良好的电子竞技赛事体系,将会产生巨大的经济价值和社会影响。

微课:上游产业

3.1.1　游戏研发

1. 认识游戏研发

游戏研发一般是指从事游戏制作、构架、开发的企业,主要负责游戏的编程、设计、美工、声效、生产及测试等工作。市场调研公司 Newzoo 的最新报告显示,全球收入最高的 25 家上市游戏公司占据了全球市场份额的 80%(表 3.1.1),2018 年,全球游戏行业收入为 1 349 亿美元,这些头部公司的总收入达到了 1 073 亿美元。2018 年,腾讯公司游戏收入 197 亿美元,同比增长 9%,连续 6 年成为行业收入第一名,其一家公司的收入就已经相当于全球市场份额的 15% 左右。另外一家进入前十名的中国公司是网易,2018 年网易游戏收入 62 亿美元,同比增长了 11%。此外,前 25 名还有两家中国公司,分别是排名第 22 位的三七互娱和第 23 位的完美世界。

表 3.1.1　2018 年度全球电子游戏市场收入前 25 名

排名	企业	游戏业务收入 / 亿元人民币	排名	企业	游戏业务收入 / 亿元人民币
1	腾讯	197.3	14	Netmarble	18.9
2	索尼	142.1	15	华纳兄弟	18.3
3	微软	97.5	16	Square Enix	15.8
4	苹果	94.5	17	NCSoft	13.3
5	动视暴雪	68.9	18	Cyber Agent	13.2
6	谷歌	64.9	19	Mi xi	12.2
7	网易	61.7	20	Konami	12.1
8	EA	52.9	21	Aristocrat Leisure	11.4
9	任天堂	42.8	22	三七互娱	10.9
10	万代南梦宫	27.4	23	完美世界	8.9
11	Tak Two	25.8	24	世嘉	8.3
12	Nexon	22.6	25	CAPCOM	8.09
13	育碧	22.2			

　　根据运行平台的不同，游戏研发的主要方向是端游和手游。端游的全称为"客户端游戏"，它是相对网络游戏所产生的一个新名词，游戏玩家需要在电脑中下载并安装游戏客户端运行游戏界面，用户通过网络协议连接到游戏服务器端进行在线网络游戏；随着移动端设备的性能不断提升、功能不断完善，手游也如雨后春笋般蓬勃发展，手游的运行平台主要是移动设备，如手机、平板电脑等，如果在电脑设备中运行手游，需要安装相应的 iOS 或安卓模拟器软件。

　　2．主流游戏研发企业

　　目前主流的电子竞技职业比赛主要以端游为主，国外游戏研发商开发的游戏几乎占领了大部分市场。例如，以 Riot、Blizzard、Valve、Nexon 和 Bluehole 为主的国外厂商垄断了端游电竞游戏的研发端。这些厂商研发的游戏《英雄联盟》《穿越火线》《星际争霸 2》《炉石传说》《DOTA2》《绝地求生》等的娱乐性及竞技性都保持较高水准。在端游游戏研发领域，国内游戏研发商的技术水平与创新能力仍和国际水平保有一定差距。

　　手游在国内的市场占有率非常高，在移动电竞领域，国内游戏研发商的自研产品表现突出，其中以腾讯的《王者荣耀》、《绝地求生：刺激战场》和巨人网络的《球球大作战》为代表，占据了国内移动电竞的主流市场。腾讯的《王者荣耀》海外版也成功入选亚运会表演项目，证明国内移动端研发领域处于世界领先水平。

知识链接

　　Riot Games（拳头游戏）是一家美国网游开发商，成立于 2006 年，代表作是《英雄联盟》（图 3.1.1）。迄今为止，其首款游戏《英雄联盟》每天都有超过 2 700 万玩家连线体验。该公司于 2008 年融资 800 万美元，引入腾讯、Benchmark Capital 及 Firstmark Capital 作为投资者，腾讯随后获得《英雄联盟》中国大陆代理权。腾讯于 2011 年花费 2.31 亿美元收购美国游戏开发商 Riot Games，完成此次交易后持股 92.78%。2015 年 12 月 17 日凌晨，《英雄联盟》开发商 Riot Games 在公司官网宣布，其大股东腾讯收购了公司剩余股份，这就意味着腾讯对 Riot Games 实现了 100% 控股。

图 3.1.1　Riot Games 及其代表作《英雄联盟》

　　暴雪娱乐公司是一家著名游戏制作和发行公司，1991 年 2 月 8 日由加利福尼亚大学洛杉矶分校的三位毕业生 Michael Morhaime、Allen Adham、Frank Pearce 以 Silicon & Synapse 为名创立；1994 年品牌正式更名为 Blizzard（图 3.1.2）。暴雪娱乐公司推出过多款经典系列作品，如《魔兽争霸》《星际争霸》《暗黑破坏神》《守望先锋》《炉石传说》《魔兽世界》。《风暴英雄》《星际争霸》均被多项著名电子竞技比赛列为主要比赛项目，在电脑游戏界享有高评价。

图 3.1.2　暴雪娱乐公司及其主要游戏作品

　　Valve 是 Valve Software（维尔福软件公司）的简称，于 1996 年成立于美国华盛顿州西雅图市，是一家专门开发电子游戏的公司，代表作有《半条命》《反恐精英》《求生之路》《DOTA2》等（图 3.1.3）。第一个作品《半条命》在 1998 年 11 月发布。Valve 继续开发了它的后续版本和游戏模式，其中《半条命 2》取得了巨大的成功。

图 3.1.3　Valve 及其主要游戏作品

　　Smile Gate 是韩国的一家游戏开发公司，位于京畿道盆唐区板桥技术园（Pangyo Techno Valley）内。公司旗下有热门网络游戏《穿越火线》（图 3.1.4）。

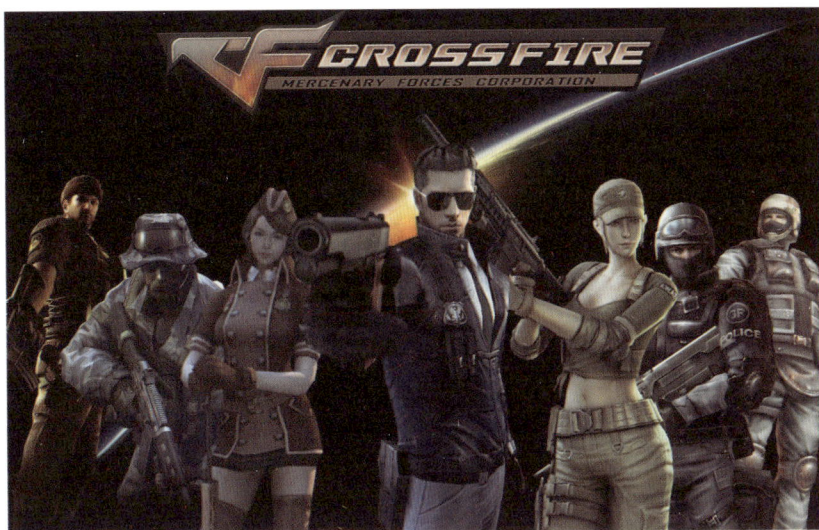

图 3.1.4　Smile Gate 的主要游戏作品《穿越火线》

　　蓝洞公司（Bluehole INC.）是一家韩国电子游戏开发商。蓝洞公司的前身蓝洞工作室（Bluehole Studio）成立于 2007 年 3 月，成员大多来自韩国网络游戏巨头 NCsoft。2008 年，蓝洞工作室公开了其使用虚幻 3 引擎制作的 MMORPG《Project S1》（即后来的《TERA》），备受瞩目。2015 年 1 月，蓝洞工作室更名为蓝洞公司，并收购了游戏开发商 Ginno Games，将其更名为 Bluehole Ginno Games。2017 年，由 Bluehole Ginno Games 开发的大逃杀游戏《绝地求生》上线，获得空前成功（图 3.1.5）；当年 9 月，Bluehole Ginno Games 更名为 PUBG 公司（PUBG Corporation，PUBG 为《绝地求生》英文名 PlayerUnknown's Battlegrounds 的缩写），专门负责《绝地求生》的开发和维护。

图 3.1.5　蓝洞公司的主要游戏作品《绝地求生》

市场研究公司 Newzoo 发布的《2019 年全球游戏市场报告》显示，腾讯公司已经成为全球收入最高的游戏公司，腾讯公司以工作室模式负责游戏的研发，旗下有 5 个工作室群，分别是天美、光子、北极光、魔方和波士顿（图 3.1.6～图 3.1.9），其中包含 20 个工作室。5 个工作室群除了波士顿工作室群一直没有作品问世，其他四大工作室群的游戏作品已经在端游和手游领域遥遥领先。

图 3.1.6　天美工作室群的主要游戏作品

图 3.1.7　光子工作室群的主要游戏作品

图 3.1.8　北极光工作室群的主要游戏作品

图 3.1.9　魔方工作室群的主要游戏作品

3.1.2　游戏运营模式

　　一款被玩家所广泛热捧的游戏，除了游戏本生有较强的可玩性，游戏的运营在整个产业链中扮演着重要角色。游戏运营是指在游戏行业中将游戏产品推向市场、占领市场的过程，通过对产品的运作，提高用户对游戏的黏性，从而达到刺激消费、增长利润、拉动游戏市场收入的目的。目前，国内比较知名的电子竞技类游戏运营公司有腾讯游戏、网易游戏、完美世界游戏等。一般而言，游戏企业可以选择独立运营和联合运营两种运营模式。

1．独立运营

　　独立运营是指游戏公司自己组建运营团队、搭建运营平台，自主完成游戏的研发、测试、推广、维护及盈利的商业模式。在独立运营模式下，游戏公司负责游戏产品的研发、发布和更新，为玩家提供游戏存档和运营管理服务，玩家充值的钱通过线上支付、移动支付等渠道直接转入公司账户。游戏公司能够拥有更大的主导权，能自行将所有问题内部消化，无须和其他代理运营商进行利益分成，保证了自身的利益最大化。

　　独立运营模式下的游戏公司全程参与电子竞技产业链，扮演着生产者、推广者、销售者、管理者和维护者的多重角色，多个环节协同工作，增加了大量的人力、物力投入和管理成本，这对游戏公司的综合能力是巨大的考验。成功开展独立运营的游戏公司，其知名度和认可度将会大大提升。目前，全球游戏行业发展迅猛，仅有极少部分公司能够做到集自主研发、推广运营于一体，特别是对一些缺乏运营经验的小型游戏公司来说，不会选择独立运营。因此，国内电子竞技市场中的大部分游戏均由国外游戏企业引进，再经过由国内游戏代理商取得授权后参与运营。

　　国内能够做到自主研发并运营的游戏较少，在电子竞技发展的早期，有《梦三国》《第十域》《天翼决》等国产独立运营的 MOBA 游戏，但是好景不长，由于游戏原创程度不高、内部平衡性较弱等因素，这些国产游戏最终没能在国内市场普及。最近几年，随着移动互联网技术的飞速发展，国内频频涌现出独立运营的较为经典的手游产品，如巨人网络研发及运营的《球球大作战》等（图 3.1.10）。

图 3.1.10　《球球大作战》线上公开赛

2．联合运营

联合运营是指平台方和整条产业链上的联运商相互合作，完全体现双方合作优势获得共赢的商业模式。游戏联合运营也称为游戏联运，它是指网络游戏研发厂商以合作分成的方式将产品嫁接到其他合作平台之上运营，即研发厂商提供游戏客户端、游戏更新包、充值系统、客服系统等必要资源，合作平台提供平台租用权、广告位等资源进行合作运营。目前，游戏联合运营的应用越来越广泛，该模式不仅能获得更多玩家，同时降低了游戏企业的风险和成本，可以说游戏联合运营不仅省钱还省心。

游戏市场竞争越来越激烈，将一款产品传达给目标消费者的成本越来越高，而且承担着很大的风险。与此同时，有相当数量的网站拥有一定的忠实用户，却没有很好地将用户基础转化成利润的办法。合作平台与游戏企业以游戏联合运营为合作基础，利益共享、风险共担，从而实现双方利益的最大化。对于游戏企业来讲，可以很好地控制游戏推广成本，获得理想的运营平台，不必单独培养自己的客户群体，风险最小化。对于合作平台来讲，网游在自己的平台上成功运营将获得更高的平台用户黏性，提高平台收益总值，提升平台实力等。双方互利互惠，从而达到共赢的目的。

知识链接

　　联合运营是网络游戏运营中出现的新模式，是企业间优势互补、互相合作的商业模式，对于促进市场发展有积极作用。随着网游市场的红火和网页游戏的崛起，联合运营网游的现象开始变得流行和普遍，联合运营仍然属于网络游戏经营行为，通过游戏业务收入分成的方式更是属于直接从游戏经营行为中的获利，从事联合运营的企业必须遵守《互联网文化管理暂行规定》和相关政策法规。从事经营网络游戏等互联网文化产品的互联网站的所有者必须具有相应资质，任何无资质单位不得署名或声称联合运营。

3.1.3　游戏运营方式

　　由于游戏运营以拉动玩家黏性为主要目标，游戏平台在线用户数量的增加，直接作用于游戏市场的收入，为此，游戏运营商绞尽脑汁开展形式多样的营销活动，通过丰富多彩的活动周，吸引大量玩家加入。常见的运营方式包括活动运营、渠道运营、社区运营和媒体运营等。

1．活动运营

　　任何游戏产品都需要做大量有效的活动来吸引玩家，用奖励来激励和吸引玩家在规定时间内完成运营商的预期行为（如登录、消耗、充值），从而达到完善产品、补充玩法、提升活跃、促进消耗、增加收入和广泛传播的目的，提升用户黏性。活动运营有多种类型，通常分为拉新活动、维持活动、任务类活动、签到类活动等。

　　1）拉新活动

　　一般来说，所有导量活动都可以归为此类。广义的拉新活动包括游戏前期的软文宣传、事件话题炒作、跨界合作等。狭义的拉新活动有玩家调查、微博推广等。此类活动基本只是为了在前期给游戏吸引足够多的关注。在"饥饿营销"盛行的现在，商家既可在游戏运营前期收回成本，又可吸引到足够多的玩家和媒体关注度，可谓一举两得。

　　（1）注册类活动，包括但不限于预注册、礼包预约、媒体派送等主流活动。例如，手游运营商制作差异化礼包，用于不同推广渠道的分流，配合常见的积分抽奖活动。此类活动可以在短时间内极大地增加游戏的媒体曝光率，制造宣传点，吸引玩家注册欲望，扩大社区宣传游戏。

　　（2）征集类活动，包括但不限于调查问卷、游戏攻略有奖征集等。此类活动有助于游戏运营商深入了解目标玩家群体的心理活动，以便及时作出修正。活动也容易在玩家之间形成讨论点，在短期内聚集起相当高的人气，如果声势浩大，游戏运营商可以采用软文作为渠道推广的方式。但是此类活动一般需要较长的时间来收集样本，在手游运营快速化的现在并不适用于所有手游，只适用于有长线固定玩家群体的精品手游。

（3）充值类活动，包括但不限于首冲福利、限时充值返还等拉付费的活动。该类活动既可以在短时间内提高游戏收入（以损耗游戏周期寿命为代价），也可以提升玩家黏性，玩家对于花钱买到的东西总是愿意付出更多的关注。

2）维持活动

维持活动通常出现在游戏运营的各个阶段，中后期会急剧增多，主要目的是保持用户活跃量和稳定收入，一般由策划和运营人员来负责。在此类活动中，商家会进行让利（至少是表面上的），以吸引游戏老玩家带动新玩家进驻，培养从增量付费慢慢向持续性付费转变。其中，增量付费型玩家是以冲动性付费为主的短期付费玩家，被游戏品质和活动吸引，吸引力到顶之后容易流失；持续性付费型玩家是以稳定的小额付费为主的中长期玩家，对游戏抱有一定的个人意见和发展想法，是游戏的核心用户群体。常见的维持活动包括以下几种。

（1）竞赛类活动，通常以个人、小队、帮会等为单位，根据对应活动设置的需要，进行各种类型的竞技排名。常见类型有针对 PVP 玩家的 PK 排名（擂台赛）、目标达成、成就追求等竞技内容。该类活动基本上会依据玩家的消费能力，对玩家群体的付费能力进行分档设定，确保全民参与或目标玩家能最大限度地参与。同时，通常会配合新版本或新内容的更新，稳定回流一部分玩家和吸收一小部分新玩家。此类活动一般以推送的形式发送给玩家预留的联系方式，可以激发玩家游戏荣誉感和存在感等心理，能够在较大程度上激发消费大户的热情。

（2）限时类活动，包括但不限于限时角色、限时签到等以时间限制为主的活动设计。主要目的是提升玩家的培养兴趣，游戏运营商通常会以让利或者稀有物品资源作为最终奖励。在此类活动中，玩家的参与度非常高，而且此类活动通常会与游戏的核心玩法相关联，以增强游戏的体验度。

（3）问答类活动，是指在游戏内的指定地点或时间点回答系统提出的各种问题，根据回答的正确次数或者正确率给予玩家不同的奖励。此类活动的门槛几乎为零，问答方式提高了全类型玩家的参与度，同时问题通常与游戏内容或游戏题材有关，可以加深玩家的代入感。此类活动的另一常见方式是调查问卷。维持活动中的调查问卷，更像是回流活动的一种，游戏运营商在游戏运营中期收集玩家意见，对游戏内容进行筛选和改良，是提高游戏品质的重要途径。

3）任务类活动

任务类活动包括但不限于日常类任务、周常类任务、月常类任务等。除了单独循环的日常类任务用于稳定玩家在线率，游戏运营商通常配合其他活动或者节日类型进行不同的任务设计以提升游戏乐趣性。任务作为玩家最能理解的追求目标，在游戏中的执行效率相对较高，一个游戏的任务系统通常关联着其他活动系统，无论何种游戏平台的游戏，任务系统的好坏都会直接影响其运营活动后台搭建的难易程度。

4）签到类活动

签到类活动包括但不限于每日签到和其他每日需要完成的指定游戏行为（包括日常任务），或累计到一定次数后可触发角色增益（BUFF）或者奖励。此类活动通常伴随服务器运营开启，用以吸引玩家每日登录，提高游戏留存率。签到类活动的内容通常比较单调，在手游中经常结合玩家等级设置不同的奖励档位。

5）吸引（回流）活动

吸引（回流）活动，简而言之，就是把已经流失的玩家挽救回来，并配合其他活动促使玩家消费，包括但不限于邮件推送和广告推送等。此类活动通常只能在一些运营末期的精品游戏中见到，不过此类活动的效果不会太好。

6）贯穿游戏运营期的增收活动

增收活动基本集中在各大节日、游戏大版本更新，以及新噱头（大补丁）等上线更新前，包括但不限于各类充值活动、返利活动。这里需要注意的是，促销活动并不算在此列。促销活动通常在版本更新前开启，用于兜售上一版本的物品，并为新物品腾仓。

知识链接

游戏活动设计涉及的术语包括以下几个方面。

（1）AU：active user，活跃用户。

（2）DNU：day new user，每日新登用户数量。

（3）DAU：daily active user，日活跃用户量。

（4）APA：active payment account，活跃付费用户量。

（5）ARPU：average revenue per user，每用户平均收入，可通过总收入 /AU 计算得出。

（6）ARPPU：average revenue per paying user，平均每付费用户收入，可通过总收入 /APA 计算得出。

（7）PUR：pay user rate，付费率比，可通过 APA/AU 得出。

（8）LTV：life time value，生命周期值，即平均每个用户在首次登录游戏到最后一次登录游戏，为该游戏项目创造的收入总计。

（9）AFK：away from keyboard，就是"把手离开键盘"。最早起源于《无尽的任务》，后来在《魔兽世界》中被人们广泛传播。在《魔兽世界》中，AFK 代表长期或者永久地不能进行游戏。

（10）BUFF：游戏角色的属性和能力的增益效果。

（11）KPI：key performance indicator，关键绩效指标。

2．渠道运营

网络游戏经过研发、测试、发行、推广等环节后，能否快速有效地占领市场，游戏产品能否被大众用户认可，渠道运营起着至关重要的作用。渠道运营是指遵循拉新、促活、留存三要素，对游戏产品进行渠道挖掘、渠道分析（评估）、渠道维护等工作。

网络游戏渠道商是为玩家提供支付手段并以此获取利润的商家，他们通过实体门店、网吧、网站或电子商务平台等途径，将网络游戏及相关产品推向玩家。网络游戏渠道商由于和终端消费群体关系紧密，一般兼有线上、线下推广的职能。渠道运营通过一切可以利用的资源和流量为产品带来新增的手段，包括免费、付费、换量、人脉积攒、产品吸引力、圈内人推荐、策划活动、内容营销、用户口碑等，都可以是渠道运营的方向。

目前，国内主要的网络游戏渠道有游戏门户网站、应用商店、电子商务平台、装机助手、电子产品市场等，具体分类如表 3.1.2 所示。

表 3.1.2　网络游戏渠道分类

序号	渠道分类	主要产品
1	游戏门户网站	腾讯、网易、盛大、完美世界、17173 等门户网站
2	PC 端游戏平台	V 社 Steam、育碧 Uplay、EA 旗下 Origin、GOG 游戏平台等
3	移动端应用商店	91 助手、安卓市场、安智市场、机锋市场、应用汇等
4	PC 端装机助手	360 软件管家、腾讯电脑管家等
5	手机厂商应用商店（市场）	苹果 App Store、小米应用商店、三星应用商店、华为应用市场、vivo 应用商店等
6	运营商电子产品市场	中国电信、中国联通、中国移动
7	互联网电子产品市场	腾讯、网易、搜狐、新浪、阿里云等

3．社区运营

游戏的社区运营主要依赖于互联网，社区是把具有共同属性的用户聚集起来并提供互动服务的线上平台，它具有共同属性、互动和线上平台三元素。社区与社交平台的概念容易混淆，社区以内容为主体，社交以人为主体，两者的作用点不相同。社区运营主要包括论坛、贴吧、微博、微信等平台的管理与维护。

社区是一个玩家聚集交流的地方，往往也是玩家抱怨、建议以及问题出现最频繁的地方。社区运营的核心是内容和服务，是游戏玩家之间、玩家与运营商之间进行思想碰撞的场所。通常情况下，社区运营贯穿所有的社区平台，不同的社区平台根据用户的使用习惯，设置多个板块和交流群体，分别配置版主和群主，及时发布最新信息，为玩家解决问题。好的社区运营主要表现在以下几个方面。

（1）信息发布及时。社区的内容更新或回复一定要及时，最好比其他平台快，这样，玩家自然会优先关注社区信息，从而对社区产生依赖性。玩家之间相互传播，新用户就会源源不断地加入进来。把社区作为第一信息发布平台除了能解决用户的问题，也能缓解舆论压力。当出现紧急问题时，如服务器宕机、登录问题等，从后台发布信息到官网更新至少需要三五分钟，有时官网更新延迟，玩家不能在第一时间看到信息，看不到官方表态，负面舆论马上就会出现。

移动游戏时代，玩家查阅信息更快，对游戏体验的要求更高。社区只要发布信息，相应的版块马上就会更新，玩家在玩游戏时发现异常，打开社区时看到事故说明公告已经发布，基本不会产生负面舆论，还会称赞游戏运营商效率高。

（2）内容细分明确。一个好的社区一定要有明确的内容细分，面向不同的用户群体，有针对性地发布用户感兴趣的话题，好的内容会说话、会传播。社区管理者要了解用户最关心什么内容，然后采用适当的方式吸引用户关注，再配合一些引导和活动加以刺激。根据玩家的级别，社区内容可以进行如表 3.1.3 所示的细分。

表 3.1.3　社区内容细分

玩家类型	表现特征	社区活动
小白玩家	注册不久的新用户，游戏初级用户	攻略和礼包
核心玩家	游戏资深玩家，长期访问社区交流战术	版本 / 活动
问题玩家	为了解决问题才访问社区	服务 / 效率
外围玩家	长期浸泡社区，了解最新资讯	话题 / 交互

（3）服务意识到位。在社区的服务维护上，不要让游戏运营商的客服人员维护社区。简单问题，玩家可以互相解答，或者由版主解答；而困难问题，客服人员也解答不上来，如果做形式化处理会有负面影响，只有通过招募玩家版主，进行细化分工，才能很好地解决问题。版主每天进行版面维护、解答问题及给予反馈，工作时间 5 分钟刷新一次版面查看有无新帖；坚决消灭零回复，不让玩家感觉发出的帖没人回应；任何发布在社区的公告和回复都要检查两遍。如果说产品运营是理性主导，社区运营就是感性主导，多和玩家聊天，多做一些玩家想看、爱看的内容，用心给玩家做问题解答，不断提升社区的服务品质。

4．媒体运营

从事媒体运营的人员称为媒介，是负责产品外部宣传、对产品形象负责的人员。主要工作有软文撰写与投稿、媒体礼包投放、推荐位预约、广告创意设计、制订软广投放计划并执行，主要对游戏的百度指数、渠道热度、产品形象负责。媒体运营主要包括新媒体运营和自媒体运营。

新媒体运营是通过移动互联网手段，利用微信、微博、贴吧等新兴媒体平台进行产品宣传、推广、营销的一系列运营手段。通过策划与品牌相关的优质、高度传播性的内容和线上活动，向客户广泛或者精准推送消息，提高参与度与知名度，从而充分利用"粉丝"经济，达到相应的营销目的。

自媒体是新媒体的一种形式，是指为个体提供信息生产、积累、共享、传播内容，兼具私密性和公开性的信息传播方式。在自媒体时代，声音来自四面八方，游戏运营商的声音逐渐变弱，人们不再接受被一个"统一的声音"告知对或错，每个人都能从独立获得的资讯中对事物作出判断。自媒体的运营思路，通常更偏向于输出"个人品牌价值"，并围绕个人打造的媒体。打造个人品牌能够快速地与"粉丝"拉近距离，运营好的话背后的商业价值相当巨大。

在信息时代，用户对新媒体的关注度越来越高，游戏的媒体运营主要采用了各种新媒体平台。目前主流的新媒体平台有微信公众号、新浪微博、今日头条、简书、知乎、企鹅电竞、斗鱼直播、虎牙直播、快手直播、抖音短视频等。

3.2　中游产业

微课：中游产业

目前，处在电子竞技产业中游的厂商多为电竞内容制造者，如赛事运营方、承办方、俱乐部。电竞赛事是整个电子竞技产业的核心资源，赛事的运营、俱乐部的管理、商业价值的开发是重中之重。中游厂商的盈利模式基本分为赛事制作和全产业链运营两个部分。赛事制作主要包括承办或举办各类顶级电竞赛事及其内容制作；基于电竞赛事的全产业链运营的业务，包括品牌整合营销、艺人经纪、电竞电视、电竞运动场馆建设和运营等。

3.2.1　赛事运营

赛事运营按赛事主办方的不同，通常可以分为第一方赛事运营与第三方赛事运营；按是否拥有赛事品牌与赛事招商的自主权，又可分为自营赛事和代理赛事。

1. 按赛事主办方不同分类

1）第一方赛事运营

第一方赛事通常指游戏运营商的官方赛事，游戏运营商通过委托的形式将赛事前期宣传、赛事组织、现场管理等工作交给赛事运营商，典型如腾讯运营的英雄联盟职业联赛（League of Legends Pro League，LPL），网易运营的黄金联赛，Valve 运营的 DOTA2 国际邀请赛（Ti 赛事）（图 3.2.1）。第一方赛事是厂商宣传游戏的营销手段，其投入均能通过游戏内购实现资金回流，因此厂商通常不计成本地举办赛事，这也决定了第一赛事运营商的收入来源主要是赛事承办费，占比为 50% ~ 60%，而广告费则与厂商进行分成，占比约为 20%，门票、衍生产品销售收入及版权费用收入与游戏厂商划分。对于第一方赛事运营商来说，因为承办业务模式相对简单，游戏也比较单一，在承办费用上游戏厂商并不会多让利，而且目前电竞赛事的广告赞助与其他场馆收入、活动收入也还没有深度挖掘，从整体上来看，第一方赛事的运营业务利润比较低。

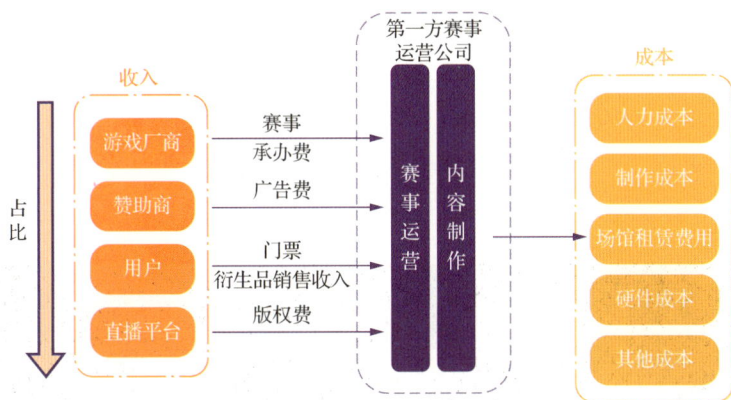

图 3.2.1　第一方赛事运营

2）第三方赛事运营

第三方赛事通常是指其他赛事运营组织主办的赛事，该类赛事的广告招商及赛事收益分成一般由赛事运营商自主决定。典型的第三方赛事有 WCG、CPL、ESWC、全国电子竞技大赛（National Electronal Sports Tournament，NEST）、全球电子竞技大赛（World e-Sports Championship Games，WECG）、世界电子竞技运动会（World Electronic Sports Games，WESG）等。

第三方赛事运营的变现方式和传统竞技体育赛事类似，可以分为 2B 端的变现和 2C 端的变现（图 3.2.2）。2B 端的变现包含赛事广告赞助、赛事冠名权和赛事转播权出售。2C 端的变现包含赛事门票销售、报名费、赛事衍生品（赛事竞猜、赛事周边等）和赛事直播付费（去广告、付费原画直播等）。早期像世界电子竞技大赛这样的第三方赛事扩大了电子竞技的影响力，但游戏厂商利用这种影响力建立自身的赛事体系后，第三方赛事也逐渐没落。在电竞赛事运营中，由于游戏厂商手握游戏版权，不仅拥有更加丰富的变现渠道，还能通过"游戏授权"对第三方赛事进行限制。

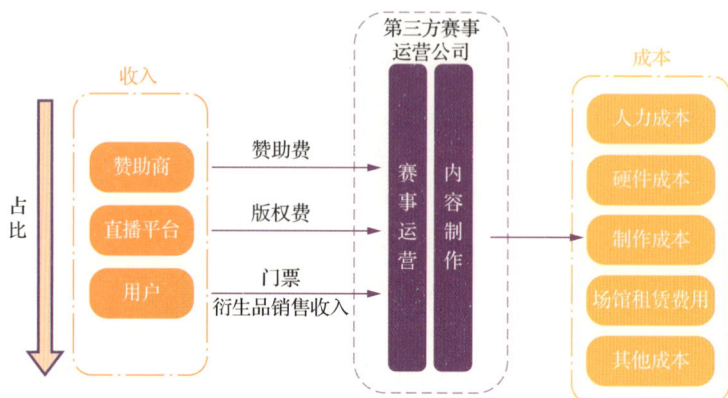

图 3.2.2　第三方赛事运营

近几年，随着电竞赛事的职业化发展，为第三方赛事注入了新的活力，众多第三方赛事项目再现雄风。2018 年 12 月 30 日，全国移动电竞超级联赛总决赛在重庆忠县三峡港湾电竞馆正式开幕（图 3.2.3）。大唐网络有限公司总裁杨勇表示：未来的中国电竞会因为 5G 技术的革新发生颠覆性变化，而第三方赛事依然是电竞行业重要的组成部分。

图 3.2.3　2018 年全国移动电竞超级联赛总决赛

2019 年 3 月 7 日，世界电子竞技运动会 2018 ～ 2019 赛季全球总决赛在重庆拉开帷幕（图 3.2.4），涵盖了《反恐精英：全球攻势》《DOTA2》《炉石传说》《星际争霸 II》《实况足球》《虚荣》六个正式比赛项目，《炉石传说》与《反恐精英：全球攻势》还包含女子组赛事。

图 3.2.4　2019 年世界电子竞技运动会全球总决赛

2019 年 7 月 21 日，2019 年世界电子竞技大赛在陕西西安落下帷幕（图 3.2.5）。中国选手王诩文（Infi）、Newbee 战队及 DTeam 战队分别在竞赛项目《魔兽争霸 3》《DOTA2》《王者荣耀》中夺得冠军。

图 3.2.5　2019 年世界电子竞技大赛

2019 年 11 月 22 ～ 24 日，2019 年全国电子竞技大赛冬季总决赛在杭州国际博览中心 C4 展厅拉开帷幕（图 3.2.6）。本次冬季总决赛汇集了《穿越火线》《穿越火线：枪战王者》《炉石传说》《王者荣耀》四大热门电竞项目。

2．按是否拥有赛事品牌与赛事招商自主权分类

1）自营赛事

如果赛事品牌归运营商所有，那么该业务被称为自营赛事。例如，腾

图 3.2.6　2019 年全国电子竞技大赛
年度总决赛

讯电竞主办的腾讯电竞运动会（Tencent Global eSports Arena，TGA），网易游戏旗下的网易电竞 NeXT 赛事，这些赛事的特点是赛事品牌归游戏研发企业所有，同时游戏企业可以自主招商。

（1）腾讯电竞运动会。腾讯电竞运动会是腾讯电竞旗下的综合性赛事平台。腾讯电竞运动会覆盖 30 多款游戏项目，长达 20 周的线上周赛权益开放给直播平台，每年超过 8 场全国落地赛事，在丰富电子竞技产业内容的同时，致力于为广大电竞运动员打造更"体育化"赛事，也致力于电竞爱好者提供覆盖全年的大型综合性体育竞技盛会（图 3.2.7）。

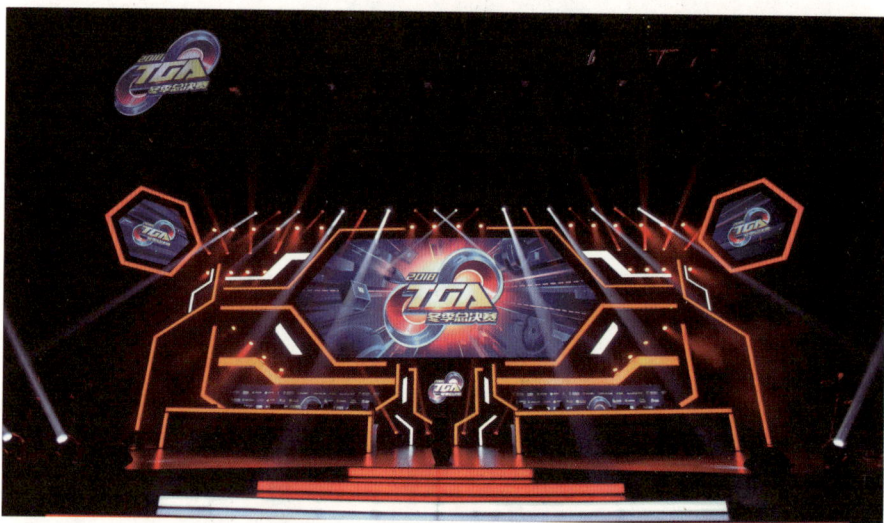

图 3.2.7　2019 年腾讯电竞运动会

（2）网易电竞 NeXT 赛事。网易电竞 NeXT（Netease Esports X Tournaments）赛事，也称为网易电竞 X 系列赛，是网易游戏旗下首个集合多款热门游戏的专业电竞赛事，通过线上预选及线下决赛的形式，为网易游戏爱好者提供参与、观赏及游戏文化沉浸式体验的综合性电竞赛事活动（图 3.2.8）。

2）代理赛事

如果赛事品牌不归运营方所有，那么该业务被称为代理赛事。例如，网映文化举办的全国电子竞技公开赛（国家体育总局主办）、黄金风暴联赛（网易主办）等电竞赛事就是其代理赛事业务。这些赛事的特点是全部由网映文化通过招标等方式获取运营权，因而不属于自营品牌。作为亚洲最大的电竞运营商，量子体育 VSPN 与国内 70% 的顶级赛事深度合作，成功承办《王者荣耀》《穿越火线》《英雄联盟》《绝地求生》《皇室战争》《球球大作战》《FIFA Online 3》《全民枪战》《DNF》等知名竞技游戏的一系列头部赛事（图 3.2.9）。目前的业务包括电竞赛事和泛娱乐内容运营、品牌营销、艺人经纪、电竞电视、电竞运动场馆运营等。

图 3.2.8　网易电竞 NeXT 2019 年春季赛事

图 3.2.9　量子体育 VSPN 承办的 PEL 和平精英职业联赛

3.2.2　电竞俱乐部

1. 认识电竞俱乐部

俱乐部（又称会所，英文名为 club）单从字面上理解就是人们聚集在一起进行娱乐活动的组织团体或者其场所；严格解释是具有某种相同兴趣的人进行社会交际、文化娱乐等活动的团体和场所，从而让有兴趣的人在一起聚集活动，演变成俱乐部。电竞俱乐部是聚集电子竞技选手及周边服务管理工作的团队组织。电竞俱乐部主要以参加各种类型的电子竞赛比赛为核心，同时参与电子竞技产业链中的内容制作、电竞教育、新媒体、泛娱乐及线下实体经济等多方面产业形态。

电子竞技产业中，规范专业的电竞俱乐部吸取投资的能力不容小觑，截至 2019 年 10 月 17 日，EDward Gaming（简称 EDG）、QG 电竞俱乐部最新一轮融资都近亿元。英雄联盟及王者荣耀俱乐部运营管理体系成熟完善，受到了投资商的广泛关注，因此占据了"亿元俱乐部成员"绝大多数席位。电子竞技产业的整体盈利主要靠电竞俱乐部团队参加比赛，针对不同的游戏类型，各俱乐部都培养了优秀的电子竞技比赛团队，通常被称为电竞战队。

2. 电竞俱乐部经营管理

近些年，电子竞技产业逐渐进入规范化、规模化、产业化的良性发展，电竞俱乐部是电子竞技产业链的重要组成部分，是电竞赛事的核心参与者。俱乐部的经营管理类似于传统竞技体育项目，主要包含赛事训练和品牌运营两大部分。赛事训练体系中，最高负责人是赛训总经理，各类游戏分部设置一名经理，游戏分部的核心成员除了选手，每个分部都会配有教练和分析师，主要配合队员选手的赛事训练，也会配备一名领队来安排处理队伍的日常事宜；品牌运营则分为品牌宣传、视频制作和商务合作三个核心部门，而运营的主要目标就是通过品牌化运作及市场营销使俱乐部盈利。商业合作的主要形式有赞助、品牌代言、线下活动、跨界营销等。近年来，随着俱乐部的商业价值不断凸显，能谈合作、会签代言、拉得来赞助、精通策划创意、玩转"粉丝"运营的品牌市场及运营类岗位的人才成为俱乐部重点招聘和发展的对象（图 3.2.10）。

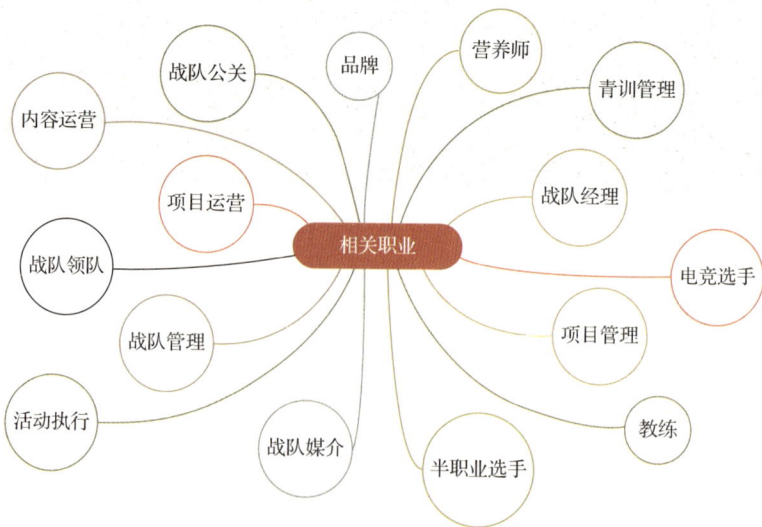

图 3.2.10　电竞俱乐部相关职业

知识链接

1. QG 电竞俱乐部

QG 电竞俱乐部（图 3.2.11）旗下拥有《枪火游侠》《守望先锋》《王者荣耀》《绝地求生》等游戏分部。2015 年 1 月，S5 赛季开始后，SPG 俱乐部收购了 DC 并且将其更名为 QG，QG 战队正式成立。2015 年，QG 战队以黑马的姿态取得 2015 年德玛西亚杯春季赛季军。2015 年 LSPL 春季赛上，QG 战队凭借自己的实力以总比分 3∶1 战胜了 VGP 战队晋级 LPL 夏季赛。2015 年 LPL 夏季赛上，QG 战队首次铸就了蓝色方不败的神话，以仅 1 负（负于 EDG）的成绩进入季后赛。QG 战队在半决赛战胜 IG 战队与 LGD 战队会师总决赛，最终以 2∶3 惜败于 LGD 战队，取得 LPL 夏季赛亚军。2015 年全球总决赛选拔赛上，以 0∶3 败于 IG 战队获得亚军，失去了参加 S5 全球总决赛的资格。2017 年，QG《王者荣耀》分部获得 KPL（King of League）春季赛冠军、王者荣耀冠军杯冠军、KPL 秋季赛冠军，成为王者荣耀联赛首个"三冠王"。

2. Team WE 电竞俱乐部

Team WE 电竞俱乐部（图 3.2.12）成立于 2005 年 4 月 21 日，旗下拥有《英雄联盟》分部、《英魂之刃》分部等。《魔兽争霸 3》分部的李晓峰选手蝉联了 2005 年和 2006 年 WCG 的《魔兽争霸 3》世界冠军。2012 年《英雄联盟》分部取得 ILP5 全球总决赛冠军，2016 年取得 LPL 春季赛亚军，2017 年 4 月 29 日夺得第一个 LPL 联赛冠军。

3. IG 电竞俱乐部

IG（Invictus Gaming）电竞俱乐部（图 3.2.13）成立于 2011 年，创始人为王思聪，旗下拥有《英雄联盟》分部、《DOTA2》分部、《星际争霸 II》分部等。《DOTA2》分部取得了第二届 DOTA2 国际邀请赛冠军、WCG 2012 年世界总决赛冠军、2017 年 DAC 亚洲邀请赛冠军等。英雄联盟分部取得了 2011 年 WCG 中国区总决赛冠军、2013 年 IEM 新加坡站冠军、2016 年全国电子竞技大赛冠军、2018 英雄联盟全球总决赛冠军、2018 年德玛西亚杯冠军、2019 年 LPL 春季赛冠军。穿越火线分部取得 WCG 中国区总决赛冠军、WCG 世界总冠军、第一届 CFS 国际联赛冠军等。《星际争霸 II》分部取得了 2017 年黄金职业联赛第一赛季和第三赛季冠军、2017 年黄金总决赛亚军、2018 年黄金职业联赛第二赛季冠军。

图 3.2.11 QG 电竞俱乐部　　　图 3.2.12 Team WE 电竞俱乐部　　　图 3.2.13 IG 电竞俱乐部

4. 皇族 RNG 电竞俱乐部

皇族 RNG 电竞俱乐部（图 3.2.14）成立于 2012 年 5 月，现拥有《英雄联盟》《DOTA2》《王者荣耀》《和平精英》《QQ 飞车》《绝地求生》《炉石传说》《守望先锋》《火箭联盟》9 个游戏分部（图 3.2.14）。《英雄联盟》分部在 2018 年夺得 LPL 春季赛冠军、MSI 季中邀请赛冠军、德玛西亚杯夏季赛冠军及 2018 年 LPL 夏季赛冠军，在 2019 年夺得 LPL 夏季赛亚军、德玛西亚杯冠军。《QQ 飞车》分部在 2018 年 S 联赛秋季赛上夺得冠军。《王者荣耀》分部在 2019 年 KPL 春季赛上取得亚军。

5. LNG 电竞俱乐部

LNG 电竞俱乐部（图 3.2.15）的前身为 Snake 电竞俱乐部，成立于 2013 年 9 月，旗下《英雄联盟》分部于 2014 年 3 月组建，2015 年 8 月组建《FIFA》分部，2016 年 7 月组建《守望先锋》分部。

图 3.2.14　皇族 RNG 电竞俱乐部

图 3.2.15　LNG 电竞俱乐部

LNG《英雄联盟》分部荣获 2014 年 TGA 城市英雄争霸赛春季大奖赛冠军、2014 年 LSPL 夏季赛亚军、2015 年 LPL 夏季赛季军。

6. EDG 电竞俱乐部

EDG 电竞俱乐部（图 3.2.16）于 2013 年 9 月 13 日在广州成立，旗下拥有《英雄联盟》《王者荣耀》《绝地求生》等分部。《英雄联盟》分部在 2014 年取得 LPL 春季赛、夏季赛冠军，在 2015 年取得 LPL 春季赛冠军、MSI 季中邀请赛冠军，在 2016 年取得 LPL 夏季赛冠军，实现德玛西亚杯五连冠，在 2017 年 LPL 夏季赛上再次夺得冠军。

7. OMG 电竞俱乐部

OMG 电竞俱乐部（图 3.2.17）2012 年 6 月成立于四川成都，旗下拥有《英雄联盟》分部、《守望先锋》分部、《FIFA》分部等。在 2013 年 LPL 春季赛上，OMG 战队夺得冠军，在夏季赛上，OMG 战队夺得亚军；在全球总决赛上，OMG 战队进入八强，随后在全国电子竞技大赛上夺得冠军。2018 年 7 月 30 日，OMG 战队荣获 2018 年 PGI 绝地求生世界邀请赛冠军。

8. VG 电竞俱乐部

VG 电竞俱乐部（图 3.2.18）成立于 2012 年 9 月 21 日，拥有《DOTA2》《英雄联盟》《守望先锋》《CS:GO》等多个项目分部。旗下《DOTA2》分部取得第四届 DOTA2 国际邀请赛亚军、2014 年 ESL-One 纽约站冠军。《穿越火线》分部取得 2016 年世界总决赛冠军。《英雄联盟》分部取得 2017 年 LSPL 夏季赛冠军。VG 战队以 3：2 力克 VP 战队，继之前的基辅站 Minor 夺冠后，又夺得了斯德哥尔摩站 Major 冠军。

图 3.2.16　EDG 电竞俱乐部

图 3.2.17　OMG 电竞俱乐部

图 3.2.18　VG 电竞俱乐部

3.2.3　赛事解说

近几年，随着国家对电子竞技产业的重视，电子竞技比赛越来越受到人们的关注。国内大型电竞赛事有 NEST 全国电子竞技大赛、英雄联盟职业联赛（LPL）、英雄联盟发展联赛（LOL Development League，LDL）、DOTA2 系列赛事（i 联赛、G 联赛、超新星公开赛、ISS 中国网吧超级赛）、终极火力系列赛事（EFCUP 冠军杯、TGA 大奖赛）、群雄逐鹿冠军联赛。国际大型电竞赛事有英雄联盟全球冠军赛、英雄联盟季中冠军赛（League of Legends Mid-Season Invitation，MSI）、DOTA2 国际邀请赛、WESG 世界电子竞技运动会、世界休闲体育大会"铁幕杯"国际电子竞技大赛等。一场优秀的比赛，不仅需要运动员在赛场上的精彩表现，还需要精彩的赛事解说，电竞解说并不等于玩游戏，除了需要具备电竞游戏的专业知识，还需要具有较强的语言表达能力、现场思维应变能力、交际能力、专业能力等方面素质。

1. 认识赛事解说

赛事解说是现代电子竞技游戏催生的新型职业，2017 年以来，包括电竞主播解说在内的电竞衍生市场规模均呈指数增长，市场对于电竞解说员的缺口不断扩大。在我国，电竞解说员分为两类。一类为退役职业选手，这也是最早电竞解说员的来源，如李晓峰（Sky）、Miss、小苍等，他们在电竞圈中有一定名气，并且取得过大型比赛当中较为骄人的成绩。小苍是 2007 年和 2008 年连续两届 Iron Lady 国际女子魔兽邀请赛冠军。作为电竞圈中的佼佼者，包括李晓峰、小苍在内的 10 位电竞选手被选作 2008 年北京奥运会火炬手，对电竞和电竞解说地位的提升产生了巨大的推动作用。另一类为非职业选手，他们的语言功力较强，如央视体育频道前解说员、现任王者荣耀 KPL 解说员詹俊，KPL 解说员李九、瓶子等。

两类选手各有千秋，退役职业选手具有丰富的赛事经验，对比赛战术、英雄扳选、赛事发展具有前瞻的判断力等。作为资深的前职业选手，分析可信度远远高于非职业选手。无论作为游戏解说员还是游戏主播都自带"粉丝"和"流量"。非职业选手吐字清晰、流畅，还不乏幽默感及文学性，对于"说"，他们表达得更加符合语言规范。

2. 赛事解说基本要求

1）有较高的思想政治素养

虽然相对于传统竞技体育比赛解说，电竞解说员的解说风格和解说内容比较自由，但是提高政治素养、把握正确的舆论导向仍然是解说员职业素养的首要要求。例如，韩国是全民皆电竞的国家，选手、解说员、观众全都全身心地投入比赛中，在这个过程中，爱国主义和民族精神得到了宣扬。转播体育实况，重要的是体育报道能振奋民族精神，是向观众进行爱国主义教育的生动课堂。一场精彩的体育转播能够给观众极大的鼓舞和激励。这在电竞解说领域里同样适用。

2）热爱电竞游戏和电竞事业

电竞解说员需要将对电竞游戏的兴趣转变为对电竞事业的热爱，正确认识电子竞技解说行业。不同于普通的电视节目主持人，电竞游戏赛事解说是一项专业化程度较高的解说工种，要求解说员对电竞游戏有深入全面的认知，既包括对一款游戏的创作背景、游戏规模、游戏规则、技能技法、战略战术、赛事文化、赛事体系、赛制制度、专业术语等信息的全面掌握，也包括对参与比赛的各支战队的背景资料、战术特点、队员情况、性格特征等信息有充分了解。电竞解说员需要在讲解比赛时让观众或听众能够及时准确地了解比赛进程，脑海中呈现出清晰的脉络逻辑电竞。电竞解说员需要对比赛规则和比赛队伍的背景进行介绍，要对比赛过程中的战术特点、比赛风格、比赛趋势进行分析和预判，令受众感受到电竞比赛的魅力、艺术性与技术性，在普及相关知识的同时提升受众的分析能力、判断能力，使受众参与比赛、享受比赛。

3）具有多元化的知识结构

多元化的知识结构是电竞解说员的一项重要的职业素养。电竞解说是一门跨领域的综合艺术，电子竞技游戏涉及大量其他学科的知识，如语言学、心理学、传播学、文学、历史学、艺术学等。随着全球化步伐的加快，国际赛事播出的日益频繁，国内电竞赛事的日益国际化，电竞解说员需要对国际电竞赛事进行正确的分析和评议，今后也可能会出现电竞解说员与外籍解说顾问搭档，或者国内解说顾问被邀请到国外进行解说的情况。因此，电竞解说员应具备运用英语进行解说和交流的能力，甚至在条件允许的情况下，积极拓展第二、第三外语。

此外，电竞解说员还必须熟练掌握计算机网络技术。通过互联网，电竞解说员可以获得及时且庞大的信息资源。微博、微信公众号等互联网媒体可以使电竞解说员第一时间获得更多信息，同时可以更快地将选手和比赛的相关信息传递出去，以满足受众第一时间获悉重要消息的需求。现在，电竞解说员的知识结构已经日趋多元化，熟练掌握信息时代的相关技术，才能够始终走在业界的前列。

4）语言表达能力丰富

解说是语言表达的艺术，具备良好的语言表达能力与感染力，是专业解说员必备的基础职业素养。对电竞游戏解说员的语言表达能力的要求，重点体现在话语表达的准确性与丰富性上。在实际的电竞比赛中，解说员往往需要在短时间内描述大量的信息，除了会使用很多专业术语，还需要在一些用词上尽量规范、解说发音准确。语言的丰富性，主要体现在语言的艺术价值和语言的趣味性方面。虽然语言的艺术价值和趣味性能够提高受众的观赛体验，但是电竞解说员应该注意使用的场合和方式，避免造成相反效果。

话语表达的准确性和丰富性，既要求电竞解说员做到语言发音的标准规范、口齿清晰，也要求其做到语义阐释的准确明晰、鲜活生动。这不仅需要电竞解说员能够流畅、准确地讲述比赛过程，还需要解说员能够充分、生动地评述比赛实况，发现比赛的趣味点，做到有的放矢地评述、切中要害地剖析，从而进行具有魅力感与趣味性的解说，以调动受众的观赛情绪，带给受众优质的观赛体验。

5）具有即兴应变能力

电竞解说和其他节目主持有一个较为明显的区别，即大部分传统节目主持会根据节目预案提前为主持人准备一个节目策划大纲。主持人可以按照大纲的内容提前进行备稿和播音，而电竞比赛的过程和结果充满了变数，每一瞬间都是无法提前安排好的，因此只有凭着解说员的长期积累和现场发挥。电竞解说员需要根据实际比赛情况、自己的知识储备和经验进行临场发挥。

电竞比赛的过程中，口语表达的即兴感非常重要，虽然解说员通常会有事先准备好的赛事解说提纲，但比赛的实际过程不可能准确预测，对于比赛内容的陈述与评论必然需要长篇的即兴发挥。优秀的电竞解说员在动态的游戏比赛过程中，需要使用准确得体的语言发表独到深入的见解，面对镜头做到从容不迫、侃侃而谈、出口成章、妙语生辉，而绝非语无伦次或信口开河。即兴口语表达看似简单，实则需要大量的知识积累与长期的实践经验才能做到。

除了比赛过程的不可预测，赛事直播、转播过程中有时也会出现一些突发性事件，如视频信号的中断、比赛选手的突然退出等状况。面对各种突发事件，有经验的电竞解说员需要提前做好应对各类事件的心理准备，面对遭遇的突发事件能够做到从容面对、冷静处理，这时游戏背景知识、装备信息等都可以作为解说材料。有经验的电竞解说员完全可以利用丰富的经验挽回被动局面，避免直播事故的发生。

3.3 下游产业

电子竞技下游产业主要是各类游戏直播平台，它们起着内容传播的作用，打通电竞赛事内容和用户的传播渠道，为电子竞技产业带来最重要的流量来源和变现渠道。2004 年，国家广电总局颁布《关于禁止播出电脑网络游戏类节目的通知》，电子竞技产业进入低谷。2006 年后，随着互联网的发展，优酷、土豆等视频网站陆续出现了大量游戏视频内容，深受网友喜爱。2008 年，YY 语音率先推出了语音质量清晰、网络服务稳定的交流系统，电子竞技的宣传渠道变广，传播辐射的力度成倍增长，用户关注度日益暴增。同时，电竞选手及主播的收入随之提高，为电子竞技选手提供了更多出路，也缓解了电子竞技产业变现难的问题。目前国内知名直播平台已形成以虎牙、斗鱼为第一梯队，触手、龙珠、战旗为第二梯队的竞争格局。

微课：下游产业

3.3.1　直播平台

1. 虎牙直播

虎牙直播前身为 YY 游戏直播，是广州虎牙信息科技有限公司旗下的互动直播平台，为用户提供高清、流畅而丰富的互动式视频直播服务，产品包括知名游戏直播平台虎牙直播、风靡东南亚和南美的游戏直播平台 NimoTV 等，覆盖 PC、Web、移动三端。虎牙直播是中国领先的游戏直播平台之一，覆盖游戏超过 3 300 款，并已逐步涵盖娱乐、综艺、教育、户外、体育等多元化的弹幕式互动直播内容。

虎牙直播是国内最为资深的以游戏内容为核心的直播平台，其在游戏方面有丰富的独家资源，会聚目前最为火爆的游戏，如《英雄联盟》《王者荣耀》《球球大作战》《守望先锋》《炉石传说》《绝地求生》《绝地求生手游——刺激战场》《全民突击》等的直播内容。在游戏电竞方面，虎牙直播会聚了众多世界冠军级战队和主播，包括电竞女王 Miss、超人气号召力主播董小飒等均签约虎牙直播，持续为用户提供独家的直播内容（图 3.3.1）。

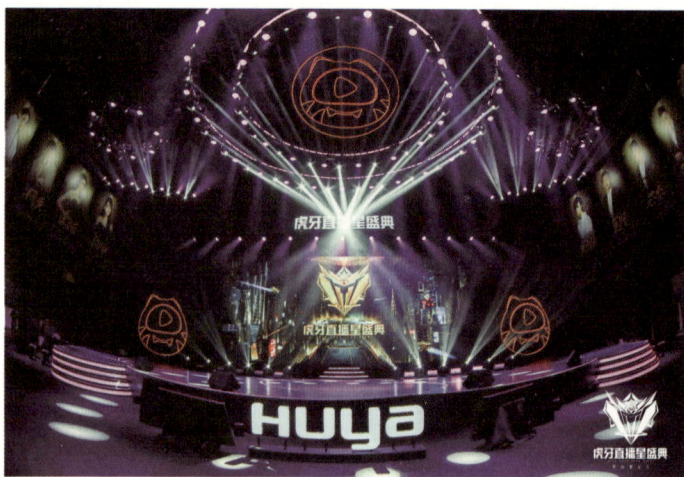

图 3.3.1　虎牙直播

2．斗鱼TV

斗鱼TV是武汉斗鱼网络科技有限公司推出的弹幕式直播分享网站，为用户提供视频直播和赛事直播服务。斗鱼TV的前身为AcFun生放送直播，于2014年1月1日起正式更名为斗鱼TV。斗鱼TV以游戏直播为主，涵盖娱乐、综艺、体育、户外等多种直播内容（图3.3.2）。2018年1月，斗鱼TV获得"2017科技风云榜"年度最具潜力创业企业奖。

图3.3.2　斗鱼直播

斗鱼TV成立以来，先后与OMG、WE、皇族、iG、HGT（Hyper Glory Team）、LGD等多家知名电竞俱乐部合作，着力打造从游戏直播到体育竞技，再到生活、娱乐等方向的全民的泛娱乐平台。斗鱼TV所直播的电子竞技赛事有英雄联盟职业联赛、德玛西亚杯、英雄联盟全球总决赛、LOL季中邀请赛、DOTA2国际邀请赛、王者荣耀KPL职业联赛、绝地求生黄金大奖赛、斗鱼杯SL炉石联赛、黄金风暴联赛、守望先锋中韩明星对抗赛等。

3．战旗直播

战旗直播成立于2014年1月，同年5月正式上线，是浙报数字文化集团股份有限公司围绕电子竞技打造的直播平台（图3.3.3），主要涵盖了体育、综艺、娱乐等多种直播内容。平台以完整的赛事节目、创新的电竞娱乐综艺、线上线下立体布局为战略方向，专注游戏电竞领域，其中包括《三国杀》《英雄联盟》《炉石传说》《DOTA2》等各类热门游戏赛事，为用户提供高清、流畅的视频直播和电子竞技游戏直播。战旗直播不但致力于打造专业的游戏直播内容，更是根据用户与游戏之间的关系，深度布局平台发展。

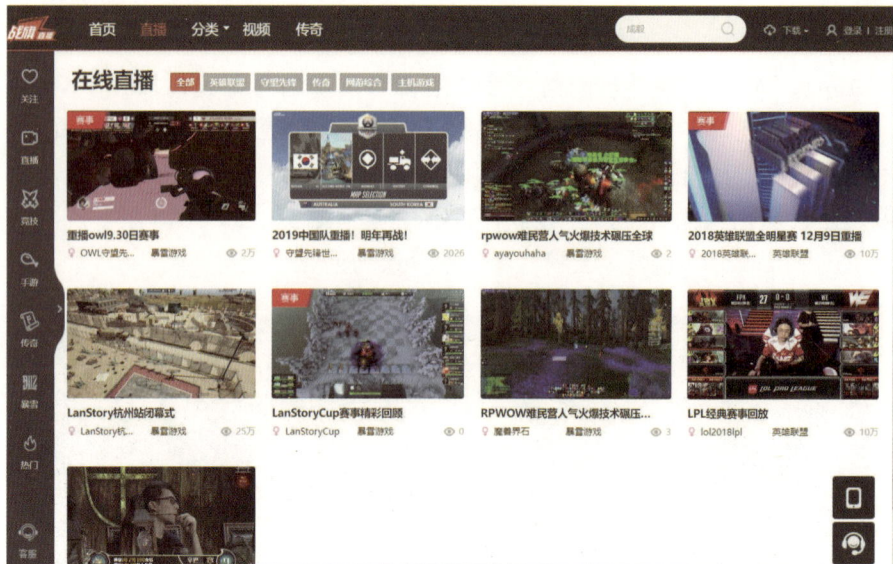

图 3.3.3　战旗直播官方网站

3.3.2　电竞媒体

随着电子竞技产业规模的不断壮大，《英雄联盟》IP 的大热，各大新闻媒体对电子竞技的关注度也越来越高，如人们熟知的人民电竞、哔哩哔哩、超级玩家、兔玩、大咖、15W、玩加、电竞虎、木木不哭等电竞媒体如雨后春笋般涌现（图 3.3.4）。但是传统电竞媒体的生存空间还不够大，地位也不够高，如今的电竞媒体，即便是受邀参与赛事播报，所能够报道的事情也极为有限。如今电竞的 IP，主要还是集结在自媒体、主播及微博等渠道。

1. 人民电竞

人民电竞的全称是"人民体育电竞频道官方微博"，即人民网旗下的电子竞技类社交媒体账号。2019 年 4 月 11 日，由人民体育主办，以"创新生态 竞心而为"为主题的人民电竞战略发布会举行。会上，人民电竞运营中心正式成立，它旨在快速推动我国电子竞技健康发展，规范市场行为，促进电子竞技职业化、标准化、产业化。此外，人民电竞产业规划、电竞行业媒体战略规划等重磅规划同步出炉。

PPL-人民电竞超级联赛由人民电竞与各地方政府联合成立，作为中国代表性的全民电子竞技赛事。超级联赛涵盖了 Moba、格斗、卡牌、竞速、体育等最受玩家喜欢的比赛项目，自开赛以来，举办 5 场线上赛，还有北京、上海、西安三站线下赛，共计 3 万余场赛事，吸引到国内外近 2 万名选手参赛。此外，赛事还吸引全国百万玩家通过直播平台观看赛事，并通过人民电竞平台及 20 余家合作媒体传播报道。

图 3.3.4　2019 年网易电竞赛事媒体传播平台

　　人民网涉足电竞行业，说明了传统主流媒体对电子竞技行业的认可，这将进一步引导广大民众正面看待电子竞技的价值，摆脱玩游戏就是"玩物丧志"的传统思维定式，也有望促进整个电子竞技行业的进一步发展。

2．MAX＋

　　MAX＋为《DOTA2》《英雄联盟》等游戏玩家提供专业的数据统计、实时资讯、游戏直播和视频等一站式服务（图 3.3.5）。功能如下：查询个人游戏比赛战绩、记录、队友对手战绩、胜率趋势图；查询英雄物品资料、使用次数、胜率、伤害、克制关系；查询天梯排名，如国服、东南亚、美服、欧服；查询知名玩家战绩，多达数百个全球知名玩家认证；实时的《DOTA2》《英雄联盟》资讯，新闻即时刷新；全面的视频、直播聚合等。

图 3.3.5　MAX＋官方网站

3. 哔哩哔哩

哔哩哔哩现为国内领先的年轻人文化社区，该网站于 2009 年 6 月 26 日创建，被"粉丝"们亲切地称为"B 站"（图 3.3.6）。B 站的特色是悬浮于视频上方的实时评论功能，爱好者称其为"弹幕"，这种独特的视频体验让基于互联网的弹幕能够超越时空限制，构建出一种奇妙的共时性的关系，形成一种虚拟的部落式观影氛围，让 B 站成为极具互动分享和二次创造的文化社区。B 站目前也是众多网络热门词汇的发源地之一。

图 3.3.6　哔哩哔哩

4. 15W 要我玩

15W 要我玩是北京竞牛科技有限公司的电竞媒体平台，该平台同加拿大最大电竞媒体 the score、ESPN、雅虎电竞等建立深度合作（图 3.3.7）。其主要涉及电竞游戏新闻、电竞游戏攻略、赛事资讯报道等内容，其中赛事报道的专业度得到拳头官方及腾讯英雄联盟的高度认可，被评为六星级最高星级合作媒体，与小苍、Miss、若风、PDD、小智等 20 多位顶级主播，以及 Gogoing、小伞、Godlike、娃娃等数十个电竞解说深入合作。独家采访近 50 名当红主播，推出《老司机瑞恩》《赛场外》《主播疯神榜》数档栏目，累计点击量破亿。

图 3.3.7　15W 要我玩电竞新媒体

5．兔玩网

兔玩网是国内知名的电竞门户网之一，负责电子竞技媒体制作与传播（图 3.3.8），为广大游戏玩家提供高品质的电竞赛事报道，涉及的游戏除了暴雪公司的产品，还有腾讯代理的诸多游戏品牌。通过电竞视频、资讯、评论等内容，为电子竞技玩家提供最新的媒体传播服务。

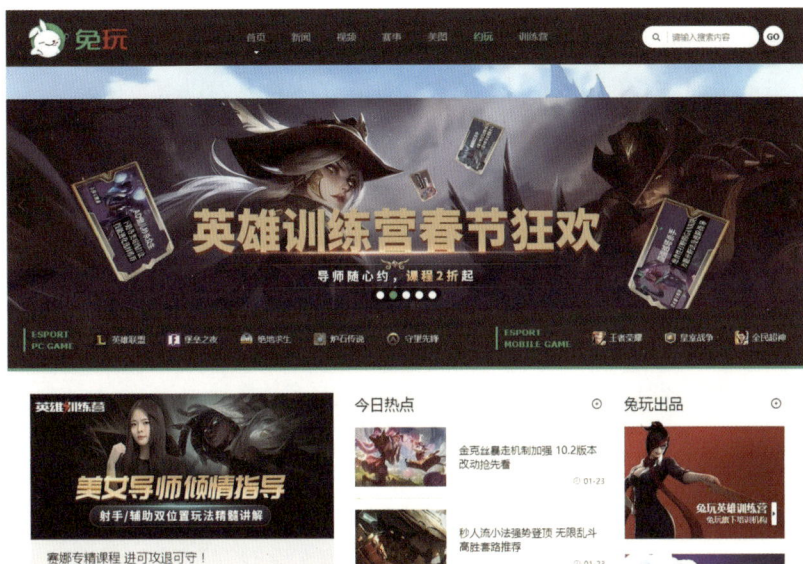

图 3.3.8　兔玩电竞新媒体

3.4　产业特征

国内电子竞技产业发展已进入良性循环，呈现游戏移动化、赞助多元化、赛事职业化和资源资产化的趋势。具体表现在以移动电竞赛事爆发，不断向职业化、商业化发展，如 KPL 联赛效仿 NBA 联赛采取"工资帽""收入分享""转会制度""地域化"等举措，保障赛事的公平性与对抗性。电竞赛事的高曝光度和强辐射性吸引了多元化的赞助商，赞助规模提升的同时也推动了如俱乐部、电竞选手等核心资源的升值与资产化。2017 年，腾讯电竞赛事赞助规模同比上涨了 197%，合作客户数量上升了 171%，食品饮料、快速消费品、汽车、电子等诸多传统行业纷纷入局。京东、苏宁易购等都拥有了各自的 LPL 俱乐部。虎牙直播成为国内电竞直播行业龙头；B 站发力电竞直播，组建 BLG（Bilibili Gaming）职业战队。

微课：产业特征

3.4.1　游戏移动化

近年来，随着移动互联网技术的快速发展，以及智能手机、智能平板的兴起和不断普及，我国移动游戏行业迅速发展，并在游戏产业中占据举足轻重的地位。

1. 移动游戏发展阶段

我国移动游戏行业经历了长达十几年的发展历程，大致可分为探索期、萌芽期、快速增长期三个阶段。探索期，市场表现为以单机游戏为主，手机游戏主要由手机生产商直接提供，游戏画面效果粗糙，游戏用户的体验差；萌芽期，在 iPhone、HTC、三星等品牌智能手机及 iOS、Android 操作系统的兴起下，移动游戏商业模式进入应用商店模式，游戏产品逐渐丰富，RPG、RPG＋SLG、FPS、卡牌游戏、音乐节奏游戏等开始陆续出现；快速增长期，表现为 4G 通信技术快速发展，移动支付产业日渐完善，游戏产品数量爆发式增长，行业分工日益明确并逐步形成由研发、发行、渠道构成的产业链，同时游戏开始出口至海外市场。

2. 移动游戏市场规模

伽马数据《2019 中国移动游戏年度报告》显示，2019 年中国移动游戏市场收入达到 1 513.7 亿元，在整个游戏领域中占比约为 65%，增长率 13%（图 3.4.1）也超过整个游戏产业的增长速度。

图 3.4.1　中国移动游戏市场实际销售收入及增长率

数据来源：伽马数据。

由图 3.4.2 可知，随着中国移动游戏的体量不断增大，虽然增长速度逐年放缓，但国产游戏流水所占据的市场比例依然保持高位。在近年流水TOP250 中，国产移动游戏流水占比始终在 90% 以上，国产移动游戏依然是吸金大户。

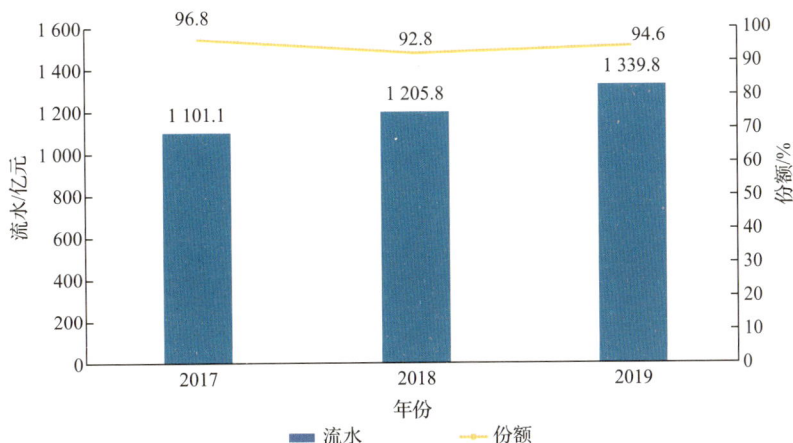

图 3.4.2 流水 TOP250 中国产移动游戏总流水及所占份额

数据来源：伽马数据。

2018 年和 2019 年移动游戏流水预算 TOP10 中数据显示，《王者荣耀》《梦幻西游》强大的吸金能力依然稳居前两位（表 3.4.1 和表 3.4.2）。与 2018 年相比，流水 TOP10 产品重合度较低，仅五款产品相同，其余五个席位分别被三款新游戏、两款老游戏占据，其中《率土之滨》《神武 3》上线时间均较长，但 2019 年流水反增，首次进入流水 TOP10 年度榜单。2019 年发布的新游戏流水榜单中，MMORPG（大型多人在线角色扮演游戏）占据四席，并且几乎都是腾讯和网易的游戏，而《明日方舟》是唯一入榜的小规模企业产品。

表 3.4.1 2018 年手游流水预算 TOP10

排名	游戏名称	游戏类型
1	《王者荣耀》	MOBA
2	《梦幻西游》	回合制 RPG
3	《QQ 飞车》	竞速
4	《乱世王者》	SLG
5	《一梦江湖》	ARPG（MMO）
6	《阴阳师》	回合制 RPG
7	《大话西游》	回合制 RPG
8	《QQ 炫舞》	音舞
9	《倩女幽魂》	ARPG（MMO）
10	《我叫 MT4》	ARPG（MMO）

表 3.4.2 2019 年伽马数据游戏流水测算榜 TOP10

排名	游戏名称	游戏类型
1	《王者荣耀》	MOBA
2	《梦幻西游》	回合制 RPG
3	《和平精英》	射击
4	《完美世界》	ARPG（MMO）

续表

排名	游戏名称	游戏类型
5	《QQ飞车》	竞速
6	《阴阳师》	回合制RPG
7	《大话西游》	回合制RPG
8	《率土之滨》	SLG
9	《神武3》	回合制RPG
10	《跑跑卡丁车官方竞速版》	竞速

3.4.2　赞助多元化

近几年，电子竞技产业进入黄金爆发期，电子竞技将向传统的竞技体育项目靠拢，最终普及成类似世界杯、NBA等高度的商业化、职业化体育赛事。电竞市场规模的扩大也为行业跨界带来了前所未有的机遇。赞助商从电子产品厂家转向汽车、化妆品、食品、外设和硬件厂家。现场核心赛事、直播版权出售、冠名商业赞助、媒体直播平台、电竞衍生品销售、电竞综艺演出、电竞主题文化等，形成电竞泛娱乐中心，吃喝玩住，每一个环节都会充斥着电竞元素（图3.4.3和图3.4.4）。

图 3.4.3　电竞俱乐部赞助（部分）

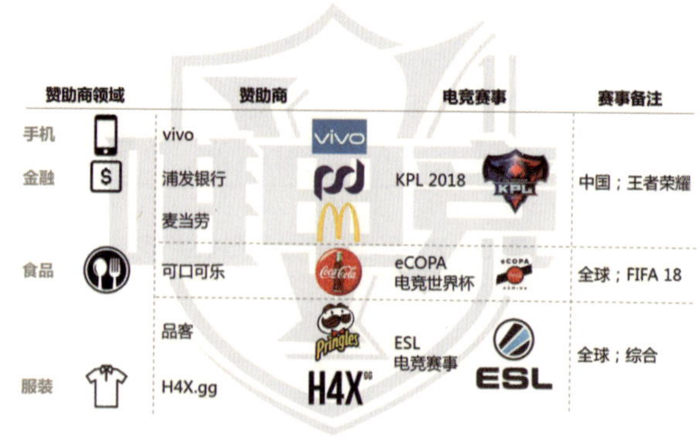

图 3.4.4　电竞赛事赞助（部分）

电竞俱乐部的运作离不开赞助商，赞助商主要提供经费、实物或相关服务等支持，而电竞俱乐部或赛事组织者为赞助商进行商业宣传，形成互利关系。业余战队一般无赞助商，或由网吧和个人提供赞助。而职业战队则更多由企业与电竞俱乐部达成合作关系，并提供赞助。以前国内电竞赛事和战队对赞助商基本没有要求和选择，但随着电子竞技产业的发展，国内电竞赛事和战队对赞助商的选择也越来越慎重和专业。

电子竞技产业急速增加的关注度，是吸引品牌赞助的关键。近年来，电竞比赛的观众数量和收视率一直在提升，比赛的人气也吸引了众多知名品牌的参与。据Newzoo统计数据，2018年全球电竞行业赞助费收入达到3.59亿美元，同比增长53.2%；2019年电竞产业的广告、赞助和媒体授权品牌投资收入达到8.97亿美元。其中，赞助费收入达到4.57亿美元，自2015年以来，品牌赞助的金额提高了近2倍（图3.4.5）。

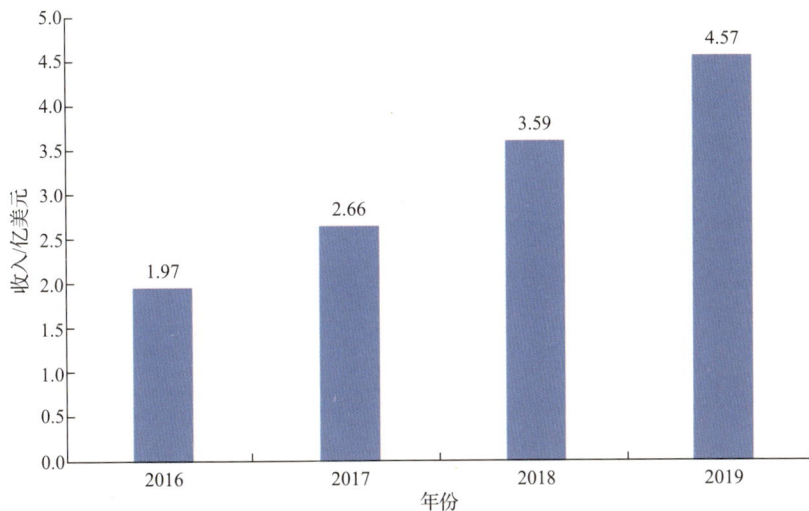

图 3.4.5　2016～2019 年全球电竞行业赞助费收入情况

3.4.3　赛事职业化

2019年4月，人力资源社会保障部、国家市场监管总局、国家统计局正式向社会发布了13个新职业，其中就包括电子竞技员、电子竞技运营师两个电竞方面的新职业。人力资源社会保障部通过发布新职业信息对其进行规范，有助于加快开发就业岗位，扩大就业容量，强化职业指导和就业服务，促进劳动者就业创业。从电竞运动员注册制管理到定义职位，这让中国电竞人有了一个正式的身份。以赛事为核心的中国电竞，职业选手就是电竞核心价值的承载体。电子竞技运营师则为赛事保驾护航，赛事的进行离不开运营师的运营和管理。

1. 电子竞技运营师

电子竞技运营师是在电子竞技产业从事组织活动及内容运营的人员。主要工作包括：进行电竞活动的整体策划和概念规划，设计并制订活动方案；维护线上、线下媒体渠道关系，对电竞活动的主题、品牌进行宣传、推广、协调及监督；分析评估电竞活动的商业价值，确定活动赞助权益，并拓展与赞助商、承办商的合作；协调电竞活动的各项资源，组织电竞活动；制作和发布电竞活动的音视频内容，并评估发布效果；对电竞活动进行总结报告，对相关档案进行管理。

2. 电子竞技员

电子竞技员是从事不同类型电子竞技项目比赛、陪练、体验及活动表演的人员。主要工作包括：参加电竞项目比赛；进行专业化的电竞项目训练活动；收集和研究电竞战队动态、电竞游戏内容，提供专业的电竞数据分析；参与电竞游戏的设计和策划，体验电竞游戏并提出建议；参与电竞活动的表演。

当产业规模超过千亿元，形成巨大的产业链之后，是不可能独立于政府机构而进行管理的。对电子竞技产业管理的规范化和职业化是必然的趋势，也是行业最终的走向。规模的扩大意味着人力资源需求的扩大，行业的规范化管理，也有利于保障从业人员的切身利益。电子竞技已然成为时代的新宠，作为一项正式的体育项目，它正在逐步被纳入国家正式体育管理体系之中。

3.4.4　职业标准化

我国电子竞技产业正处于蓬勃发展时期，行业人才缺口高达50万之多，尤其是电竞运营人才及相关培训讲师更是稀缺。另外，许多客观存在并形成一定市场规模的周边产业的相关职业也没有引起国家的注意及相应的方向引导和职业规范，缺标准、少规范亦是电子竞技产业发展中凸显的主要问题。

为推动电子竞技产业并保障该行业健康和良性发展，发挥行业协会在市场资源配置中的重要作用，中国通信工业协会于2017年8月25日批准成立中国通信工业协会电子竞技分会（图3.4.6）。电子竞技分会是跨部门、跨地区、跨所有制的全国性行业组织和非营利性社会经济团体，接受中国通信工业协会的组织领导、工业和信息化部的行业指导和监督管理。该分会的宗旨是联合国内致力于电子竞技产业发展与应用推广的企事业单位及个人，在平等互利、优势互补、资源共享、合作共赢的原则下，积极推动电子竞技产业产品的自主创新与科学发展；在行业主管部门与相关政府部门的领导与指导下，提出促进产业与应用发展的建设性意见，协助相关政府部门研究制定有利于电子竞技发展与应用示范工程建设的重大产业政策、应用促进条例、标准体系和测试平台；为会员和企业服务，为政府服务，为社会服务；在政府和会员以及企事业单位之间发挥桥梁和纽带作用，促进国内电子竞技产业健康可持续发展。

图 3.4.6　中国通信工业协会电子竞技分会成立的通知

中国通信工业协会电子竞技分会成立后，着手建立"中国电子竞技标准体系"（图 3.4.7），搭建"电竞产品（软、硬件）测试认证平台""电竞安全服务平台""电竞教育培训平台""电竞产业投融资平台""电竞国际交流合作平台""电竞媒体报道平台""电竞赛事运营平台""电竞双创平台"八大平台。

图 3.4.7　电子竞技相关标准立项书

中国通信工业协会电子竞技分会在 2019 年 6 月正式发布《中国电子竞技产业标准体系》标准之后，于 2019 年 7 月又正式发布《电子竞技陪练师》职业技能标准。建立面向全社会的电子竞技陪练师职业技能认定平台，推出相应的职业技能证书，开创性地为我国电竞周边产业中所蕴含的新职业立标正名，在行业内引起巨大的反响，深受电竞人才的欢迎（图 3.4.8）。

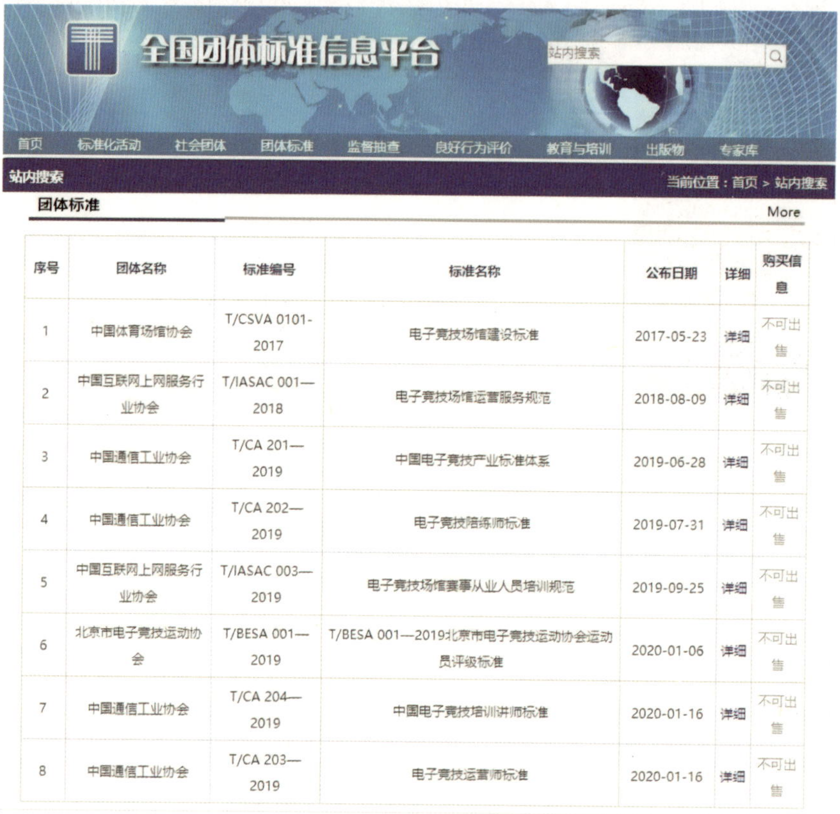
全国团体标准信息平台
站内搜索
首页 标准化活动 社会团体 团体标准 监督抽查 良好行为评价 教育与培训 出版物 专家库
站内搜索 当前位置：首页 > 站内搜索
团体标准 More

序号	团体名称	标准编号	标准名称	公布日期	详细	购买信息
1	中国体育场馆协会	T/CSVA 0101-2017	电子竞技场馆建设标准	2017-05-23	详细	不可出售
2	中国互联网上网服务行业协会	T/IASAC 001—2018	电子竞技场馆运营服务规范	2018-08-09	详细	不可出售
3	中国通信工业协会	T/CA 201—2019	中国电子竞技产业标准体系	2019-06-28	详细	不可出售
4	中国通信工业协会	T/CA 202—2019	电子竞技陪练师标准	2019-07-31	详细	不可出售
5	中国互联网上网服务行业协会	T/IASAC 003—2019	电子竞技场馆赛事从业人员培训规范	2019-09-25	详细	不可出售
6	北京市电子竞技运动协会	T/BESA 001—2019	T/BESA 001—2019北京市电子竞技运动协会运动员评级标准	2020-01-06	详细	不可出售
7	中国通信工业协会	T/CA 204—2019	中国电子竞技培训讲师标准	2020-01-16	详细	不可出售
8	中国通信工业协会	T/CA 203—2019	电子竞技运营师标准	2020-01-16	详细	不可出售

图 3.4.8　电子竞技相关标准的发布

2020 年 1 月，国家标准化委员会所属全国标准化信息平台正式发布了《电子竞技运营师标准》《游戏代练师标准》《中国电子竞技培训讲师标准》三项职业技能标准（图 3.4.9），为我国电子竞技产业的人才培养、职业技能培训树立了行业标杆，指明了培养、培训的专业方法和方向，具有重要的现实意义。标准出台后，从业者将被要求持证上岗，相关单位还将研究制定统一、规范的职业培训教材，并制定职业考核题库，设立专门的考试网点。

2020 年 1 月 17 日，由中国文化管理协会主办、中国文化管理协会电子竞技管理委员会承办的“电子竞技员”国家职业技能标准开发启动会召开，会上邀请到国家职业标准制定专家、电子竞技行业专家和相关企业、俱乐部负责人，共同研讨制定国家新职业电子竞技员的职业技能标准。其中，电子竞技员国家职业标准将包括职业概况、基本要求、工作要求和比重表等方面内容，并对该职业的活动范围、工作内容、技能要求和知识水平作出明确规定。

图 3.4.9　电子竞技相关职业技能标准

3.4.5　市场规模化

目前中国已成为全球电子竞技产业发展最快、最受关注的国家之一，并成为全球首个开展电竞主客场的地区。2019 年是非常关键的一年，初步奠定了中国电子竞技产业在国际市场的正式地位。2019 年备受瞩目的 Ti9 在上海成功举办；2020 年 S10 全球总决赛也再一次来到中国。

1．电子竞技产业链

经过数年的发展，我国电子竞技产业链已趋于成熟，各环节专业化和细化程度较高，但其基本结构仍然是上游（游戏内容提供方）、中游（赛事举办方和内容制作方）、下游（内容传播方）。除此之外，整个产业链还涉及政策监管、电商渠道、商业赞助等环节（图 3.4.10）。

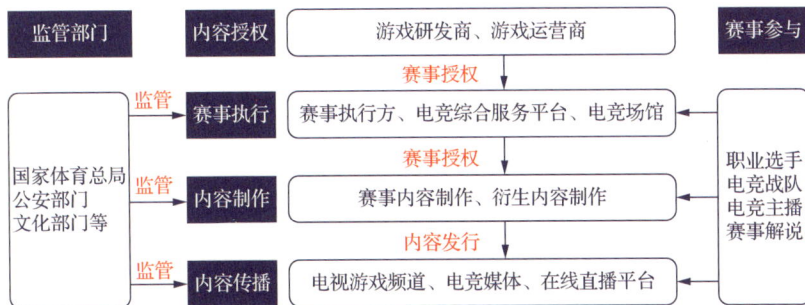

图 3.4.10　中国电子竞技产业链结构图

2．电子竞技产业市场规模

近年来，我国电子竞技产业规模迅速扩大，行业处于快速发展的过程中。根据伽马数据，2018 年我国电子竞技产业规模已经超过了 900 亿元，达到 912.6 亿元，同比增长 18.1%。预计未来在主流网络与电竞游戏融入、娱乐观念转变、新兴技术推动、电子竞技赛事进化等多重因素的影响下，行业还将继续保持快速发展的态势。

过去 3 年内，我国电竞用户数量增长率持续保持在 20% 以上，随着英雄联盟世界总决赛等诸多头部电竞赛事在我国举办，进一步推动中国电竞用户规模迅速增长。伽马数据显示，2018 年，我国电竞用户规模达到了 4.28 亿人。

学习评价

进行学习评价，并在"总结与反思"栏内写下自己的学习总结。

学习评价表

评价内容	自我评价			教师评价	
	基本了解	熟悉掌握	理解运用	合格	不合格
电子竞技产业链构成					
电竞游戏的研发与运营					
游戏的独立运营与联合运营					
第一方赛事和第三方赛事的区别					
电竞俱乐部管理					
电竞赛事解说					
电竞媒体传播					
电子竞技产业特征					

总结与反思：

教师签字：

单元测试

一、填空题

1．电子竞技产业链以电竞赛事为核心，按是否拥有赛事品牌与赛事招商的自主权，赛事运营又可分为 _____ 赛事运营和 _____ 赛事运营两大类。

2．根据运行平台的不同，游戏研发的主要方向是端游和 _____。

3．电竞赛事代表作《英雄联盟》是由 _____ 游戏公司研发的。

4．腾讯已经成为全球收入最高的游戏公司，腾讯公司以工作室模式负责游戏的研发，旗下有 5 个工作室群，分别是 _____、_____、北极光、魔方和波士顿。

5．游戏研发企业自己组建运营团队、搭建运营平台，自主完成游戏的研发、测试、推广、维护及盈利，该模式称为 _____ 运营。

6．电竞俱乐部的经营管理类似于传统竞技体育项目，主要包括 _____ 和 _____ 两大部分。

7．国内知名的电子竞技战队有 _____、_____、_____、_____ 等。

8．目前国内知名直播平台有 _____、_____、_____、_____ 等。

9．2019 年 4 月，人力资源社会保障部、国家市场监管总局、国家统计局正式向社会发布了 13 个新职业，其中就包括 _____、_____ 两个电竞方面的新职业。

10．中国电子竞技产业链结构中的内容制作包含赛事内容制作和 _____。

二、简答题

1．简述电竞赛事解说的基本要求。

2．简述电子竞技产业的特征。

3．在电竞赛事中，第一方赛事与第三方赛事的区别有哪些？

4．电竞俱乐部的盈利方向主要有哪些？

5．游戏运营中的社区运营主要有哪些内容？

4 单元 电竞人才培养

单元导读

电竞行业的产生、发展和繁荣，带来很多新的职业和人才需求，同时随着行业的不断壮大，相关行业人才的需求也越来越大。如今电竞人才需求已经有很大的缺口，这给电竞行业带来了新的思考，如何培养更多、更优秀的电竞人才成为当前行业急需解决的大问题。

学习目标

- 了解电竞行业细分及关系；
- 理解电竞行业岗位及职责；
- 了解电竞人才培养现状；
- 理解电竞人才培养的方向；
- 知道电竞人才培养的途径；
- 熟悉电竞行业的就业渠道及职业发展。

思政目标

- 树立法治意识、规则意识，遵纪守法，自觉践行职业守则；
- 培养公平公正、诚实守信、勇于开拓、积极创新的良好品格。

4.1　人才需求

4.1.1　行业细分

　　电子竞技作为一个新兴行业，吸引着大量有活力和想法的年轻人。人力资源社会保障部数据显示，当前中国电子竞技员整体从业规模超过 50 万人。从 2019 年入选新职业到如今纳入就业统计，电子竞技作为一个就业方向的重要性正在不断增加。2019 年中国整体电竞市场的增长主要来自电竞生态市场规模的快速扩张。尽管新冠肺炎疫情对 2020 年的电竞行业，尤其是线下环节造成一定的影响，但得益于电竞游戏市场的稳定发展及游戏直播平台的收入增长，整体电竞市场规模仍保持平稳的上升趋势。电子竞技运动有多种分类和项目，但核心一定是对抗、比赛。在当今整体环境下，电子竞技正在成为一种全新的体育运动。

　　因此，电竞行业是一个十分有前景的行业，发展迅速，经济效益和社会影响都非常大，其行业涉及广泛。根据电竞行业的特殊性，其涉及产业有上游产业（游戏的开发与授权）、中游产业（电竞赛事）及下游产业（赛事传播及增值服务）。电竞行业产业链的关系如图 4.1.1 所示。

微课：人才需求

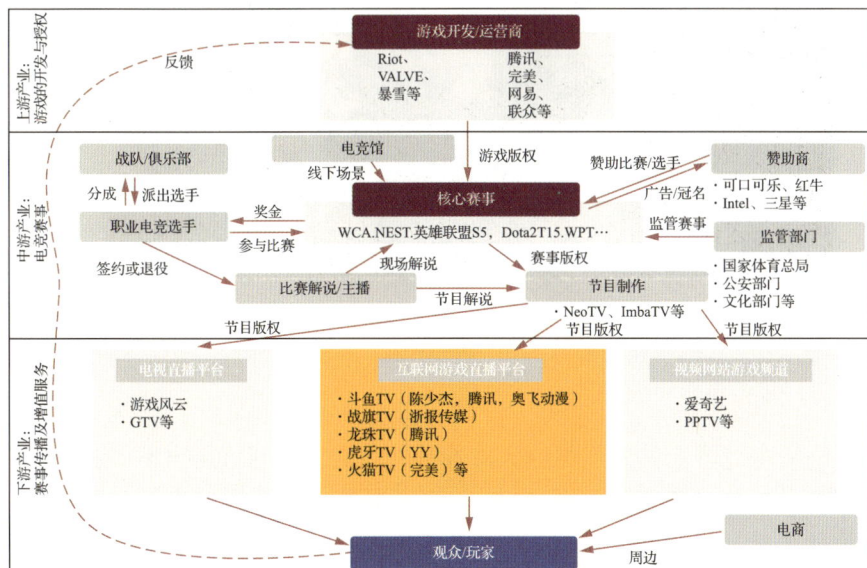

图 4.1.1　电竞行业产业链的关系

4.1.2　岗位方向

根据电竞行业中的相关产业及其关系，电竞从业人员的岗位有职业电竞选手、电竞俱乐部管理、赛事营运、电竞解说团队、电竞数据分析师、电竞教练等。

1. 职业电竞选手

说起电竞，人们会联想到那些在赛场上操作如飞的职业选手，可谓风光无限，但这些职业选手所付出的努力和艰辛却是常人无法想象的。要想成为顶级选手是非常不容易的。国内顶尖的职业电竞俱乐部不过几十家，能站在最高领奖台的选手也不过几十人，他们通过这个职业可以获得丰厚的收入，但职业生涯很短暂。在长年累月的高强度训练之下，电竞选手都有不同程度的伤病，如腰肌劳损、肌鞘炎、关节损伤、颈椎病等，很多优秀的电竞选手因伤病不得不停工甚至退役。所以，要想做职业电竞选手，真的不是件容易的事。图 4.1.2 为电竞赛场上的职业选手。

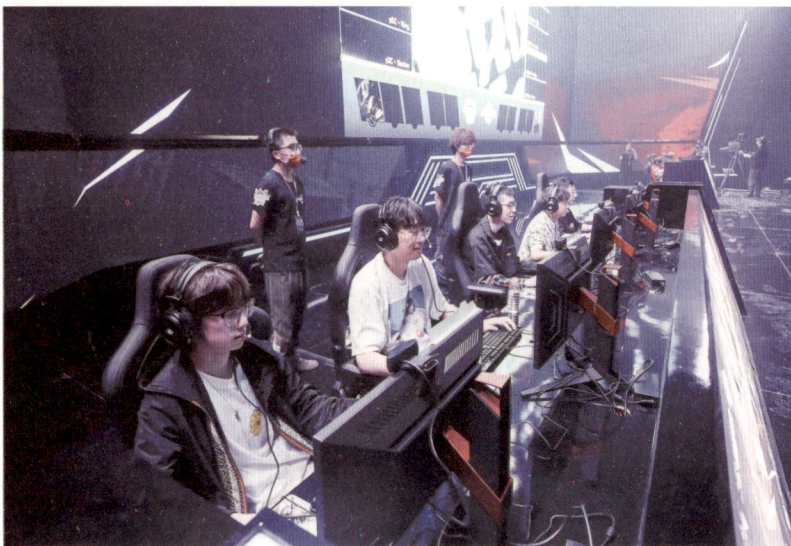

图 4.1.2　电竞赛场上的职业选手

2. 电竞俱乐部管理

随着电竞行业的发展与壮大，各种专业的电竞赛事层出不穷，出现了大量专业的电竞俱乐部（图 4.1.3）。电竞俱乐部的管理与营运及发展都有较高的要求，要成为一个高效、有生命力的俱乐部，就需要大量的具有专业技术能力的管理和营运人员，如领队、教练、商务、营销、助教、翻译（电竞战队运营和管理），赛事策划、赛事运营、赛事营销、赛事导播、赛事解说（电竞赛事组织与管理），视频后期、视频编导、自媒体运营（电竞媒体与新闻）；助理、电竞主持人（电竞演艺和主持），游戏运营、游戏策划、品牌宣传（游戏策划和运营），等等。目前，这方面的人才需求较大，人才紧缺，需要中职学校、高职学校及其他专业机构来承担电竞人才培养的工作。

图 4.1.3　VG 电子竞技俱乐部

3．赛事营运

电竞赛事（图 4.1.4）是一个复杂体系，包括赛事策划（筹备）、赛事宣传、赛事执行、反馈总结四个环节。所以，电竞赛事团队就显得非常重要。

图 4.1.4　电竞赛事现场（1）

一个完整的电竞赛事团队由以下人员组成。

1）赛事团队

赛事团队主要负责：赛事团队的建立；团队培训（电竞方面）；整体赛

事方案的制订；时间节点的把控；赛事宣传的跟进；赛事执行过程的监督；接收并整理团队反馈的表格及素材；及时调整以符合要求；赛事总结与反馈等任务，对整个赛事有整体把控能力。

2）赛事宣传团队

赛事宣传团队主要负责：宣传物料的设计、制作、布置，赛事 QQ 群、微信群（可以利用网吧的会员群）的宣传，网络宣传软文的制作与发布，赛事宣传素材的收集、整理，电竞赛事相关照片、视频的拍摄、收集与整理，现场观众的组织，比赛氛围的营造，等等。赛事宣传团队能够有效提高赛事的影响力和赛事效果，有利于推动电竞行业的进一步发展（图 4.1.5）。

图 4.1.5　电竞宣传图

3）赛事执行人员

赛事执行人员是整个赛事过程中的重要环节，主要负责：确定赛事裁判、赛事保障团队、主持人、解说员；完成赛前报名队伍信息的统计、报名通道的录入等；赛前参赛队伍的确认与接待；确定赛制赛程，抽签分组；组织比赛，并处理比赛中相关问题；督促赛事宣传团队根据组委会要求拍照；赛事相关数据统计整理；赛事反馈统计等，确保赛事顺利进行。

4）赛事保障人员

赛事保障人员主要负责机器调试、账号测试、比赛过程、现场画面、硬件维护方案、突发事件处理预案，现场直转播布置等，为赛事顺利推进保驾护航。

电竞赛事就像一场马拉松，准备了环境优美的场馆、强大的硬件设备、充足的人员保障，就该有充足的内容（赛事及相关活动）、强大的宣传手段、井然有序的赛事执行、及时的反馈总结（图 4.1.6）。

图 4.1.6　电竞赛事现场（2）

4．电竞解说团队

解说一直以来都是赛事运营中不可缺少的一项，如今电竞行业发展迅速，电竞解说人才自然成为很多电竞赛事运营商争夺的目标。

电竞解说团队通常由 2～3 人组成，共同完成解说工作。一般在两位电竞解说员组合中，通常一人承担画面描述，另一人负责评论和分析。对于一场电竞比赛，就算是经验丰富的电竞解说员也要花上一天时间来准备，熟悉赛制、计划、战队、选手等信息。电竞解说员应对游戏中英雄的属性、出装特别熟悉，故需要花很多时间去记忆各种数据。在电竞比赛现场，一位知名电竞解说的吸睛度和人气并不比一位职业电竞选手弱。一些知名电竞女解说员在圈内备受"粉丝"追捧。

5．电竞数据分析师

关注电子竞技的人都知道，每个电竞俱乐部在每个电竞项目上都会有教练组和数据分析师团队。一支战队的强大，不仅要有好的选手、教练，还要有强大的数据分析师团队。

数据分析师就是记录和分析每场比赛的数据，无论是对战双方 BP（ban/pick，禁用 / 选用）的英雄、擅长使用的英雄、版本强势英雄、反制（counter）英雄的选择、插眼的时间和位置、覆盖的区域、选手的习惯和小动作等，均要一一记录并加以分析。图 4.1.7 所示为电竞角色数据分析图。

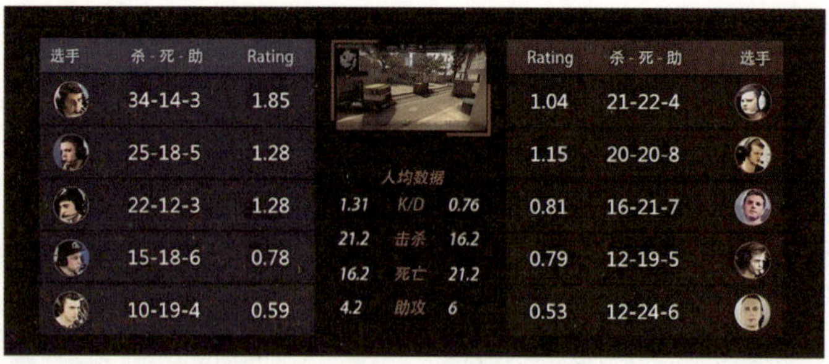

图 4.1.7　电竞角色数据分析

电竞数据分析师的作用就是掌控一场比赛的数据，进而把握整场比赛，让人有一种选手面对的并不是一个强劲的对手，而是一组庞大的数据的感觉。通过数据分析师进行团队记录和分析，很多套路被解析清楚，每场比赛的 BP、对手的开团小动作，以及每场团战的胜率及开团时机都被分析得非常透彻，这会让战队变得更强大。

6．电竞教练

电竞比赛的获胜不仅需要选手出色的临场发挥，还需要教练具有掌控全局的能力。只有在正确的战术指导下，加上选手与教练的完美配合，才能赢得电竞比赛的胜利。可以说，电竞教练在一定程度上充当了战队领路人的角色。教练除了要照顾选手的生活起居，还要研究游戏、研发战术、制定阵容（图 4.1.8）。下面以《英雄联盟》为例说明教练的作用。

图 4.1.8　电竞教练

在电竞项目《英雄联盟》中，英雄选择和选手状态极为关键。在比赛开始之前，教练会收集对方队员近期的状态信息和常用英雄列表，从而推断出本场比赛中对方可能选择的英雄。同时，教练也会根据对方战队近期队员的能力数据图表，来制定有针对性的措施和打法。例如，对方战队的

C 位（carry/core 位，核心位置）可能会选出哪个英雄，在数据图表中会显示出对方战队 C 位近期常用英雄的频率，从而给己方战队选出具有针对性的阵容，让战队的打法更强劲，在进入敌方野区时采取有效措施，让战队队员明白最佳的开团时机，通过阶段性的胜利来获取最后的胜利。

在比赛现场，教练的主要职责就是根据平时收集的数据针对对方战队选择合理临场搭配组合。自信的教练会要求队员必须使用自己制定的战术，并且根据战术选出具体的 ADC（attack damage carry/core，普通攻击连续输出核心）、上单、中单等英雄。教练也会及时和队员沟通，尽量让队员既可以选择自己熟悉的英雄，又可以搭配出能攻能守的阵容。数据图表会明确显示近期对方战队选手的 KDA（kill death assist），即击杀数量、死亡次数和助攻数量，教练可以借此细致入微地分析每个环节，甚至还会精确到推塔数量、小龙和大龙的数量，以此来制定战术。教练要精准确定每个英雄的定位，了解英雄可能会切换的打法，对于能够同时胜任两个位置的英雄，需要对变数信息进行收集，根据变数信息制订多种应对方案。数据图表还会显示对方战队的短板英雄和对线压制英雄，如长手英雄可以在前期发挥什么样的作用，在打团之时能够打出多少输出。版本更新也要纳入数据图表，对版本更新涉及的一切数据进行统计、分类，从而达到有预见性地选择阵容，制定出适合当前版本的战术体系（图 4.1.9）。

图 4.1.9　电竞教练指导训练

电竞教练能够通过数据图表找出获得胜利的捷径，通过各种数据的整合和处理，最终制定性价比最高的阵容和战术，让选手在比赛之前就取得一定的优势。由此可见，电竞教练在战队中的作用非常重要。

4.1.3　电竞人才缺口

2019 年 6 月 8 日，人力资源社会保障部发布的《新职业——电子竞技员就业景气现状分析报告》显示，我国已经成为世界上最具影响力和最有潜力的电子竞技市场，同时对于高层次、高水平、高素质的电子竞技选手、电竞战队教练、电竞数据分析、电竞项目陪练等相关岗位的需求也变得越来越迫切。据不完全统计，目前只有不到 15% 的电子竞技岗位处于人力饱和状态，预测未来 5 年电子竞技员人才需求量近 200 万人。图 4.1.10 所示为中央电视台对电竞人才缺口的报道。

图 4.1.10　中央电视台对电竞人才缺口的报道

2019 年 4 月，人力资源社会保障部、国家市场监管总局、国家统计局联合发布通知，确认了 13 个新职业信息，其中包括电子竞技员、电子竞技运营师等职业。同月，国家统计局将电子竞技归为职业体育竞赛表演活动，与足球、篮球、排球三大球属同类型。

我国正在运营的电竞战队（含俱乐部）多达 5 000 家，电竞人才缺口达到 100 万。要把电竞行业推向更高层次，首先要解决人才缺口问题。

4.2　人才培养

微课：人才培养

近年来，随着我国电竞行业的快速发展，人才缺口问题也逐渐暴露出来。自 2016 年教育部增补"电子竞技运动与管理"专业以来，已有一些高校开设了电子竞技专业。教育界人士指出，由于电竞行业发展时间短，尚未形成系统的人才培养体系，师资、教材的短板亟待补齐。

4.2.1　人才培养现状

目前，中国已经成为全球最大的电竞市场，随着 5G 的普及，电竞产业将得到飞速发展，产业规模将突破 1 000 亿元，甚至更高，产业人才缺口大，尤其缺少基础岗位人才。

对于电竞行业来说，人才不仅包括电竞选手，还有俱乐部经理、赛事运营经理、教练、裁判、解说员以及赛事导播等经营管理人才和基础岗位人才。这些岗位需要从业者对电子竞技规则及运作模式都有深入的了解。例如，一个合格的电竞解说员，既要有播音主持的功底，也要懂电竞游戏，能够掌控赛场节奏。这样的人才目前非常稀少，在实际工作中磨炼培养，速度慢且成本高，所以急需电竞教育（图 4.2.1）来补充产业人才。

图 4.2.1　学校电竞实战

电竞行业作为一个新兴产业，所需的专业教育严重不足。2016 年 9 月，教育部发布《关于做好 2017 年高等职业学校拟招生专业申报工作的通知》，在补增的 13 个专业中，"电子竞技运动与管理"被正式纳入教育大类下的体育类。此后，不少高校纷纷开始进入电子竞技领域，开设了相关专业方向或课程。目前，开设电竞专业 / 方向的专科院校远远多于本科院校，但总体数量远不能满足需要。2019 年 4 月，人力资源社会保障部、国家市场监管总局、国家统计局确认了电子竞技员、电子竞技运营师等新职业信息，将电竞行业所需的专业教育提到了相当高的层面，推出电竞专业的高校将会越来越多，甚至有少部分中职学校也开设了电竞专业，反映了专业教育顺应市场和时代发展的需求。随着电竞专业教育不断发展，越来越多的具有专业知识、专业能力的各类电竞人才将加入电竞行业，逐渐缓解行业人才短缺的局面，必将极大地推动电竞行业不断发展和壮大。

4.2.2　人才培养方向

新兴的电竞行业，人才需求庞大，涉及的人才类型多，那么，"电竞专业该培养哪些人才""如何培养人才"就成为摆在各学校电竞专业面前的难题。电竞行业还在起步阶段，需要建立各种标准，不断探索，在实践中找到合适的发展道路。就当前电竞产业的构成来说，电竞人才培养要适应市场需求。现阶段，电竞人才主要有以下几个方向的需求。

1. 电竞技术类方向

电竞技术类人才主要包括职业选手、数据分析师、教练等。电竞游戏操作水平较高、对游戏理解较为透彻或对比赛分析、战术设计和选手分析较为擅长的学生，毕业后可以进入职业的电竞俱乐部或战队从事职业选手、数据分析师、教练等工作。图 4.2.2 所示为电竞数据分析。国内较为知名的电竞俱乐部有 WE、WNV、BET、UST、colorful、pgl 等。

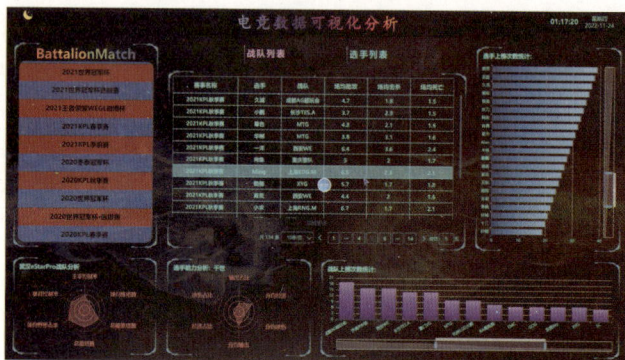

图 4.2.2　电竞数据分析

2. 裁判类方向

电竞裁判（图 4.2.3）属于电竞赛事执行人员，目前国内已设立电子竞技裁判员证书，但拥有该证书的专业裁判员数量极其稀少。电竞裁判员除需要有赛事组织、报名信息对比、计算机调试、直播推流、作弊监督等能力，还需要熟悉各种电竞项目，熟悉比赛规则，善于沟通。

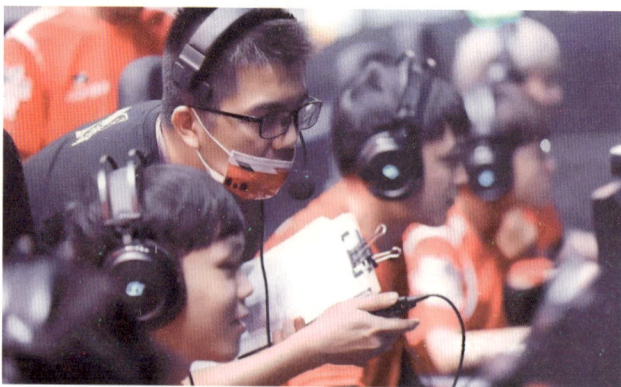

图 4.2.3　电竞裁判

3. 赛事活动类方向

高校赛事活动类专业方向主要培养赛事组织、管理、运营等方面的人才。毕业生可以选择进入电竞赛事主办承办或执行机构，负责赛事策划、执行和评判裁定等相关工作，其中部分口才、外形较好或操作水平较高的毕业生可以向赛事解说方向发展。图4.2.4所示为大型电竞赛现场。近年来，各种电竞赛事层出不穷，但赛事举办水准及赛事质量参差不齐，原因是国内电竞赛事领域缺乏专业人才，从业人员普遍缺乏参加或举办电竞赛事的经验，未曾接受过相关的培训。目前国内电竞市场对专业的赛事策划执行人员的需求不断提升，而电竞专业毕业生因接受过专业系统的教育，具有很大的优势。另外，优质的电竞赛事解说一直是电竞行业的高收入人群，较高的曝光度会带来更多的发展机遇，对于游戏操作水平较高、口才较好的电竞专业毕业生来说成为一名主播也是一种不错的选择。

图4.2.4　大型电竞赛现场

4. 体育医疗类方向

电竞康复理疗师是一个新兴的岗位，需系统掌握医学知识，并掌握有电竞行业特色的康复手段，如能针对电竞运动员多发的手部、腰部、脊椎等疾病进行理疗，帮助他们延长职业生涯。电竞心理咨询师是运用心理学相关知识，遵循心理学原理，通过心理咨询的技术和方法，引导电竞爱好者正确认识电子竞技，防止沉迷于网络游戏，并帮助电竞行业心理求助者解除心理问题，协助电竞运动员克服临赛前可能遇到的紧张等心理障碍。

5. 电竞媒体、内容制作类方向

电竞媒体、内容制作主要包括游戏视频制作、节目编导策划等。学生应掌握视频录制、剪辑制作等能力，掌握Premiere、After Effects等视频编辑软件的使用，毕业后可进入电竞传媒公司从事游戏视频制作、节目编导策划、宣传视频录制、网络媒体等工作。游戏视频作为重要的自媒体传播媒介，为自媒体平台导入大量的流量，随着国内电竞自媒体平台数量的不断增多，电竞行业对游戏视频制作专业人才的需求不断增加。近年来涌现的众多电竞文化传媒公司和平台，为行业输出大量优质的赛事转播和其他节目（图 4.2.5），需要越来越多的专业编导策划人员，急需大量内容制作类方向人才。

图 4.2.5　电竞媒体宣传

6. 电竞俱乐部方向

学生接受系统的体育管理学教育后可以在电竞俱乐部（图 4.2.6）、电竞协会或其他经营管理类部门工作，或者在电竞场馆中负责场馆运营、商务营销等工作。具体职位有俱乐部经理、战队领队、场馆运营等，主要负责所在机构的日常运营以及创造营收。随着电竞场馆建设标准出台，未来电竞场馆会有更多功能，其日常的运营、维护及商务营销都需要大量的专业人士来执行。

图 4.2.6　上海 OMG 电竞俱乐部

电子竞技专业并非专门培养职业电竞运动员，更多的是培养电竞行业从业人员，有针对性地培养职业技能及职业素养，让该专业的毕业生能在电竞行业中找到适合自己的岗位，发挥个人价值。目前，正值电竞行业蓬勃发展，电竞行业岗位缺口巨大，具备专业技能的人才较少，因此，电子竞技专业毕业生的就业前景十分广阔。

4.2.3　人才培养途径

对任何一个行业而言，人才的重要性不言而喻，电竞行业作为时下备受热捧的新兴行业更是如此。雅加达亚运会上，中国团队以两金一银的成绩完美收官，电竞职业选手成为国家荣誉的代表，使有关电竞人才的话题再次引发热议。其实，除了在赛场上风光无限的职业选手，对人才极度匮乏的电竞行业而言，此时入局的每一个"电竞人"都至关重要。

根据行业实际及发展需要，电竞人才培养途径主要有以下三种。

（1）高校新开设的电竞院校或电竞专业。图 4.2.7 所示为电子科技大学电竞中心。

图 4.2.7　电子科技大学电竞中心

（2）民间培训机构，如蓝翔电竞等（图 4.2.8）。

图 4.2.8　蓝翔电竞

（3）电竞俱乐部或企业的内部培训。

目前，很多高校已经开设了电竞学院或电竞专业，也有部分中职学校开设了电竞专业，大多以校企联合的形式来办学。随着行业标准的建立和完善，电竞人才的培养必将走向专业化、系统化，到时会有更多的专业电竞人才进入电竞行业，电竞行业也将得到更快更好的发展。

电竞人才培训是一个尚待开发的大市场，分布在电竞产业链上的各个企业出于自身发展的需求，或多或少都会涉及培训业务，其中以解说、主播占比较大。受制于人才培养周期较长，专业院校培养的人才尚未走入电竞行业，而企业内部培训的许多电竞人才已经加入该行业之中。不管是专业院校的系统化培训，还是相关企业的专项培训，都在为电竞行业输送人才，都在推动我国电竞行业的快速发展。

4.3　就业渠道与职业发展

微课：就业渠道与职业发展

大多数人对电竞行业的认知还停留在主播和职业选手这个层面，其实这只是电竞行业的冰山一角。高层次、高水平、高素质的职业电竞运动员、战队教练、数据分析师、电竞项目陪练、赛事组织运营、俱乐部经营管理等人才需求迫切。举办一场电竞赛事需要上百人的运营团队，但应届毕业生未必都了解电竞。例如，某电竞运营公司打算在某广播学院招聘一名赛事编导，但应聘者对电竞一无所知，无法执行一场赛事，这是人才缺口问题的关键。所以，经过专业的、系统培养的学生有着广阔的就业前景。

4.3.1　电竞选手

电竞选手又称电竞运动员，他们是电竞行业的核心要素。如果没有电竞选手之间的对抗，就不会有"电子竞技"之说。下面从几个方面来谈谈电竞选手。

1. 电竞选手的发展

电竞选手大致经历了自主发展阶段、探索阶段和系统科学发展阶段。

（1）自主发展阶段。在这一阶段，电子游戏玩家在游戏平台上已经形成竞技意识，但在游戏的对抗中，部分玩家已经从追求游戏的娱乐体验转向了比拼各自的竞技成绩。同时，游戏玩家自主划分出高级玩家、半职业选手、职业选手。随着电竞赛事活动的举办和电子竞技俱乐部的建立，发展形成了初步的电竞选手选拔体系，为电竞选手的选拔和培训奠定了基础。

（2）探索阶段。2003年，国家体育总局宣布电子竞技成为正式体育项目，官方正式承认了电竞选手的运动员身份。国际电竞赛事的举办让电竞选手们受到了激励，也自我认同自己电竞选手的身份。但2004年4月12日国家广电总局发布《禁止播出电脑游戏类节目的通知》，大批电竞节目停播，给电竞行业带来沉重打击，大部分电竞选手面临尴尬境地。他们仍希望探索出电竞选手和整个电竞行业的发展模式，在他们积极努力探索下，电竞选手通过直播平台分享自己的竞技经验和技巧，在线销售电竞精彩解说视频及相关电竞设备，开创了电竞行业发展的新模式。2013年，风云电竞馆在上海开馆，同年国家提出电竞裁判员资格证考试。

（3）系统科学发展阶段。由于国际电竞赛事的冠军资金丰厚，引发了人们对电竞行业的深度思考。随着大量资本涌入该行业，电竞选手的地位和待遇也大幅提高。国家进一步规范电竞裁判员的培训，通过理论授课和实践培训的方式，对电子竞技项目与规范进行宣传。此外，国内一些具有影响力的电竞俱乐部也完成了对电竞选手的选拔、培训和教育规划。电竞俱乐部在对电竞选手的培养上，一是进行有针对性的训练，二是通过与高校建立合作模式，对电竞选手的教育方式和教育内容进行了科学规划。2016年，中国传媒大学南广学院开设了第一个电子竞技方向的本科专业，引发了教育界和电竞行业对电子竞技的深度思考，同时也开启了电竞选手接受文化教育的新思路，电竞选手的发展进入系统、科学的新阶段。

2．电竞选手的培养

电竞选手与其他体育项目的运动员一样，都会经过层层选拔、筛选、训练和退役几个阶段。

（1）电竞选手的选拔。电竞选手的选拔主要有线上选拔和线下选拔两个渠道。线上选拔主要是电竞俱乐部在电竞游戏平台的排名中发掘优秀的、具有潜力的玩家来做预备选手，经过训练、培养和筛选去参加电竞比赛，由此向职业选手过渡。一些有志投身于电竞选手的玩家会在线下通过电竞俱乐部的测试后进入选拔阶段，实现由非职业的玩家向职业电竞选手的转变。大多数电子竞技选手是青少年，因此电竞俱乐部必须在得到其父母（或其他监护人）同意的情况下才能对他们进行甄选和训练。

（2）电竞选手的筛选。不同的电竞俱乐部，其筛选电竞选手的方式有所不同，但大致需要经历以下几个步骤：一是三方会谈，即俱乐部、预备选手和选手家长的会谈，主要是了解家长对孩子成为电竞选手的看法，并向家长和预备选手介绍相关的规章制度及考核标准，三方沟通无异议则通过初步筛选；二是对预备选手进行一系列反应测试、实战考验等，了解预备选手的反应速度、操作技术水平和技术风格；三是对预备选手进行必要的心理测试，测试预备选手的人格特征和职业倾向等，并对测试结果做简单的归档，方便日后对预备选手开展心理咨询和辅导。

（3）电竞选手的训练。电竞俱乐部主要是对选手进行技术训练、体能训练、战术训练、心理能力训练和知识能力训练等，并在实践中不断累积经验，不断调整各项训练的比例，以达到最优的训练效果（图4.3.1）。

图 4.3.1　电竞选手训练

（4）电竞选手的退役。多数电竞项目对年龄有一定的要求，选手到了退役年龄后如何进入社会再就业或继续接受教育，对整个电竞行业的良性发展有着深远的影响。解决好电竞选手退役问题，要切实考虑电竞选手的职业规划，将文化知识的学习和学习能力的提升纳入整个电竞选手的培养规划中。

4.3.2　赛事组织运营

电竞赛事是随着电竞行业的发展而发展起来的，赛事活动受到运营方自身条件的限制，也受到社会、政治、经济的影响，需要不断调整赛事的运营方式和活动形式。如今大型电竞赛事层出不穷，如《英雄联盟》S系列赛、《DOTA2》国际邀请赛、暴雪嘉年华等，电竞赛事发展成为集社会、政治、经济、文化等因素于一体的特殊活动。因此，电竞赛事组织运营需要强大的专业队伍，团队中的每个成员都要各司其职、紧密合作，只有这样，才能组织运营好电竞赛事。一场完整的电竞赛事一般可分为下面几个阶段。

（1）电子竞技赛事的选择。在这一阶段中，工作任务是确定受众群体对电竞赛事的需求，完成调研并进行数据分析，确认电竞赛事的活动项目并编制可行性分析报告。

（2）电竞赛事举办权的获得。大规模的电竞赛事属于大型公共事件，需要由当地政府批准。小型电竞赛事规模不大，决策程序相对简单。但是无论大型赛事还是小型赛事，都要提交举办赛事的申请材料，并开展筹备工作，必要时还要对赛事的申办进行现场陈述。

（3）电竞赛事方案的制订。这一阶段需要完成的工作有制作赛事预算、制订赛事运营方案。

（4）电竞赛事的组织筹备。这一阶段是电竞赛事的落地阶段，其主要工作有确认比赛场地的基础设施及比赛用品。在筹备比赛的同时，还要进行赛事的宣传和营销，以此扩大影响力，提升每一个潜在用户对电竞赛事的关注度。

（5）电竞赛事的举办和控制。这一阶段是对之前制订的计划和方案的具体实施（图4.3.2），此外，还要加强后勤保障及对突发事件的监控。这是整个赛事中最紧张也是最受关注的阶段。

图 4.3.2　《DOTA2》赛事现场

（6）电竞赛事的收尾。经过紧张的举办和控制阶段后，收尾阶段的主要工作是对电竞赛事的总结和评估，并对赛事结束之后的一些事务进行统一的布置和管理，如拆场、收视率调查及赛事余热宣传等。

组织一场电竞赛事，要让赛事能顺利进行，达到预期的效果，如何高效运营管理非常关键。赛事运营方必须有具体可行的方案和科学的管理方法，下面介绍几种管理方法。一是赛事生命周期管理法，这是所有赛事常用的方法。将赛事的整个生命周期划分为各个阶段并规定相应任务，对赛事进行全过程管理，根据不同的阶段采取不同的管理方法。二是行政管理法，就是运用行政手段对电竞赛事进行管理的方法。凭借执行命令、行政指导、行政规定和行政制度，各项管理任务的实现具有一定的强制性和垂直性。这种方法明确了责任，可以提高赛事的运营效率。三是目标管理法，就是将赛事的总目标分解成不同层次的子目标，通过沟通协商，将子目标分摊给各个部门，用子目标的完成实现总目标的完成。这种管理方法有利于明确每个工作人员的任务及责任，从而激发工作人员的主观能动性。

4.3.3　电竞俱乐部经营管理

电竞俱乐部是指具有独立经济实体的法人，以企业为组织形式，对电竞选手的训练、竞赛等事项进行管理和运营，提供电竞产品或表演服务，从中获得盈利，并具有相应的权利和义务的组织（图4.3.3）。我国电竞俱乐部经历了自主生长和经验借鉴探索期，积累了许多宝贵的经验，但因俱乐部管理人员素质参差不齐，没有相应的法律法规对电竞活动进行规范，所以我国的电竞俱乐部还处于初步发展阶段。

图 4.3.3　电竞俱乐部

1．国内电竞俱乐部现状

目前国内电竞行业比较火热，但电竞俱乐部的经营现状并不乐观。国内电竞俱乐部的收入来源主要包括投资人投入、冠名赞助商投资、企业和私人赞助、战队直营网店收入、直播平台收入、战队参与商业活动收入等。其中，俱乐部大部分收入来源于冠名赞助和投资人投入，自身没有形成强大的盈利能力。俱乐部管理人员的水平不高，以及年轻电竞选手文化水平不高，难以管理，都给俱乐部的长远发展带来隐患。另外，电竞俱乐部在对选手的培养方面更注重他们竞技能力的培养而忽视了对选手文化知识方面的教育，这加大了选手退役后再就业或再教育的难度。

2．国内电竞俱乐部的组成

国内大型电竞俱乐部一般有多个战队，分别负责不同的电竞项目。各战队会代表所在电竞俱乐部参加相应项目的电竞赛事，但战队之间并没有什么直接关系。电竞俱乐部要正常运营，还需要完善的人员配备，如投资方、总经理、市场运营人员、领队、教练、后勤保障人员甚至翻译人员。他们各司其职并相互配合，保证电竞俱乐部的正常运行。

3．国内电竞俱乐部的发展

（1）政府部门加强监督管理，明确对电竞俱乐部的监管，设立电竞俱乐部的上级管理部门，制定完善的法律法规，做到有法可依。

（2）加强对俱乐部管理人员的培训，从整体上提高管理人员的素质，提高他们的文化修养，帮助他们掌握专业的经营管理知识，使俱乐部进入良性的发展轨道。

（3）建立科学规范的人才选拔体系，提高职业选手待遇，保障电竞俱乐部的人才储备和可持续发展。

（4）针对电竞选手的年龄小、训练强度大、比赛压力大等特点，要加强电竞选手文化教育、心理调节与疏导。

只有多方共同努力，才能使电竞俱乐部发展得更好，更有利于整个电子竞技产业的繁荣与壮大。

4.3.4　电竞行业的其他就业门类

电子竞技产业具有庞大的产业链，除上述从业者外还有很多与之相关的就业门类，如电竞产品开发、电竞传媒制作、电竞相关技术人员、电竞内容制作等（图4.3.4）。电竞产品开发涉及游戏开发、电竞设备开发、电竞衍生产品开发等。电竞传媒制作是随着传媒业和电竞行业共同发展而兴起的一项新兴职业，工作内容包括电竞行业信息的收集和发布，电竞赛事宣传等。电竞相关技术人员主要是指为了电竞行业发展而参与进来的游戏开发人员，如软件开发人员、美工人员、建模人员、策划人员，视频录制、剪辑、配音、后期制作等专业人员等。电竞内容制作是指制作一批高质量的电竞内容项目，提升电竞行业的正面形象，加强玩家和职业选手的交流，扩大影响力，让更多的人参与到电竞行业中，从而有力地推动电竞行业的发展。

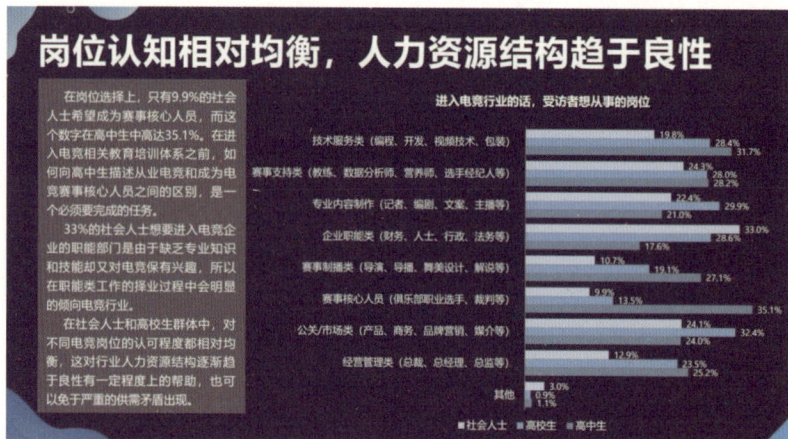

岗位认知相对均衡，人力资源结构趋于良性

在岗位选择上，只有9.9%的社会人士希望成为赛事核心人员，而这个数字在高中生中高达35.1%。在进入电竞相关教育培训体系之前，如何向高中生描述从业电竞和成为电竞赛事核心人员之间的区别，是一个必须要完成的任务。

33%的社会人士想要进入电竞企业的职能部门是由于缺乏专业知识和技能却又对电竞保有兴趣，所以在职能类工作的择业过程中会明显的倾向电竞行业。

在社会人士和高校生群体中，对不同电竞岗位的认可程度都相对均衡，这对行业人力资源结构逐渐趋于良性有一定程度上的帮助，也可以免于严重的供需矛盾出现。

图 4.3.4　电竞人才分配图

总之，电竞行业正处于蓬勃发展时期，行业人才严重缺乏，电竞行业发展大有可为，也必将为电子竞技追随者提供广阔的舞台。

学习评价 ☞

进行学习评价，并在"总结与反思"栏内写下自己的学习总结。

学习评价表

评价内容	自我评价			教师评价	
	了解	熟悉	理解	合格	不合格
电子竞技行业细分及关系					
电子竞技行业岗位及职责					
电子竞技人才培养现状					
电子竞技人才培养方向					
电子竞技人才培养的途径					
电子竞技行业就业渠道及职业发展					

总结与反思：

教师签字：

单元测试 ☞

一、填空题

1. 电竞行业涉及的产业有 _____、_____ 和 _____。

2. 电竞从业人员可选择的岗位主要有职业电竞选手、俱乐部管理、_____、_____、_____ 和电竞教练等。

3. 电竞人才培养的方向有职电竞技术类、_____、_____、_____、电竞媒体和内容制作类、电竞俱乐部六个方面。

4．电竞人才培养的三种途径是 _____、_____、_____。

5．电竞职业选手的发展经历了 _____、_____、_____三个阶段。

6．电竞选手的培养都要经过 _____、_____、_____、_____四个阶段。

二、简答题

1．简述电竞数据分析师的作用。

2．你对电竞解说有何认识？

3．简述一场电竞赛事活动推进必需的阶段。

4．简述电子竞技产业其他从业门类。

5 单元

电竞运动选材

单元导读

　　竞技体育运动的发展离不开优秀的运动员，我国之所以能够成为体育强国，与我国各运动项目的优秀运动员的不懈努力是分不开的。优秀运动员的培养则根据运动项目本身的特点，以及对运动员心理、身体的要求，从优秀苗子的选拔开始。所以，运动员选材是一个至关重要的问题。

学习目标

- 知道电竞运动员选材的原则、要素、方法、程序；
- 知道电竞心理能力及训练；
- 熟悉电竞战术策略及战术制定；
- 知道电竞数据分析的作用及分析方法；
- 了解电竞器材的类型；
- 熟悉电竞器材的选择。

思政目标

- 树立质量意识、安全意识，确保器材质量安全；
- 坚持公开、公平、公正原则，树立公平正义的人才选拔理念。

5.1 电竞运动员

随着竞技运动员训练理论、技术训练能力及战术技巧的不断提高，世界各国竞技体育间的交流愈加密切。世界各国之间，尤其是体育强国之间的训练条件和训练差异不断缩小，竞技运动水平很难在后天的运动条件上拉开距离。因此，运动员个人的先天条件更加重要，运动员的选材极为关键。

微课：电子竞技
运动员

5.1.1 电竞运动员选材的原则

运动员选材的目的是选出优秀的竞技运动员，这有利于完成竞技体育训练任务，有利于提高运动员成绩，有利于提高运动资源的利用率，有利于提高竞技体育的社会地位，产生良好的社会效益。那么，如何才能选出具有专项竞技能力天赋、潜能的运动员呢？应遵循以下几个原则来进行选材。

1．广泛性原则

想要挑选合适的少年运动员，首先必须组织尽可能多的少年儿童进行训练，只有广泛性地进行运动选材，才能有更多的机会发现具有竞技天赋的运动员。确保选材的广泛性，就要对全国各个地区、各民族的人才进行统计，制订并严格执行选材计划。广泛撒网的方式在选材初期非常重要，有利于更早、更多地发现人才，进行重点培养。

2．针对性原则

不同的竞技运动项目对运动员的素质要求是有区别的。运动员选材要在广泛性的基础上，针对竞技运动项目的人才要求，综合不同的选材方式、方法、内容，选拔出一批适合不同项目的专项运动员。例如，在足球运动中，耐力是选材的一项重要指标，但是在射箭项目中，耐力并不是最重要的选材指标。有针对性地进行科学选材，可以在训练中起到事半功倍的效果，反之就会走弯路，甚至作出错误判断，影响运动员先天素质的发挥。

3．科学性原则

在选材的过程中，选材的器具是科学有效的，选材的方法是经过科学验证的，选材的测试方法是有科学依据、统一规范的，针对测试结果的解释是客观而准确的。无论选材的方式、方法和内容如何随着时间进行更新，其中的科学性在任何时候都应成为运动选材的指导原则。

4．群因素分析原则

竞技运动员的竞技能力是在先天和后天这两个条件共同作用下形成的。针对这一点，在选材的过程中，为了更全面地进行高效的选材，就要对影响竞技能力的各种因素进行分析，从而得出更加客观的结论。在运动选材初期，先天素质更受重视，但后期的选拔过程中，会对运动员的后天运动能力进行客观的测量和分析。世界各国的著名运动员，有些因某些因素初期不被看好，但在后期的训练中爆发出惊人的实力，并在比赛中取得辉煌的成绩。先天因素并不是制约一个人运动能力的唯一因素，要科学、客观地面对选材中的各类因素，进行合理的分析和取舍。

5．经济性原则

运动员选材涉及大量工作和多项支出，在选材过程中应当做好科学统筹，最大且高效地进行人员安排和时间规划，减少不必要的经费支出，提高选材效率。

5.1.2　电竞运动员选材的要素

电竞运动能力是指电竞运动员参加训练和在赛场上发挥出的竞技能力。不同的竞技项目对运动员的竞技能力的要求也不尽相同，但无论是哪一种竞技项目，决定其竞技能力表现的主要因素都是在专项运动中表现的体能、技能、心理能力、战术能力和知识能力。

1．影响电竞运动员选材的主要因素

经过研究发现，影响运动员选材的主要因素有以下几个方面。

（1）选材对象的个人因素。主要包括遗传素质、年龄、形态、心理特征、运动体能和机能、运动技术、运动战术及智力和思想品质。

（2）各选材、训练层次之间的衔接。主要是选材对象要适应运动队员更新的节奏。在一支竞技队伍中，总会有新老更替的情况，所以在训练过程中需要有几个梯队进行更换补充，在由低层次向高层次过渡中，淘汰一些不适应的队员，使队伍的整体水平保持稳定。

（3）选材人员的能力水平。其中包括多学科的理论知识储备，关于运动员选材的基础知识、选材过程中的实践操作能力、专项或多项运动理论及实践知识和各个相关学科人员的配合。当前，电竞产业发展迅速，但是专业人才缺口巨大，不少电竞俱乐部处于缺兵少将的状态。以运营岗位为例，除部分大型电竞俱乐部拥有专业运营人才外，很多中小俱乐部的电竞运营师都是由电竞教练、选手、领队转型而来。受制于经验和平台，他们在管理、运营、选材方面的专业性有所欠缺。这是制约电竞运动员选材的

一个重要因素。

（4）选材的物质条件因素。选材的物质条件因素包括各项用来进行测评预测的仪器设备，投入选材的人力、物力、财力，组织机构，社会、家庭、环境影响以及生活、学习和训练条件等因素。

2. 电竞运动员选材的方法

电竞运动员选材的过程中，除了要依据科学的选材原则，认真、严格地考查对选材产生影响的各种因素，还要运用科学的选材方法。科学选材的方法有以下几类。

（1）按选材的基本等量关系，可分为遗传选材法、年龄选材法、体型选材法、身体素质选材法、生理机理选材法、生化特征选材法、心理选材法和运动技能选材法。

（2）按选材发展水平，可分为经验选材法、溯源选材法和科学选材法。经验选材法是运用过去选材成功的经验及失败教训总结、提升出的选材方法。在电子竞技初期，大多数电竞俱乐部运用经验选材方法。溯源选材法是针对优秀电竞运动员进行溯源分析，并据此来制定选材标准，对电竞预备运动员进行选材的方法。科学选材法是运用科学的选材测量手段，通过对测量数据的客观分析来对电竞运动员进行选材的方法。

（3）按选材学科领域，可分为单学科选材法和多学科综合选材法。单学科选材法包括遗传学选材法、形态学选材法、生理学选材法、心理学选材法、医学选材法、生物学选材法、专项选材法、环境选材法、社会学选材法以及预测学选材法等。多学科综合选材法包括多因素选材法、分阶段选材法和模式选材法等。

（4）按选材的层次，可分为初级选材阶段选材法、中级选材阶段选材法和高级选材阶段选材法。

3. 电竞运动员选材的程序

电竞运动员选材非常重要，必须对选材过程进行科学的设计和控制。这一过程包括确定选材目标、建立选材模式和模型、制订选材计划、实施选材计划和总结检验等环节。

（1）确定选材目标。要根据电竞运动的特点和电竞运动员的现状进行调查，初步确定备选人员的人数、年龄、性别等，并对他们的未来发展作出预测分析，最后作出选材的预测。

（2）建立选材模式和模型。选材模式是指入选的运动员应该达到的具体要求和标准，这种模式的系统描述称为模型。在有了明确的选材目标后，建立起各级高素质、优秀运动员的模型，根据这个模型对选材对象进行筛选。

（3）制订选材计划。制订一个完善的选材计划，不仅要对选材目标和选材模型进行分析，还要对影响电竞运动员选材的其他因素进行全面考查。

（4）实施选材计划。在这一阶段，要根据选材计划的要求成立相应的选材组织，进行人员分配，明确分工，还要按照科学的步骤安排专业人员对选材对象进行测试、分析、评估，并及时根据反馈结果调整选材计划。

（5）总结检验。第一，为了对选材结果负责，需要再次对选材对象进行评价，检验所选人才是否是电子竞技运动所需的人才。第二，在选材过程中，需要不断修正原有的选材模型，使选材模型更适应电竞运动的发展和需要。第三，在选材过程中，要对选材的测试内容和各项指标进行总结和检验，使之更加科学、客观。第四，要对选材方法进行总结和检验，并把检验的经验融入下一次选材中。第五，选材机构也要对自己的工作进行总结和检验，要求选材机构提供更高效便捷的选材方式，并检验选材机构人员的结构是否合理、科学。第六，针对选材过程中使用的仪器、设备、测试等工具以及运用这些工具的程序进行经验总结和检验，不断维持、更新这些仪器、设备和测试手段的稳定性和一致性。第七，要对预测理论、预测方法进行总结和检验，确保其准确性、经济性和可行性。

5.1.3　电竞运动员的职业生涯

在大多数人看来，电竞行业就是吃青春饭，但在残酷的电竞领域内除了成绩，时间则是电竞运动员最为致命的度量衡。电竞运动员需要时间去跻身一线战队，同样也需要运气和实力去争夺奖杯，更重要的是，他们需要从自己的巅峰期走向更高处。黄金年龄是在电竞领域常被提起的概念，Faker 在首次夺得世界总决赛冠军时年仅 17 岁，而出道即巅峰、收获百万美元奖金、登上《时代》周刊的《DOTA2》选手 Sumail 在当时仅有 16 岁。电竞运动的竞技性主要体现在运动员的脑力对抗上，而这份对抗又表现在多个方面。随着年龄的增长，一个电竞运动员的巅峰期很容易在游戏版本革新和每天枯燥的练习中逐渐流逝，年龄成为职业电竞运动员永远迈不过去的一道坎。

在年龄不断增长的同时，电竞运动员不仅要面临反应能力下降等客观问题，也要面对更多的质疑、肩负更大的责任。2018 年 5 月 20 日，夺得 LOL 季中赛冠军的小狗 UZI 可谓风光无限，但他在这次捧杯之前过得并不开心，以天才少年出道却久久未能夺得冠军，虽然 UZI 是"粉丝"心中的无冕之王，但缺乏强有力的成绩证明的他依然饱受非议，而后落败 S8，功败垂成。

因外部压力或因自身电竞水平的下降，不少正值当打之年的电竞运动员无奈之下选择了退役。电竞要求运动员以最快的速度打出最好的成绩，否则职业年龄将会成为运动员职业生涯的威胁，而当运动员的竞技水平出现波动、身处低谷时，"粉丝"的质疑就有可能成为压倒运动员的最后一根稻草。

　　当然，这个问题也和国内电竞行业环境的发展不良有关，大部分电竞职业俱乐部针对电竞运动员的心理疏导做得不是很好。

　　此外，电竞运动员的职业生涯还面临着另外一个问题，那就是伤病。提到伤病就不能不提及一个电竞项目——《星际争霸》。观赏《星际争霸》比赛不仅是一种享受，观看电竞运动员的操作也是一种享受，高 APM（actions per minute，每分钟操作次数）的要求之下，电竞运动员的微操已经到了炉火纯青的境界。所谓"台上一分钟，台下十年功"，电竞运动员的训练已给他们的身体带来了物理性伤害，如 Flash 曾因训练过于频繁而手部受伤严重，不得不手术治疗；WCS 总决赛历史上的第一个人族冠军 ByuN 的右手手腕因为高强度训练磨出了厚茧。

　　在高强度的训练和比赛的条件之下，腰伤与腕伤是电竞运动员的职业病，而且伤病也不仅限于《星际争霸》项目，同样困扰着《英雄联盟》电竞选手。Bjergsen 在 2015 年就注射了两周的消炎药物来治疗软组织挫伤的疼痛，C9 战队选手 Hai 因为手腕受伤而选择退役，Pawn 的腰伤一度令其跌落职业生涯的谷底。

　　除了电竞运动员身体和精神的双重问题，还有一个关键因素就是游戏本身。一款游戏的寿命是有期限的，无论是曾经的《反恐精英》《魔兽争霸3》《DOTA》，还是现在的《DOTA2》《英雄联盟》《绝地求生》《反恐精英：全球攻势》，都有着自己的生命周期。当 Sky 在 2006 年蝉联世界冠军的时候，他在《魔兽争霸3》项目上如日中天，7 年之后 Sky 黯然退役。

　　退役是电竞运动员必须面对的现实，现在退役的电竞运动员，有的人选择去做直播，有的人选择在电竞俱乐部做教练，有的人选择在管理岗位上继续书写人生的辉煌，也有的人选择去做自己喜欢的事情，消失在公众视野里。电竞运动员，尤其是冠军电竞运动员，随着电竞赛事的发展，他们更多地转型明星化，同时由于各游戏直播平台之间展开挖人大战，游戏主播成为众多平台竞相追捧的对象，而万众瞩目的顶尖电竞运动员，因有着高超的游戏技术和高涨的人气而成为游戏直播平台的宠儿。

5.2 电竞运动训练方法

　　电竞运动训练方法必须根据电竞运动的发展规律，严格遵循电竞运动训练的原则，充分考虑内外部因素，只有这样电竞运动员才能在训练过程

中取得良好的效果。本节将从电竞心理能力、电竞战术策略和电竞数据分析几个方面来介绍电竞运动训练方法。

5.2.1 电竞心理能力训练

电竞比赛不仅考查电竞运动员的技术、战术和集体凝聚力，电竞运动员的心理能力也非常重要。有些电竞运动员因在赛场上没有及时调整好心态或心理能力不强而功败垂成，所以心理能力训练也是电竞运动训练的重要组成部分。现阶段，各大电竞俱乐部都开始重视心理辅导，配有专门的心理咨询师。

1. 影响电竞运动员的心理因素

在竞技场上，竞技水平一般由运动员的竞技技术和竞技状态两个因素决定，在竞技技术势均力敌的情况下，谁的心理素质更好，谁夺得冠军的可能性就更大。所以，电竞俱乐部越来越重视研究影响电竞运动员的心理因素。下面介绍几个影响电竞运动员的心理因素。

1）运动动机

动机是指推动人的活动，并使活动朝向某一目标的内部动力。动机的基础是人类的各种需要，即个体在生理上和心理上的某种不平衡状态。人有生理需要和社会需要。运动动机的产生有两个必要的条件：一是机体内部的因素及需要；二是机体外部的因素——诱因。诱因是激发动机的外部因素，即人们自身之外的各种各样的刺激，包括生物性和社会性的因素。运动动机取决于需要和诱因的相互作用，其中内因是主要的，外因通过刺激内因起作用。

竞技运动的动机与竞技运动员的良好发展及他们的竞技表现有着密切的关系。动机对竞技运动的活力强度、方向和坚持等都有影响。具有高运动动机的运动员会克制自己的行为，控制自己的情绪，按时按量参加训练，达到预先设定的目标。运动动机有几大功能。首先是激活功能。运动动机可以激发并引导运动员参加训练，它具有改变运动行为的作用，使运动员由静止状态转向活动状态，激发运动员为了获得胜利而主动参加训练。其次是指向功能。运动动机不仅能激发行为，而且能将运动行为指向一定的对象和目标。运动员为了达到一定目标，会主动选择难度高、具有挑战性的任务。最后是维持和调整功能。运动动机具有维持功能，表现在运动行为的坚持性上。当运动动机激发了运动员的某种活动后，这种活动是否能坚持下去，同样受到运动动机的调节和支配。当运动员的运动动机强烈时，运动训练就能坚持比较长的时间，遇到困难运动员也能设法克服；反之，当运动动机不强烈时，甚至对运动活动不感兴趣时，运动员坚持的时间就比较短。在运动生涯中，当运动员遭遇瓶颈或低谷时，能否沿着自己追求的目标坚持奋斗，在很大程度上与运动动机有关。

因此，良好的运动动机对运动员的行为有着积极的动力作用，电竞运动员应当重视激发培养自身正确的运动动机，促使运动动机发挥出积极的作用。

2）唤醒、焦虑和心境状态

应激是个体对于意外环境刺激所作出的反应。唤醒和焦虑与应激密切联系。在面临重大的比赛时，个体需要动员机体各部分都处于紧张状态，使自己的精力集中在该做的事情上，迅速作出选择，并采取有效的行动，这时其身心处于应激状态。下面就唤醒、焦虑和心境状态做简单介绍。

（1）唤醒是指机体总的生理性激活或兴奋的不同程度。唤醒有脑电唤醒、行为唤醒和植物性唤醒三种表现，三者可以单独存在，也可以同时存在。唤醒对维持和改变大脑皮层的兴奋性、保持觉醒状态有重要作用，并为注意力保持与集中以及意识状态提供能量。

（2）焦虑是由于人不能克服障碍或不能达到目标而感觉到身体和心理的平衡状态受到威胁，形成的一种紧张、担忧并带有恐惧的情绪状态。焦虑包含三种主要成分，分别为生理唤醒、情绪体验以及威胁不确定性和担忧的认识表现。在比赛中，焦虑常常被认为是共同的敌人，高焦虑通常会导致选手无法表现出正常水平。当电竞运动员不知道比赛中对手将采取什么样的战术，也不了解教练对自己的期望，或者不知道自己该采用哪种战术方法来扭转比赛中的被动局面时，就可能产生焦虑。焦虑可分为状态焦虑、特质焦虑、身体性焦虑和认识焦虑。

（3）心境是一种比较微弱、平静而持续的情绪，它带有渲染作用，是人在某一段时间内的心理活动的基本背景，如心情舒畅或闷闷不乐等。心境具有以下明显的特点：一是从发生强度和机动性来看，心境是微弱的、持续的情绪体验状态，它的发生是个体自己察觉不到或很难察觉的；二是从持续时间看，心境是稳定的、持续时间较长的情绪体验状态，少则几天几周，多则数月数年；三是从作用范围来看，心境不是对某些具体事物的特定体验，而是一种非定向型的弥漫情绪体验状态。当然，引起心境变化的因素较多。电竞比赛的成败、人际关系的亲疏、生活条件的优劣、健康状况的好坏等都是导致某种心境的原因。心境对于竞技活动会有很大影响，积极良好乐观的心情会使人发挥主观能动性，在乐观的心境下增强克服困难的勇气，提高竞技活动水平，也有益于身体健康。消极悲观的心情会使人厌烦、意志消沉，从而降低竞技活动的效率。电竞运动员要学会调节和控制心境，通过磨炼意志力，以良好的人格特征充分发挥理想与信念的作用，对克服消极心境、培养积极心境、提高学习生活和工作的效率具有重要作用。

3）人格

人格是构成一个人思想情感及行为的独特模式，这个模式包含一个人区别于他人的稳定和统一的心理品质。人格具有独特性、稳定性、统一性和功能性等特征。人格是竞技运动心理学长期关注的主题，在运动心理学领域，最早从事优秀运动员人格物质研究工作的是美国学者格里菲斯。他通过观察和访谈，识别出优秀运动员有以下特征：耐心、乐观、警觉、忠诚等。20世纪40年代，运动员的人格特征成为运动心理学研究的对象，运动心理学家通过观察人格特质可以预测运动的成就。

除了以上三个心理因素，电竞运动中运动员的认识、情绪、自信等因素也是影响电竞运动员表现的因素。在电竞运动员培训过程中要不断地培养和加强他们在这些方面的认知和能力，如此才能保障电竞运动员在电竞比赛中有出色的表现，达到理想的目标。

2．心理技能与心理技能训练及其方法

1）心理技能

技能是通过练习，熟练掌握某种技术而形成的，属于个体的一种身体和智力的综合操作能力。心理技能是通过练习形成的，能影响个体心理过程和心理状态的心理操作能力，是一种与人类生活、学习、工作、劳动、身心健康以及调节与提高人体身心潜能相关的，在人脑内部形成的内隐技能。竞技运动员在学习竞技运动技术和比赛中表现出最好的技术水平，需要调整和控制自己的心理过程及心理状态。这些心理调节技术在大量的练习并熟练掌握后，能有效地去运用，就形成了心理技能。心理技能的训练需要先天和环境教育两个方面的结合，一位优秀的电子竞技选手，除了拥有先天的遗传素质，后天的勤奋练习和长期系统科学培训也是不可或缺的。

经过专家学者的研究发现，优秀的竞技选手具有以下心理特征：①从事专项运动应具有的个性特征；②对成功与失败采取一种可控的内部归因；③对最后的成功有着自信和信念；④有内在动机；⑤对运动成就具有较强的任务目标定向；⑥集中注意于目前任务；⑦具有情绪和心理唤醒水平的能力；⑧面对逆境具有较强的应对能力；⑨有远大目标并达成目标的能力；⑩会使用自我谈话、表象、自我调节和其他心理学方法来树立信心和提高动机水平的能力；⑪有较强的心理韧性。针对以上心理特征，电竞运动员要培养好五种心理技能：焦虑控制、认知控制、环境控制、身体放松和唤醒水平控制的能力。当然，还有其他一些相关的心理能力，如心理准备、自我暗示及团队精神等。

2）心理技能训练

心理技能和战术技能、身体技能一样重要，都可以通过系统的训练来获得和提高。但心理技能训练是一项复杂且差异性大的工作，为了保证训练效果，在心理技能训练过程中应该注意以下几个方面。

（1）结合专项训练。在实际训练过程中，要处理好心理技能和身体素

质、技术、战术训练之间的关系，应该把心理技能训练同专项训练有机地结合起来。

（2）积极自觉。心理技能训练只有在得到电竞运动员和教练员的认可和配合的情况下，才能在训练时间和训练质量方面得到有效的保证。如果电竞运动员和其他队友不相信心理技能训练的作用，不了解心理技能训练的原理，对心理技能的训练持怀疑、观望甚至否定的态度，那训练是不会有好结果的，反而会有反作用。

（3）循序渐进，长期系统地坚持。心理技能训练需要在长期系统的坚持下开展，才能收到预期的效果。如果只是在赛前紧急进行心理技能培训，是不可能使心理技能有所提高的，就像缺少实践的战术很难在比赛中奏效一样。

（4）预防为主，控制在前。进行心理技能训练，要做到"预防为主，防患于未然"，不能等到电竞运动员出现心理问题再去治疗和调控，应该针对可能出现的问题，事先教会电竞运动员心理调控的方法和策略，让他们主动把心理状态调控到最佳水平。

（5）专业心理咨询师参与指导。许多电竞俱乐部教练兼任了心理咨询师的角色，帮助电竞运动员解决他们的心理问题，其方式和内容与正规的心理干预原则有冲突。心理技能训练从一开始就应该在专业的运动心理学人员或心理咨询师的指导和帮助下进行。教练角色的多重性不利于电竞运动员的心理技能训练和心理问题解决。

（6）量化训练效果的评价指标。用量化指标评定心理技能训练的效果，可以使电竞运动员得到及时和明确的反馈，这是维持和提高运动员心理技能训练动机的关键。没有反馈，就很难长期坚持进行心理技能训练。

3）心理技能训练的方法

要让电竞运动员拥有强大的心理技能，需要进行有效的训练，其方法如下。

（1）放松训练法。它是一种用一定的自我暗示语言来帮助人们集中注意力，调节呼吸和放松肌肉来实现中枢神经系统兴奋性的训练方法。

（2）表象训练法。它是竞技运动中最为普遍的一种心理训练方法。表象训练是在暗示语言的指导下，在大脑中反复想象运动动作或运动情境，从而提高运动技能和情绪控制能力的过程。表象训练被视为心理技能训练的核心环节。

（3）注意力集中训练法。它是通过主观努力或者环境设置来排除外界干扰，将注意力稳定在当前任务上并提高注意强度的方法。注意力集中训练可以提高电竞运动员的抗干扰能力，进而提高训练和比赛的效率。在电竞比赛过程中，电竞运动员不仅需要集中注意力，还需要学会分配注意力；不仅要专注自己的任务，还要时刻关注总体战局情况，随时配合队友，这就需要注意力警觉性和合理分配注意力的培养。

除了上述三种心理技能训练方法，还有自我暗示法、生物反馈训练法等心理技能训练方法。这些要在实践过程中不断运用，反复强化，随时调整方可达到有效的效果。

5.2.2　电竞战术策略训练

电子竞技作为一项竞技运动，以战胜对手为最终目的，对战双方在既定规则下利用一切可以利用的资源，使用一切可以使用的战术策略，以此战胜对手。随着电子竞技运动的发展以及训练体系的完善，职业电竞运动员之间的技术水平差距越来越小，战术策略在职业赛事中的作用愈发明显。下面就简单介绍电竞战术策略的相关知识。

1．战术的特点

在电竞比赛中，每局较量都相当于一次残酷的战斗，熟练运用各类战术是电竞运动员或战队获得最终胜利的保障。在电竞比赛中，战术都包含两个最重要的基本特征：一是进攻；二是防守反击。下面就这两个方面进行介绍。

（1）进攻型战术。它是一种崇尚进攻打法的战术体系，也是最为直接获得胜利的一种战术。这类战术适用于基本操作优秀、性格自信、进攻性强的电竞运动员和战队。进攻型战术是一种主动性较强的战术，需要运用自身强大的攻势获得"人头"，在一波波进攻中压制对手，迫使对手自乱阵脚，同时寻找对手的破绽，进一步扩大优势，打出滚雪球似的效应，形成绝对优势，进而获得最终胜利。在 RTS 游戏中，进攻型战术多分为两类：一是投机型进攻，二是稳健型进攻。

投机型进攻一旦成功便会赢得比赛，最常见的要属极限暴兵流和Tower Rush（防御塔快攻）。极限暴兵流在主流 RTS 游戏《星际争霸》系列和《魔兽争霸》系列中均有出现，通过压缩己方经济，极限建造数量庞大的兵种，借此消耗对手，令其难以为继，最终获得胜利。Tower Rush 最多被使用在人族的战术运用中：一方面，由于人族的种族特性，可以使用多位农民利用资源加快建筑建造的速度；另一方面，在人族的商店中购买快速建造塔的道具，可以在 Rush（突袭、快攻）的过程中迅速形成防御塔规模，利用防御塔的优势和兵力逐渐压缩对手的生存空间，以此获得最终胜利。在 MOBA 游戏中，以摧毁对手的基地为目的，同时又因为是团队作战，所以更习惯地把 RTS 游戏中的投机性打法称为激进打法。在《DOTA2》中有一种 Roshan 战术，该战术依靠 5 位英雄技能中的召唤物、光环等因素配合补给品，在兵线出发前完成对于 Boss Roshan 的击杀，让中单英雄在获得 Aegis of the immortal（不朽之守护，该物品可原地满生命值复活英雄）的同时直接升到 5 级，其他队友也可获得金钱的奖励。这类战术一旦成功，对于前期的优势是巨大的，然后继续将这种优势逐步扩大转化为胜势，最后拿下比赛。

稳健型进攻，因其容错率较高，深受职业选手的喜爱，战术开发体系最丰富。在《星际争霸》中，如虫族的飞龙科技、人族的机械化部队、神族的龙骑士执政官混合部队就属于最稳妥的打法。由于RTS游戏的特性，每个种族对战其他种族的时候，总有一套相对来说最稳妥的打法。例如，在《魔兽争霸3》暗夜精灵种族中，熊鹿流是最稳妥的一种打法，熊身为重甲，其单位血量和防御较高；小鹿天生自带魔法免疫，它的攻击还带有减速效果，两者结合属于标准的前排坦克、后排输出的兵种搭配。但是，暗夜精灵在对阵兽族的时候，吹风流是一个不错的选择。全球流战术也是MOBA游戏中经典的进攻战术，无论是《英雄联盟》还是《DOTA2》都对全球流战术有着不同的理解与运用。在《英雄联盟》中，将全球流战术运用得最为成功的当属WE战队。当时的队长若风利用他对游戏的理解，开创了卡牌大师、潘森、永恒梦魇与慎的英雄组合，并合理运用各个英雄的全球性技能，达到快速支援的目的，从而形成局部地区以多打少的局面，获得团队胜利。无论是哪种MOBA游戏，全球流的战术理念都是一样的，利用游戏内的道具或者英雄技能达到快速支援的目的，形成以多打少的局面，形成人头数、经济经验上的优势，进而获得最终的胜利。

（2）防守反击型战术。它主要以防守为手段，利用己方基地地形、建筑等优势抵御对手的攻势，再利用自身逐步建立起来的人口、经济（游戏中获得的金币收益，可用于购买装备等）、经验等优势进行反击，获取比赛的胜利。防守反击型战术对比进攻型战术而言比较保守，适合性格打法较为稳健的电竞运动员。因为防守反击型战术需要电竞运动员在面对对手的进攻时，从容不迫地化解对手的攻势，利用自身积累起来的人口、经济、经验的优势，伺机而动形成反击。RTS游戏中最为经典的防守反击型战术当属《魔兽争霸3》中人族的坦克拆家流，前期人族利用民兵和大法师水元素开出二矿，并在自己的主基地与二矿建造足够数量的防御塔进行防守，同时攀升种族科技建造坦克、兵种，对敌方的建筑物进行"拆迁"工作，来获得比赛的胜利。MOBA游戏中，防守反击型战术更多地体现在防御塔的防守、三路兵线的牵制和野区资源的利用上，避开对手进攻的强势期进行发育，等经济和经验上具有一定优势后进行反击。在第三届《DOTA2》国际邀请赛上，夺冠战队Allicance便是这类战术执行的好手。Allicance战队不仅贯彻了多点发育、经济协作的战术，而且当时队员的个人技术也处于世界一流水平，是个人技术与战术体系完美融合的典范。

2．战术的制定

一种战术的制定需要考虑的因素有很多，如战队及电竞运动员对于游戏的理解，电竞运动员的操作水平、操作习惯及擅长打法或惯用的英雄角色，对游戏内地图、资源、道具、装备的理解与运用，以及对战术劣势期的应对和对战术优势期的把控。游戏的机制越复杂，参与的电竞运动员越多，那么需要考虑的战术细节就越多，战术体系也相应地变得更丰富。

1）RTS 游戏战术的制定

在 RTS 游戏中，决定战术的因素主要有两点：一是对战双方的地图，二是对战双方的种族。首先，不同的比赛地图，它的地图尺寸、出生点位分布、资源分布、地形分布等都各不相同。地图尺寸对于战术实施的速度和时间具有一定的影响。尽管有些地图尺寸较大，但出生点位的分布有时会相对较近，这一点对于电竞运动员比赛中的侦察能力和应变能力有一定的要求。资源分布决定了整场比赛的节奏。地形分布与资源分布相辅相成，丰富的资源与狭小的地形相结合，将会更加利于防守战术的实施；如果资源条件一般，地形相对开阔，那么更加适合采用进攻型战术。其次，不同的种族间对战也会有相应的优势与劣势，每个种族在对战其他种族时都会有一个整体的思路。例如，《魔兽争霸 3》中的兽族，其兵种血量相对较高，英雄单兵作战能力强，所以兽族的绝大多数战术会将建造剑圣这名英雄作为首发；又如，《星际争霸》中的虫族，其兵种造价较为便宜、血量较低，但兵种可依靠基地附带的虫卵同时建造多个兵种，暴兵速度快，所以虫族的打法会更加具有进攻性，并喜欢与其他种族进行兵力的互换，利用自身资源转化兵力的速度打击对手。

2）MOBA 游戏战术制定

"这是一个推塔游戏"，这是 MOBA 游戏玩家常听到的一句话，因为 MOBA 游戏最终的胜利条件是推掉敌人的基地。MOBA 游戏战术的制定需要分析很多因素，如地图野区资源、地形分布、视野把控、兵线处理及对英雄道具的理解等。当然，最为重要的因素是执行战术的电竞运动员。MOBA 游戏电竞项目通常为 5v5 的团体项目，所谓"术业有专攻"，绝大多数电竞运动员会有相应的英雄池及最为拿手的英雄角色，根据己方擅长英雄角色的特点进行战术制定与搭配也是需要考虑的因素。

游戏版本更新一直以来都是电竞游戏的特色，在电竞圈也一直流传着"一代版本一代神话"的说法。尽管电竞游戏一直以平衡性为目标，但是在游戏版本的更迭中，或多或少会出现一些较为强势的英雄或道具。例如，《英雄联盟》中黑色切割者这个道具的不平衡性造就了当时的"黑切联盟"。因此，理解当前游戏版本对于战术的制定与修改至关重要。

3）FPS 游戏战术制定

如今 FPS 游戏是战术最为多变的一类游戏。对于电竞运动员而言，重要的是对比赛地图的理解、位置转移时间的把握、T 方与 CT 方站点和枪位的理解，对闪光弹、烟雾弹、手榴弹、燃烧弹投掷轨迹的预测，以及协同作战的控制。在《反恐精英：全球攻势》项目的比赛过程中，每一局都是双方队伍的博弈，这个博弈更多的是依靠队内的指挥官，根据当时的选手状态，对赛前制定的战术进行调整与修改。

3．经典战术

任何电竞游戏的战术都呈现出螺旋式上升态势，尽管某些战术体系可能生命力短暂，但是战术的参考作用及对后续战术体系的开发有一定的启示。wNv 战术是国内《反恐精英》第一人 Alex 发明的经典战术。它是一个在 Nuke 地图上做 T 方 Rush 内场的战术，属于典型的"说起来简单做起来难"。这个战术需要每名队员在其他任意一名队员发起进攻时依照顺序，投掷相应的道具。在 2003 年 WCG 中区预选赛上，Devil.United 战队曾经使用过类似打法，但是 Devil.United 战队当时是用人来碰开铁门，而 wNv 战队是用闪光弹开门，这样的一个改进极大地提高了开门的安全系数。运用这个战术首先要看出生位，然后 5 名选手中至少 3 名需要按照顺序走位：在铁门后、黄房里（将闪光弹依次投向铁门砸开门）、内外场连接大门口（此处还需要扔一颗烟雾弹）、墙夹角、黄房口或黄房前，剩下 2 名队员需要向 B 连（通往炸弹包安装点的通道）处投掷闪光弹牵制对手和断后。这个战术的厉害之处在于在当时几乎无解。守在内场的 CT（counter terrorist，反恐精英）一般在看见铁门打开之后会因几颗闪光弹爆炸而眼前一片空白，然后进攻方顺势将防守队员击杀，从而拿下内场。

然而，任何一个战术都有其破解的办法。在 2005 年 WEG 小组赛期间，wNv 战队和 Nip 战队在韩国打练习赛的时候，使用这个战术从来没有成功过。Nip 战队的主要应对方式是第一时间不进内场，等 wNv 战队进场后再反清。当时，Nip 战队有一位极其稳定的狙击手 Walle 控制外场，还有一位世界上最能把握时间差进行极限秒杀的 Zet，所以正好形成了克制。wNv 战术能成为经典战术之一，不只是因为由我国职业选手所发明，更深刻的意义在于这个战术改变了 Nuke 地图的攻守格局。在此以前，Nuke 是公认的防守地图，易守难攻，进攻方很难打开进攻的缺口。在这个战术发明与运用之后，无论是国内战队还是国外战队，队长只要打出 wNv 三个字，队员们都知道是要爆弹 Rush 内场了。

5.2.3　电竞数据分析训练

大数据是科学决策的重要工具，是精准预测产业发展的有效手段。随着现代信息传播技术手段和方式的不断丰富，信息获取、信息传递、信息处理、信息再生、信息利用等功能日益多样化，智能化信息系统逐渐形成一个信息网络体系，人类社会的生产方式、工作方式、学习方式、交往方式、思维方式等都发生了深刻的变革，互动化、即时性、全媒体等成为常态性的信息生态环境。大数据是人工智能的基础，大数据促进了人工智能的发展与壮大，现在的人工智能已经影响甚至颠覆了各行各业，在我们的生活中无处不在，改变了我们的生活方式、学习方式以及工作方式，促进了社会的进步和发展。

电子竞技发展时间比较短，产业化和规模化仅有不到 10 年的时间，电子竞技数据分析的概念也是近几年才开始兴起的，但数据分析对于整个电子竞技产业链的重要性是极其重要的。

1. 数据分析的作用

1）对电竞俱乐部的作用

电竞俱乐部对数据的需求体现在与其成绩相关的几个核心需求，包括战术制定、招聘选秀、战队训练。

（1）战术制定。它是电竞俱乐部教练组重要的工作之一，数据分析可以帮助教练组熟悉对手和自己对战的习惯和战术，包括 BP、走位、眼位、团战、释放技能顺序等。然后根据相关数据，有针对性地制定克制战术。

（2）招聘选秀。电竞俱乐部的第二个核心需求就是补充新鲜血液，新人的加入有时候是通过招募其他战队的队员，有的则是在自由市场去寻找。无论哪种渠道，都会涉及选秀队员的能力分析及其与俱乐部其他队员的匹配度等维度的考查。

（3）战队训练。电竞俱乐部最后的核心需求便是日常训练。现阶段，电竞俱乐部的训练还较为简单，大部分俱乐部通常从某个时间开始，通过数据分析做一些前一天的训练总结，接下来就是完成当天的训练任务，由路人练手开始，到与其他俱乐部的对战训练，一直训练到半夜，在简单的讨论之后开始休息。

2）对媒体的作用

对于媒体而言，无论是战报、预测或者是其他形式的内容，都需要以数据作为观点的支撑。目前，电子竞技媒体还没有像传统竞技体育媒体一样拥有自己的数据库，通常是与电子竞技数据公司合作或者自行观看比赛来记录需要的相关数据。

3）对赛事的作用

（1）电子竞技解说。在赛前、赛中、赛后，电竞解说员需要准备大量内容来丰富解说内容，通常赛前会介绍比赛双方的队员、风格、最近的状态；赛中除了需要介绍比赛的当前形势，还需要联系队员的游戏历史等进行解说；赛后需要总结刚结束的比赛的转折、节点、关键局、关键出装、本局 MVP（most valuable player，最有价值游戏者）等。

（2）电子竞技观众。在比赛过程中，除了通常的游戏页面，专业的赛事直播会加入相关数据内容来丰富比赛的呈现层次，经常会使用经济差、战队历史数据对比、该比赛的数据对比等。

总之，数据掌握和数据分析对于整个电子竞技产业来说，具有十分重要的作用和意义。目前，大家对电子竞技数据分析的重要性也达成共识，但如何通过数据分析来提高自己战队的成绩，还需要从业者努力研究和实践，利用人工智能手段，找到更有效的方式方法。

2．电子竞技数据分析方法

对于电子竞技数据分析系统及数据利用，可分为三个阶段：数据指标的确定、原始数据采集和数据分析。

（1）数据指标的确定。在开始数据分析之前，首先要确定数据分析的意义和目标。例如，数据分析的目标是帮助电竞俱乐部进行新队员招聘，那么在数据指标确定的时候，需要对目标进行分解，即怎样的数据指标可以反映队员的游戏实力、与队伍的风格匹配程度以及该实力水平在市场中应该匹配的薪资等。在这个阶段，数据分析师需要与俱乐部管理人员和教练组进行反复沟通来形成数据指标的确定。在对目标进行分解后，根据这些数据指标来设立数据埋点。数据埋点就是通过技术手段进行数据采集以追踪电子竞技玩家的游戏行为而得到的相关数据。这些位置则是未来对特定业务分析的基础数据支撑。例如，以 MOBA 游戏为例，在上述俱乐部需要的例子中，我们可以通过追踪选手在 1 号位到 5 号位中的英雄使用情况，包括英雄使用次数、每分钟金钱（gold per minute，GPM）、杀人死亡数助攻数（kill death assist，KDA）等来进行数据采集点的设计，再对采集到的数据进行整理，形成可以计算的指标。由于电子竞技数据分析的发展时间较短，行业还没有形成一套统一的数据指标，多数时候数据分析师需要与数据需求方进行讨论，然后来设定一系列的数据指标。

（2）原始数据采集。数据采集涉及技术系统的开发，要让技术系统的开发达到高效的目的，则必须确定相应的指标，也就是采集的数据最终满足数据分析师的哪些要求，以保证能有效地进行数据分析，得到想要的结果。这就需要数据分析师与采集系统技术开发人员形成共识。技术系统的开发，首先要确立数据分析平台的构架与技术，这要由技术人员进行分析评估，其次还要考虑技术系统平台的高安全性、高效性、高可靠性、高可用性、高可扩展性。

（3）数据分析。在得到可利用的数据之后，便要从这些数据中获得有意义的结论。这需要数学知识的辅助来研究数据之间的关系，也需要用到很多统计分析和人工智能知识，包括概率、预测、最优化决策、线性、非线性模型、深度学习模型等。在得出初步的结论和模型之后，继续收集、加工数据和优化结论与模型。例如，经过 10 万场比赛的演练，某数据公司得出决定 DOTA2 胜负的模型主要因素是：比赛 30 分钟左右时，以本队和敌队 3 号位、4 号位的经济水平差来建立的预测模型准确率达到 75%。随着记录的比赛数据增多，模型的各个因素和前面的加权值会更加精确。

对于电子竞技数据分析师来说，需要学习更多统计学的思想、方法和解题思路。统计分析的关键就是分析数据，因为对于经过整理和加工的数据，要想提炼出有用的决策信息，一方面需要依托系统的数据采集和整理，另一方面则需要数据分析师进行分析才能发挥数据的价值。数据分析师的最大目标就是理解每一种方法背后的原理、适用范围和核心思想。统计学思维可以将我们对事物的解读能力提升到更高的层次。统计分析对分析师来说是非常重要的考验，尤其是对其基本的分析能力的考验。当然，作为一名数据分析师，只在挖掘数据特征和分析数据方面具有一定能力还不足以证明自身的价值。

5.3 电竞器材

微课：电子竞技器材

与传统竞技体育项目相比，电子竞技运动是数字技术与传统竞技体育相结合的产物，属于数字体育范畴，虽然本质上是人与人之间的对抗，但它的载体则是信息技术平台，使用计算机软硬件设施设备作为运动器械。因此，对于电子竞技运动来说，器材的选材就尤为重要。

5.3.1　电竞器材的类型

电竞器材的性能决定着电竞运动员在竞技过程中能否发挥出自己的水平，创造优异的成绩，所以电竞器材的配置必须达到较高的级别。由于电竞运动员长时间操作电竞器材，必须考虑电竞器材的使用舒适度，为电竞运动员提供较为舒服的环境，这有利于电竞运动员的发挥和成长。下面对主要电竞器材作分类介绍。

1．主机

主机是电竞器材的核心。主机要求性能强悍，能满足各类大型电竞游戏的需要，其配置必须达到顶级水准。电竞主机对以下组件的要求较高。

1）CPU

在顶级电竞赛事中，对于职业电竞运动员来讲，需要以毫秒级操作获取稍纵即逝的优势获取胜利，那么主机的大脑 CPU（central processing unit，中央处理器）就尤为重要。CPU 是一台主机的核心部件，其性能决定着整机的性能，要能满足各类游戏的需要。电竞主机可选择 Intel Core I7、I9 系列 CUP，当然主频、核心数、代数越高越好。例如，Intel Core i9 CPU

（图 5.3.1）就是较优秀的 CPU，其超频性能强劲，处理性能强大。

2）显卡

众所周知，电竞游戏对显卡的要求是很高的。显卡要能表现画面的流畅性，反应要灵敏，能够呈现超强的震撼力，显卡性能必须强大。例如，华硕 ROG-MATRIX-RTX2080Ti 系列显卡（图 5.3.2），性能超强，是较高级别的电竞设备组件。

图 5.3.1　Intel Core i9 CPU

图 5.3.2　华硕 ROG-MATRIX-RTX2080Ti 显卡

3）主板

顶级显卡和 CPU 自然需要搭配顶级主板，只有这样才能发挥其顶级性能，并且顶级主板采用数字化供电系统搭配高性能散热片设计，支持第八代、第九代 Intel CPU，支持双通道 DDR4 内存。主板是一台主机的根基，顶级主板能从根本上保证电竞运动员稳定可靠地输出。同时，顶级主板可提供更高的麦克风输入信噪比，针对电竞优化可以让对战时的对话语音更清晰，避免沟通时因通信问题错失攻击良机。图 5.3.3 所示为华硕 Z390/AORUS PRO WIFI 电竞主板。

4）其他组件

除了以上三大核心组件，主机还需要内存条、硬盘、电源、机箱、散热装置等。根据电竞游戏的需要，需配置 8 ～ 32GB 的内存，SSD 固态硬盘，500W 以上的电源，机箱、散热装置可根据实际需要配置比较酷炫的机箱和高效的散热装置。图 5.3.4 所示为一高端定制电竞主机。

图 5.3.3　华硕 Z390/AORUS PRO WIFI 电竞主板

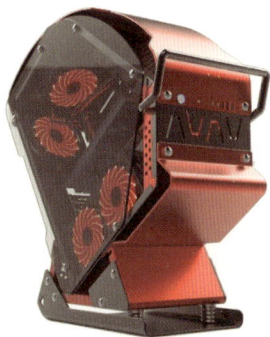

图 5.3.4　高端定制电竞主机

2．输入设备

将信息或数据输入计算机的设备称为输入设备。电竞主机主要的输入设备有键盘、鼠标和麦克风，三者的性能和舒适性会影响电竞运动员的技能发挥和比赛成绩。

1）键盘和鼠标

键盘是基本的输入设备，而键盘的发展经历了很多代，也有很多类型。电竞行业大多用的是带背光的机械键盘，具有手感好、节奏强、触发快等特点，更能满足电竞操作的需求。图5.3.5所示为守护者黑爵高端背光电竞键盘。

鼠标也是基本的控制输入设备，主要是向计算机发送控制指令，在电竞运动中尤为重要。电竞用的鼠标和普通鼠标有很多不同之处，因为电竞鼠标要求操作精准，在高频操作和高精度定位方面有较高的要求，如图5.3.6所示。

图 5.3.5　守护者黑爵高端背光电竞键盘

图 5.3.6　专业电竞鼠标

图 5.3.7　雷蛇（Razer）战戟鲨
7.1 声道电竞耳麦

2）麦克风

在电竞比赛中，队员相互的配合尤为重要，彼此交流频繁，作为声音的输入设备麦克风的性能就非常关键，当然主板声卡也很关键。专业电竞主板有较高的声音输入信噪比，能抓住每一个队员的声音信息，提高队员的协同作战能力。现在常用的是头戴式耳麦（耳机和麦克风一体）。图5.3.7所示为雷蛇（Razer）战戟鲨7.1声道电竞耳麦。

3．输出设备

1）显示器

电竞显示器与普通显示器在性能方面的要求是不一样的。为了满足各类游戏的显示要求，一是电竞显示器的刷新率要高，普通显示器的刷新率是 60Hz 左右，但电竞显示器要求是 144Hz 以上高速刷新率；二是要有高速响应时间，以减少拖影，提供精确画面以供电竞运动员判断。图 5.3.8 所示为华硕（ASUS）ROG 玩家国度 PG279Q 27 英寸显示器。

图 5.3.8　华硕（ASUS）ROG 玩家国度 PG279Q 27 英寸显示器

2）耳机

电竞耳机的要求比较高，不仅是听到的东西多，而且要能听到电竞运动员需要的声音。电竞耳机会做优化，增设虚拟声道来提升听声辨位的效果。

4．电竞座椅

电竞座椅的设计要符合人体工程学，便于电竞运动员的操作及体验。由于部分电竞游戏要求电竞运动员精力高度投入及长时间保持坐姿，电竞座椅应能很好地保证电竞运动员的舒适度，具有一定的抗疲劳性，如图 5.3.9 所示。

总之，电竞器材是电竞运动员施展才华的装备，不同的游戏或不同的电竞运动员的要求可能不一样，要根据实际情况选配专业级的器材。

图 5.3.9　电竞座椅

5.3.2　电竞设备的选择

前面我们对电竞器材中的主机、外设和座椅有了初步认识，但要配置一套合适的电竞器材，需要考虑的因素还很多，如经济预算、设备适用范围、是专业电竞用还是自用娱乐等因素。如果是专业电竞用，需要按专业要求配置，设备性能高，价格也昂贵；如果是普通玩家自用娱乐，那么可以根据自己的经济能力，不必过分追求高端配置，适合自己就可以。下面从几个方面来介绍电竞设备的选择。

1. 主机的选择

电竞设备中最重要的设备，就是主机。电竞主机的基本要求是性能强劲，能轻松应对主流电竞游戏。对于专业电竞运动员来说，能拥有一台性能强大、配置一流的主机等于拥有了克敌利器，在平时的训练中，就能够得心应手，达到训练目的，提高自身的操作技能和应战能力，这样才能在电竞比赛中取得好成绩。下面推荐 5 款主机配置，见表 5.3.1 ～表 5.3.5。

表 5.3.1 电竞主机推荐配置明细表（1）

组件	品名	数量	参考价 / 元	简介
CPU	Intel i5 9400F 散片	1	955	九代平台，六核心，4.1GHz
散热器	超步三，东海 X4，RGB	1	120	四热管，静音温控同步主板 RGB
主板	华硕 TUF B360M-PLUS GAMING S	1	595	加强七相供电，支持 AURA 神光同步
显卡	技嘉 GTX1660TI GAMING OC，6GB	1	2060	三风扇，高效散热，RGB 灯
内存	威刚 DDR4，8GB，2666	2	490	大品牌颗粒，2666 频率，16GB，双通道
固态硬盘	西数，黑盘 SN750，250GB，NVMe	1	345	NVMe 高速固态，5 年质保
机械硬盘	西数 1T 蓝盘	1	275	大容量，7200 转速
机箱	大水牛，潘多拉 PLUS，黑色	1	145	前面板七彩 RGB 双线光条，全侧透
电源	航嘉 HYPER 550	1	330	单路 12V，全电压，80PLUS 铜牌

总计: 5 315 元

配置说明：
① 1080P 分辨率下高画质畅玩目前市面的主流游戏，"吃鸡"特效全开流畅运行
② 256GB 固态硬盘＋1TB 机械硬盘，满足速度追求和大存储需要，机械硬盘可以按个人存储情况增减
③ 百元散热带来超高性价比的华硕神光，打造酷炫灯效
④ 显卡可升级为 RTX2060 或调整为 GTX1660/1060

表 5.3.2 电竞主机推荐配置明细表（2）

组件	品名	数量	参考价 / 元	简介
CPU	Intel i78700，散片	1	1830	六核心十二线程，可至 4.6GHz
散热器	超步三，东海 X4 RGB	1	120	四热管，静音温控同步主板 RGB
主板	华硕 TUF B360M－H GAMING 大板	1	780	ROG 信仰，声波雷达一体化，I/O 背板
显卡	微星 RTX2060 万图师，6GB	1	2480	20 系列，稍强于 GTX1070TI
内存	威刚 DDR4，8GB，2666	2	490	大品牌颗粒，2666 频率，16GB，双通道
固态硬盘	西数 黑盘 SN750，250G NVMe	1	345	NVMe 高速固态，5 年质保
机械硬盘	西数 1T 蓝盘	1	275	大容量，7200 转速
机箱	鑫谷图灵 1 号，黑色	1	215	前面板流光灯效，全侧透，扩展性强
电源	航嘉 HYPER 550	1	330	单路 12V，全电压，80PLUS，铜牌

总计: 6865 元

配置说明：
① 配置侧重于 CPU 性能，选用 i7 8700 六核十二线程 CPU，应对一些较消耗 CUP 资源的软件，满足设计专业制图等需求
② RTX2060 6GB 独显畅玩主流电竞游戏可选用专业图形卡
③ 总的来说，设计专业应用、游戏两不误

表 5.3.3　电竞主机推荐配置明细表（3）

组件	品名	数量	参考价/元	简介
CPU	Intel i7 8700K 散片	1	2195	六核心十二线程，可至 4.7GHz，可超频
散热器	ID-COOLING x240 水冷 RGB	1	380	240 冷排更强散热，同步主板 RGB
主板	华硕 TUF Z370M-PLUS，GAMINGII	1	1090	加强九相供电，ATX 大板，一键超频
显卡	华硕 DUAL RTX2070-A8G 雪豹	1	3590	2.7 插槽，大面积散热片，金属背板
内存	海盗船 复仇者 DDR4 8G 3000	2	550	高频 3000 频率散热马甲，16GB，双通道
固态硬盘	西数 黑盘 SN750 250GB NVMe	1	345	NVMe 高速固态，5 年质保
机械硬盘	西数 1T 蓝盘	1	275	大容量，7200 转速
机箱	鑫谷 图灵 1 号，黑色	1	215	前面板流光灯效，全侧透，扩展性强
电源	振华 冰山金蝶 GX650	1	580	80PLUS 金牌，半模组设计
			总计：9220 元	

配置说明：
① 本配置适合游戏直播，也能满足"游戏党"对大型电竞游戏画质的追求，i78700K 配备 240 冷排＋Z370 主板，可超频获得更强性能
② 无论是直播、专业应用、游戏，i78700K 都可以胜任，虽然 i79700K 综合性能更强，但价格过高，考虑性价比还是选 i78700K
③ 2K 分辨率下可畅玩目前市面绝大部分的 3A 大作

表 5.3.4　电竞主机推荐配置明细表（4）

组件	品名	数量	参考价/元	简介
CPU	Intel i7 9700K 散片	1	2695	八核心八线程，钎焊工艺，游戏性能更出色
散热器	ID-COOLING x240 水冷 RGB	1	380	240 冷排更强散热，同步主板 RGB
主板	技嘉 Z390 AORUS PRO	1	1390	电竞专家服务器级 CPU 供电，炫彩魔光
显卡	技嘉 RTX2080WF3，8GB	1	5350	三风扇高效散热，金属背板 RGB 灯
内存	海盗船 复仇者 DDR4，8GB，3000	2	550	高频 3000 频率散热马甲，16GB，双通道
固态硬盘	西数 黑盘 SN750，250GB NVMe	1	345	NVMe 高速固态，5 年质保
机械硬盘	西数 1T 蓝盘	1	275	大容量，7200 转速
机箱	金河田 峥嵘 Z22	1	245	全侧透钢化玻璃，侧翻门设计
电源	振华 冰山金蝶 GX650	1	580	80PLUS 金牌，半模组设计
			总计：12 025 元	

配置说明：
① 适合预算比较充裕的玩家，发烧级游戏配置
② 疯狂游戏、游戏直播、渲染作图等专业应用都能兼顾

表 5.3.5　电竞主机推荐配置明细表（5）

组件	品名	数量	参考价/元	简介
CPU	Intel i9 9900K 散片	1	3290	八核心十六线程，顶级主流平台 CPU
散热器	ID-COOLINGDASHFLOW240 水冷 RGB	1	650	内置分体泵更强散热，同步主板 RGB
主板	玩家国度 ROG Z390-F GAMING	1	1690	ROG 信仰，声波雷达，听声辨步
显卡	华硕 ROG RTX2080TI A11G GAMIING	1	10800	ROG 旗舰信仰，光线追踪
内存	芝奇 幻光戟 DDR4 300，32GB	2	1360	高频 3000 频率散热马甲，16GB，双通道
固态硬盘	西数 黑盘 SN750，250GB NVMe	1	345	NVMe 高速固态，5 年质保
机械硬盘	西数 3T 蓝盘	1	475	大容量，7200 转速
机箱	安钛克 暗黑系 复仇者 X	1	450	同步 RGB 灯效，全侧透钢化玻璃
电源	美商海盗船 RM750X	1	795	80PLUS 金牌，半模组设计
			总计：20 070 元	

配置说明：
① 最新第九代平台、20 系列旗舰卡，顶级强强联手的扫雷标配
② 满足发烧游戏、直播及视频剪辑、渲染等专业应用需求
③ 4K 分辨率下畅玩大多数主流竞技游戏，光线追踪技术带来不一般的游戏体验

上面 5 款主机配置，从游戏性能来看，可以说是低端、中端、高端三个层次。当然，我们还需要考虑各方面因素，综合确定配置方案。

2. 外设的选择

电竞计算机的外设主要有显示器、鼠标、键盘和耳麦，这些都需要达到相应的技术要求，才能满足电竞游戏的需求。

1）显示器的选择

电竞显示器即电竞比赛专业定制的游戏型显示器。目前电竞显示器已经发展到第二代。第一代电竞显示器主要通过以下两个方面定义：一方面，以 1ms 为标准的高速响应时间，降低画面高速变化下的拖影效果，提供准确画面以供电竞运动员判断；另一方面，以 144Hz 为标准的高速刷新率，通过提高显示器的刷新频率，提升视觉上的画面流畅度。第二代电竞显示器在第一代规格的基础上，通过内置 G-SYNCTM 显示技术，实现了显卡输出帧数与显示器刷新率的完全对应，从而解决了传统显示器因输出帧数与显示器刷新率不统一而造成的画面撕裂现象与卡顿感。图 5.3.10 所示为 60Hz 和 144Hz 显示器的显示效果对比。

(a) 60Hz 显示器显示效果　　　　(b) 144Hz 显示器显示效果

图 5.3.10　60Hz 和 144Hz 显示器显示效果对比

电竞显示器注重三个参数，分别是显示器的刷新率、响应时间和屏幕分辨率。要想在各种游戏中追求画面流畅性而不卡顿，一般选择刷新率在 144Hz 以上、响应时间在 1ms、分辨率为 1 080P 或 2K 的显示器，尺寸为 27 ~ 32in。如果追求更高档次的可选择 4K 显示器，但其价格要高出很多。下面介绍几款电竞显示器。

（1）惠普 27XQ 显示器。该显示器是 27in 高分辨率 2K 屏、高刷新率（144Hz）、"吃鸡"游戏电竞显示器，1ms 高速响应，轻松应对 PFS 游戏，如图 5.3.11 所示。

（2）宏碁（Acer）掠夺者 XB271HU A 显示器。该显示器是 27in 2K 窄

边框 G-Sync 144Hz 1ms 电竞显示器（HDMI/DP＋升降旋转），畅玩"吃鸡"，其采用 NVIDIA 的 G-SYNC 技术，如图 5.3.12 所示。

图 5.3.11　惠普 27XQ 显示器

图 5.3.12　宏碁（Acer）掠夺者 XB271HU A 显示器

（3）华硕（ASUS）ROG 玩家国度 PG279Q 显示器。该显示器是 27in IPS 屏，2K 分辨率，刷新率高达 165Hz，具有 G-SYNC 功能，旋转升降，且内置音箱，配置完全满足极端需求，是一款高端电竞显示器，如图 5.3.13 所示。

图 5.3.13　华硕（ASUS）ROG 玩家国度 PG279Q 显示器

2）鼠标的选择

实际上，鼠标的价位跨度还是很大的，日常使用的有 20～40 元的鼠标，100～400 元的鼠标性价比比较高，高端鼠标有 800 元甚至上千元的。鼠标的选择也有讲究。很多人以为普通鼠标与电竞鼠标没有区别，也有的人不顾个人需要购买高价的电竞鼠标，但对它的好处说不出所以然。电竞鼠标与普通鼠标相比有很大的区别。

（1）外观和重量不同。这是因为电竞鼠标加了几块可以调节的配重，这样可以保证操作时的精确性，不容易手滑而引起失误。当然，由于配重是可以调节的，如果觉得过重，可以调节到适合自己的重量。电竞鼠标和普通鼠标在外观上也有很大的区别。普通鼠标一般是鹅卵石造型，而电竞鼠标是以人体工学设计为前提，手感会更加舒服，长时间使用也不会觉得手酸，不会有疲劳感（图 5.3.14）。

普通鼠标的结构很简单，只有一个滚轮和左右两个按键。电竞鼠标的按键比较多，有的甚至有十几个功能按键，极具专业性，玩家可以自行对这些按键进行设置。电竞鼠标还带有炫酷的呼吸灯（图 5.3.15）。

图 5.3.14　雷柏 V29S 幻彩 RGB 电竞鼠标　　　图 5.3.15　多功能键电竞鼠标

（2）丰富而强大的驱动程序。电竞鼠标的驱动程序比普通鼠标更加丰富，它可以直接设置 DPI（dots per inch，每英寸的像素数）、设置灯光颜色、定义按键的功能等。

（3）DPI 不同。电竞鼠标的 DPI 值很高（大多大于 1 000），而且玩家可以根据自己电脑显示器的大小来设置自己觉得最舒服的 DPI 值。普通鼠标的 DPI 值比较低，一般为 400 ～ 600，而且玩家不能自行设置。

知识链接

鼠标 DPI 是指鼠标的定位精度，单位是 DPI 或 CPI，指鼠标移动中，每移动一英寸能准确定位的最大信息数，也就是鼠标每移动一英寸指针在屏幕上移动的点数。

图 5.3.16　Logitech 700S 电竞鼠标

对于电竞鼠标来说，性能是非常重要的，电竞运动员竞技水平的发挥在很大程度上取决于鼠标引擎（包括主控芯片）的好坏。下面是几款性能优秀的电竞鼠标。

（1）Logitech 700S 电竞鼠标。该鼠标是黑色风尚、无线光电炫酷鼠标，满足电竞游戏和日常办公的双重需求，DPI 为 8 001 ～ 12 000，自定义 9 个以上，属高端电竞鼠标，如图 5.3.16 所示。

（2）罗技（G）G502 LIGHTSPEED 电竞鼠标。该鼠标是无线电竞鼠标，RGB 炫光背光，16 000 DPI，支持无线充电供电，11 个自定义键，疾速无线，快速响应，给玩家带来不一样的感受，如图 5.3.17 所示。

图 5.3.17　罗技（G）G502 LIGHTSPEED 电竞鼠标

（3）微星 MSI GM50 电竞鼠标。该鼠标是黑色有线电竞鼠标，DPI 为 3 001 ～ 8 000，自定义键 5 ～ 8 个，RGB 背光，如图 5.3.18 所示。

图 5.3.18　微星 MSI GM50 电竞鼠标

3）键盘的选择

键盘的选择相对简单，电竞键盘都为机械键盘，而机械键盘的主流就是原厂轴，最主要的是要根据个人手感选择轴体。下面介绍机械键盘各种轴的适用情况。

黑轴：适合电竞游戏、打字（指力太弱则不推荐）。

青轴：最适合打字的轴。

茶轴：兼顾打字和游戏需求，属于万用轴。

红轴：适合电竞游戏，除青轴外最适合长时间打字。

白轴：适合长时间进行文字输入工作的人。

黄轴：适合电竞游戏（目前只有雷柏 V7 键盘使用黄轴）。

知识链接

1. 机械键盘各种轴的区别

白轴：操作压力克数比黑轴大，段落感比茶轴强，已停产。

黑轴：操作压力克数为（58.9±14.7）克，没有段落感。

青轴：操作压力克数为（58.9±14.7）克，触感压力克数为（58.9±19.6）克，段落感很好。

茶轴：操作压力克数为（44.1±14.7）克，触感压力克数为（54.0±14.7）克，有轻微的段落感。

红轴：操作压力克数为（44.1±14.7）克，没有段落感。

黄轴：雷柏自己开发的轴，压力克数为 50 克。

什么是机械键盘的段落感呢？这很难用文字描述。如果你慢慢滚动鼠标滚轮，会感觉有一个齿轮微微卡着，但是你轻微一推，又很快滚过去。键盘的段落感和这个相似。使用过有段落感的机械键盘的用户，很容易理解。

1）黑轴：游戏首选

黑轴——Cherry 的夏天。

玩游戏，选黑轴！黑轴直上直下，被公认为游戏机械键盘的不二之选。黑轴机械键盘给游戏过程带来酣畅淋漓的感觉。当然，黑轴也可以用来打字，但是黑轴触发键程短，压力克数较大，手指劲道偏小的人用它打字久了可能会感觉稍累。

黑轴机械键盘的单轴使用寿命长达 5 000 万次（其他机械键盘轴是 2 000 万次）。

2）青轴：打字神器

青轴——Cherry 的春天。

青轴无论段落感、Click 声音、机械感，都是 Cherry 轴里面最强的。青轴是机械键盘的代表轴。青轴的段落感强，对于玩游戏来说是阻碍，比较适用于打字。其声音较大，打字时清脆爽快，像春天一样舒畅。

3）茶轴：全面兼顾

茶轴——Cherry 的秋天。

茶轴被认为介于打字和玩游戏的中间地带。茶轴对于青轴，段落感弱很多；对于黑轴，又不是直上直下的。这样的手感很容易被用户接受。茶轴可谓办公、游戏两相宜，称其为"万用轴"较为恰当。

4）红轴：长时间文字输入

红轴可看作一个轻量级的黑轴：和黑轴一样直上直下，但是压力克数更小。红轴的手感轻盈，同样能照顾玩游戏和打字的需求。

5）白轴：曾经的辉煌

白轴——Cherry 的冬天。

有些用户把白轴称为"绷紧的茶轴"，因为使用它可以感受到比茶轴更大的触感。白轴的压力克数较大，按起来比较费力。白轴目前已经停产，在市场上也比较难找到（红轴是在白轴停产之后推出的）。

6）黄轴：国产新轴

黄轴是雷柏自主开发的键盘轴，寿命达到 5 000 万次。雷柏称黄轴一触即发，手感更接近黑轴，但比黑轴轻。黄轴的优势是打破 Cherry 的垄断，价格更低。

2. 机械键盘轴的选择

机械键盘什么轴好，一般认为：

游戏玩家：黑轴＞茶轴＞红轴＞青轴。

办公打字：青轴＞红轴＞茶轴＞黑轴。

如果不知道买什么轴，一般买青轴或茶轴都不会失望。黑轴的压力克数大，红轴没什么特色，白轴压力克数更大而且停产了。

3. Cherry 其他特殊轴

绿轴：一般用于青轴键盘的空格键，同青轴一样，有 Click 声和段落感。

灰轴：一般用于除青轴外的机械键盘空格键，无段落感，压力克数最大。

怪轴：应用于特殊开关。

当然，轴不是决定机械键盘的唯一因素，我们还要考虑键盘设计。例如，F 键区离得很远的机械键盘，就不适合玩即时战略游戏，但玩设计、音乐类游戏却很合适。所以，键盘的选择，要根据实际用途和使用者的具体感觉而定，没有统一的标准。下面介绍几款电竞机械键盘。

（1）Cherry MX 6.0 红轴机械键盘。该键盘是红轴有线机械键盘，游戏性能入门级，如图 5.3.19 所示。

（2）Cherry MX 1.0 108 键 RGB 背光黑轴机械键盘。该键盘是黑轴有线机械键盘，游戏性能骨灰级，适用于游戏场景，如图 5.3.20 所示。

图 5.3.19　Cherry MX 6.0 红轴机械键盘　　图 5.3.20　Cherry MX 1.0 108 键 RGB 背光黑轴机械键盘

（3）罗技（G）G813 茶轴超薄机械键盘。该键盘是超薄游戏机械键盘，疾速触发矮轴，全尺寸 RGB 背光，电子竞技宏编程，茶轴，游戏级是发烧级，如图 5.3.21 所示。

图 5.3.21 罗技（G）G813 茶轴超薄机械键盘

4）耳麦的选择

很多人认为监听耳机可以替代电竞耳机，因为听到的细节更多，但是在电竞游戏中不是听到的东西越多就越好，而是要听到你需要的声音。电竞耳机会做优化，虚拟声道也提升了听声辨位的效果，这对于 FPS 游戏尤其重要。下面介绍几款电竞耳麦。

（1）金士顿（Kingston）HyperX 黑鹰 S 耳麦。它是电竞头戴式耳麦，是"吃鸡"神器，模拟 7.1 声道，针对 FPS 游戏进行优化，使玩家更容易发现对手的位置，如图 5.3.22 所示。

（2）森海塞尔 GAME ZERO White 耳麦。该款耳麦是森海塞尔出品的"吃鸡"耳麦，专业级降噪，口碑非常不错，如图 5.3.23 所示。

图 5.3.22 金士顿（Kingston）HyperX 黑鹰 S 耳麦　　图 5.3.23 森海塞尔 GAME ZERO White 耳麦

（3）森海塞尔（Sennheiser）GSP 670 耳麦。这是一款头戴式蓝牙耳麦，采用封闭式声学设计，让玩家尽享高保真音质。凭借高品质的清晰度和纯粹的真实感，GSP 670 可让玩家瞬间提升物理空间感受，洞察到游戏中的细节并快速做出反应。杜比 7.1 环绕立体声，包含 7 个独立声道外加 1 个低频声道，专为电竞玩家打造，使其有身临其境的游戏体验。采用双向拾取模式技术，滤除周围环境噪声，可获得沟通中的微小细节，实现高清晰通话，如图 5.3.24 所示。

图 5.3.24　森海塞尔（Sennheiser）GSP 670 耳麦

5）电竞座椅的选择

电竞座椅的设计要符合人体工程学，便于玩家操作及体验。电竞座椅的功能非常强大，目前已被广泛应用到人们的工作、学习和生产场所。

电竞座椅的选择要注意以下几点：首先是设计。与普通椅子相比，采用人体工程学设计的电竞座椅更适合久坐，对人体有很好的保护作用。其次是坐垫填充物。市场上有很多座椅使用的是再生棉，这一方面影响座椅的使用寿命，另一方面对人体健康也不利，推荐使用填充物为原生高密度海绵的电竞座椅。再次，电竞座椅如果是弓形腿，要看拐角的地方有没有特殊处理，否则使用不久就会断裂；采用五爪轮的座椅注意检查气压杆是否经过 SGS 国际认证，否则有爆炸的危险。最后是其他附加功能，如保养是否方便、是不是可以躺下休息、售后服务如何等。下面介绍几款电竞座椅。

（1）anda seaT 电竞座椅。这是一款铝合金脚、升降扶手的专业电竞座椅，根据人体脊椎、肩膀、手臂、臀部等各部位生理构造精心设计，只为玩家更舒适健康地体验游戏，如图 5.3.25 所示。

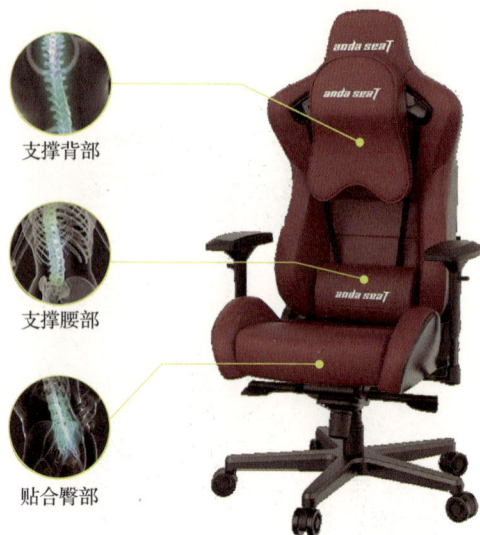

图 5.3.25　anda seaT 电竞座椅

支撑背部

支撑腰部

贴合臀部

（2）迪锐克斯（DXRACER）R2 电竞座椅。这是一款龙甲胄靠背人体工学电竞办公座椅，可躺可升降，是众多职业电竞运动员的选择，如图 5.3.26 所示。

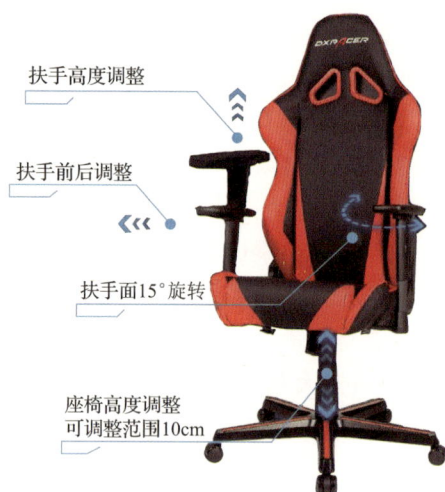

扶手高度调整

扶手前后调整

扶手面15°旋转

座椅高度调整
可调整范围10cm

图 5.3.26　迪锐克斯（DXRACER）R2 电竞座椅

总之，对于普通玩家，不必去追求顶级电竞设备，但对于职业电竞运动员来说，顶级电竞设备才能保障训练、发展和成长，才能保证他们在各种电竞赛事中取得优异的成绩。

学习评价 ✍

进行学习评价，并在"总结与反思"栏内写下自己的学习总结。

学习评价表

评价内容	自我评价			教师评价	
	了解	熟悉	理解	合格	不合格
电竞运动员选材原则					
影响电竞运动员选材的主要因素					
电竞运动员选材的方法					
电竞运动员选材的程序					
电竞心理能力及训练					
电竞战术策略及战术制定					
电竞数据分析的作用及分析方法					
电竞器材的种类					
电竞器材的选择					

总结与反思：

教师签字：

单元测试 ✍

一、填空题

1．运动员选材的原则有广泛性原则、针对性原则、_____、_____和经济性原则。

2．影响电子竞技运动员选材的主要因素是 _____、_____ 和 _____。

3．电竞训练主要从 _____、_____、_____ 和 _____ 方面展开。

4．电子竞技战术有 _____ 和 _____ 两种。

5．电子竞技设备主要有 _____、_____、_____ 和 _____ 等。

6．电竞显示器要满足主流游戏显示，其刷新率要达到 _____Hz 以上，响应时间 _____ms，采用 2K 屏。

7．电竞键盘常用的是 _____ 轴和 _____ 轴的机械键盘。

二、简答题

1．电竞运动员的选材方法有哪些？

2．简述电竞运动员选材的流程。

3．通过学习，谈谈你对电竞运动员职业生涯的理解。

4．影响电竞选手的心理因素有哪些？

5．电竞运动员心理技能训练的方法有哪些？

6．电竞数据分析的作用有哪些？

6 单元

电竞赛事组织

单元导读

电竞赛事是借助信息技术进行的人体对抗活动（主要是智力对抗），是电竞赛事组织与运营者依据一定的程序与规则对投入资源进行组合与配置利用的过程。电竞赛事作为一项大型活动，需要整体的运营与组织，有其复杂性和多样性，要做好一场电竞赛事，需要完善的组织体系，有序推进，强力执行。

学习目标

- 了解国际三大电竞赛事；
- 了解电竞赛事的分类、项目设计；
- 熟悉电竞赛事方案的制订；
- 了解电竞赛事的赛制、比赛规则、赞助招商及现场控制；
- 熟悉电竞赛事执行内容。

思政目标

- 廉洁自律，恪尽职守，遵守工作规划，坚守职业道德；
- 养成公平公正、科学严谨、精益求精的工作作风；
- 培养文明沟通、热情服务、保守秘密、注意安全的良好品格。

6.1　电竞赛事概述

6.1.1　电竞赛事的类型与特征

根据电竞赛事的特点采取以下几种分类方法。

1. 按主办方分类

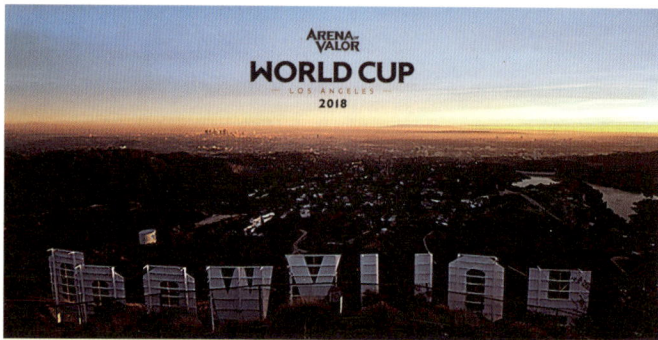

电竞赛事按主办方可分为第一方电竞赛事和第三方电竞赛事。通常电子游戏厂商为第一方，由第一方举办的电竞赛事就是第一方电竞赛事。除电子游戏厂商外的其他电竞赛事主办机构均称为第三方，由第三方举办的电竞赛事就是第三方电竞赛事。第三方电竞赛事按照是否拥有完整品牌和赛事招商的自主权，又分为自营业务和代理业务。自营业务是指利用自己的赛事品牌举办的赛事，其广告收入、版权收入及推广收入均归自身所有。代理业务是指承办其他赛事方的电竞赛事，与第一方电竞赛事的运营工作基本一致，广告招商收入分成一般由公司与赛事主办方协商决定。

在 2000 年前后，随着《星际争霸》《反恐精英》《魔兽争霸》等竞技类游戏的普及，由第三方主办的三大国际电竞赛事应运而生。但电子游戏厂商掌握游戏版权拥有大量游戏用户，在举办电竞赛事方面独具优势。在 2010 年前后，随着 MOBA 游戏的兴起和原有竞技类游戏的更新重制，优质的电竞游戏在短时间内大量涌现，此时正值第三方电竞赛事的衰退期，大量新兴电竞游戏的赛事空白急需填补。在这个阶段，电竞赛事的总数不仅急剧增加，第一方电竞赛事的规模和影响力也实现了对第三方电竞赛事的超越，三大国际电竞赛事也从第三方向第一方转移。图 6.1.1 所示为腾讯 MOBA 手游国际赛事现场。

图 6.1.1　腾讯 MOBA 手游国际赛事现场

2．按比赛项目数量分类

电竞赛事按比赛项目数量可分为单项电竞赛事和综合性电竞赛事。前者是指比赛围绕某一电竞项目进行，而后者是一场赛事中有多个电竞项目。大部分综合性赛事由第三方机构主办，而电子游戏厂商主打单项赛事，其主办的综合性赛事一般仅限于自己旗下的游戏。

3．按游戏平台分类

电竞赛事按游戏平台可分为 PC 电竞赛事和移动电竞赛事。前者是指需要在 PC 端完成的电子游戏比赛，而后者是指需要在移动端完成的电子游戏比赛，要使用手机、PSP（play station portable，掌上游戏机）、平板等移动终端（图 6.1.2）。1995 年，韦斯特伍德工作室推出《命令与征服》即时战略游戏，之后暴雪娱乐公司推出《星际争霸》《魔兽争霸》等同类型游戏。它们受到了众多 PC 游戏爱好者的热爱与追捧，在美国和一些欧洲国家开始出现一些有组织的游戏比赛之后，基于 PC 平台的电子竞技赛事逐渐发展壮大。移动电竞赛事起步于 2014 年，在短短的数年内其赛事数量就达到了 PC 电竞赛事的一半，发展势头非常迅猛。近年来，爆款移动电子游戏不断出现，如腾讯的《王者荣耀》是国内知名的移动电竞游戏，也举办了相关赛事，所以说移动电竞赛事潜力巨大。

(a) PC 端游戏

(b) 手机端游戏

(c) PSP 端游戏

(d) 平板端游戏

图 6.1.2　移动电竞赛事游戏

4．按游戏类型分类

电子游戏有很多类型，常见的有 MOBA、FPS、TCG（trading card game，集换式卡牌游戏）、RTS、休闲类等，这些常见类型的赛事目前都在进行。总体来说，MOBA 游戏最受欢迎，赛事数量占绝对优势。职业联赛奖金排名前三的游戏均为 MOBA 游戏，如《英雄联盟》《王者荣耀》等。图 6.1.3 所示为《王者荣耀》职业联赛现场。

图 6.1.3 《王者荣耀》职业联赛现场

5. 按赛事规模分类

电竞赛事在按规模分类时有不同的衡量标准。以赛事的影响范围为依据，电竞赛事可分为国际性电竞赛事、全国性电竞赛事及地区性电竞赛事。图 6.1.4 所示为 2019 年 DOTA 2 国际邀请赛现场。

图 6.1.4　2019 年 DOTA 2 国际邀请赛现场

当前的国际性电竞赛事规模较大，第三方电竞赛事的数量明显高于第一方电竞赛事，而且由于第三方电竞赛事的承办机构起步早，经验更加丰富，因此这类赛事的专业程序和竞技水平较高，其奖金金额也非常高。在全国性电竞赛事中，第一方机构占据主导地位，且大众化的电竞赛事居多，不需要用巨额奖金来吸引职业电竞运动员参赛，因此奖金金额也较少。对于棋牌类电竞赛事来说，其规则的地域性较强，故大多数赛事是地区性的。

6. 按举办地点分类

电竞赛事按赛事的举办地点可分为线上电竞赛事和线下电竞赛事。线上电竞赛事是指竞赛双方通过网上报名，由赛事主办方组织并规定比赛时间，利用互联网技术在网络上进行竞赛的比赛方式。此类赛事的优点是赛事举办灵活，不受空间限制，在主办方规模较小和经费有限的情况下较为常用。线下电竞赛事是与线上电竞赛事相呼应的一种比赛形式，是指竞赛双方在主办方指定的时间、地点进行面对面竞赛的比赛方式，也是电竞赛事发展趋向成熟的产物。本书所讲的"电竞赛事"即为线下电竞赛事。在网络不发达的时候，线下比赛能够最大限度地消除竞赛双方之间的硬件差距，最大限度地确保电竞运动员水平的发挥。现在由于互联网技术的发展，所有电竞赛事都采用线上与线下相结合的比赛模式。随着电子竞技成为正式体育竞赛项目，线下比赛也越来越受到人们的重视。图 6.1.5 所示为2019 年成都国际女子电子竞技锦标赛。

图 6.1.5　2019 年成都国际女子电子竞技锦标赛

6.1.2　国际三大电竞赛事

WCG、CPL 和 ESWC，并称为当今世界三大电竞赛事，每年吸引无数电竞运动员参赛。

1．WCG

WCG 初创于 2000 年，从创立之初就被定义为一个全球性的电子竞技赛事，又被一些媒体称为"电子竞技奥运会"。2000 年第一届为 WCGC，2001 年更名为 WCG，目的就在于沟通全球顶尖电竞运动员，承担国际交流的责任，在三星集团海量资金的投资下短时间之内就成为新体育形式的开创者。

随着时间的推移，WCG 获得了越来越多电竞运动员的肯定与支持，赛事规模日益扩大，也更加国际化与规范化，为世界电竞运动的发展做出不可磨灭的贡献，对于中国电竞行业的发展也产生了深远的影响。

第二届 WCG 在中国吸引了 4 200 多名电竞运动员参加地区选拔赛，官方网站短时间内访问量就超过了 1 000 万人次。之后其在中国的影响力愈发强大。Sky 在第五届 WCG 上夺得了《魔兽争霸 3》项目的总冠军，鼓舞了中国电竞行业，让中国人第一次明白电竞不仅仅是游戏那么简单，更能够像其他运动项目一样为国争光。此后，WCG 成为无数中国电竞人的最高梦想舞台。第九届 WCG 于 2009 年 11 月 11 ～ 15 日在中国成都隆重举行。65 个国家和地区的 600 多名选手参加本届赛事，而观看比赛的观众更是超过了历届的规模。第 12 届与第 13 届 WCG 皆于中国昆山举行。

2．CPL

CPL 初创于 1997 年。创始人为 Angel Munoz，其最初的目的是报道、举办电竞职业比赛的消息以及比赛实况。之后随着资金的注入，它开始走上主办电子竞技联赛的道路，经过几年的发展，在 21 世纪初成为世界三大电竞赛事之一。图 6.1.6 所示为 2016 年 CPL《英魂之刃》赛事现场。

相对于 WCG，CPL 并没有那么规范，创立之初比赛在美国、亚洲和欧洲都有举办，不同地区的玩家和战队会在其擅长的项目上进行比赛。CPL 向公众开放报名，但是所有参赛人员必须大于 17 周岁。

直到 2005 年年初，CPL 才确定了当年比赛的奖金总额，高达 200 万美元。之后，CPL 开启了全球巡回赛模式。

但是，对于中国玩家来说，CPL 一直是一个名声不显的赛事，原因有很多：其一，其比赛项目不是当时中国流行的《魔兽争霸 3》《星际争霸》；其二，它是一个源于美国的赛事，并不重视当初尚处于初创时期的中国电竞行业。因此，即便有着高额奖金，中国电竞运动员也没有在 CPL 赛场上露过面，就连国内对其的相关报道都异常稀少。

图 6.1.6　2016 年 CPL《英魂之刃》赛事现场

3. ESWC

ESWC 起源于法国，前身为欧洲传统电子竞技赛事"Lan Arena"。从 1998 年起，Lan Arena 就开始组织电竞赛事，到 2002 年共组织了 7 届赛事，超过 15 000 人参加。2003 年改名为 ESWC，凭借其底蕴后来居上，与 WCG、CPL 并称国际三大电竞赛事。

2003 年是中国电竞运动员征战 ESWC 的第一年。在国内暴发 SARS 疫情的不利形势下，ESWC 中国组委会克服了无法想象的困难，在全国范围内举行了预选赛，选拔了 3 个项目共 7 名选手参加全球总决赛。尽管战果不佳（各项目均未小组出线），但成功迈出了中国电竞运动员征战 ESWC 的第一步。2004 年，ESWC 中国组委会在国内 25 个城市举办了新一轮预选赛，数万名选手参与角逐，5 个项目 14 名选手远赴法国参加全球总决赛，并一举夺得《Counter Strike》（女子组）项目、《实况足球》项目两块铜牌，并取得了《实况足球》项目第四名、《Warcraft3》项目两名选手进入 16 强的好成绩。之后，中国渐渐成为 ESWC 全球总决赛上的常客，如 2005 年 Sky 拿下了 ESWC 全球总决赛《魔兽争霸 3》项目冠军。图 6.1.7 所示为 2004 年法国 ESWC 全球总决赛现场。

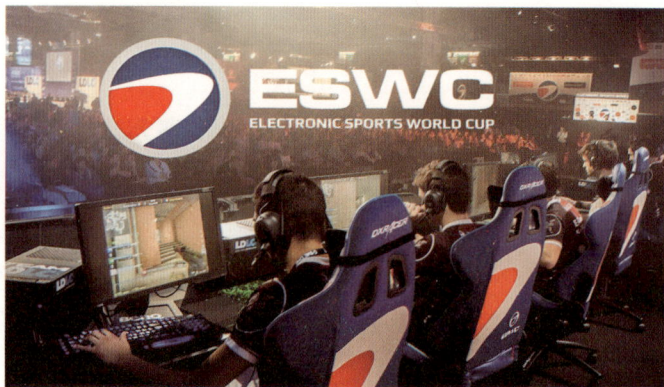

图 6.1.7　2004 年法国 ESWC 全球总决赛现场

6.2　电竞赛事策划

电竞赛事的总体规划确定以后，赛事举办者就可以制定详细的赛事细则和具体的实施方案，这就是电竞赛事的策划。电竞赛事策划需要通过具体的表达方式客观、清晰、生动地呈现电竞赛事的整个过程，以达到能高效地指导电竞赛事运营实践的效果。策划方案是设计出来的。这既是一个技术过程，也是一个创造过程。电竞赛事的每个环节不是简单发生的，它们必须经过设计创造才会产生。本节就对电竞赛事策划加以介绍。

6.2.1　确定项目

电竞项目是一系列独特的、复杂的、相互关联的活动，这些活动有着一个明确的目标，即必须在特定的时间、预算、资源限定内依据规范完成。项目设计就是将这些活动进行详细规划，形成方案，最终确定其相互作用能够生效，从而达到预定目标。一个电竞赛事可能有多个活动，但赛事的核心是电竞竞赛活动。在规模较大的电竞赛事中，通常会将竞赛活动与其他活动进行组合包装，与单纯的电竞赛事活动相比，这种组合包装能进一步提高电竞赛事的吸引力，也可以为赛事参与者和观众带来更多的附加利益，特别是在市场激烈竞争时，它能达到差异化的目的，提升电竞赛事的竞争力。

电竞赛事是一种新兴的赛事，还没有形成固定的内容、形式、执行程序和评估标准，不管是核心的竞赛活动，还是其他支持类活动，它们的构成可以根据需要进行"选择动作"，按照自选模式进行。

1. 基于体验类型的项目设计

体验类型一般分为四种，主要按"主动—被动"和"吸收—沉浸"所创建的二维体验模型来分，如图6.2.1所示。

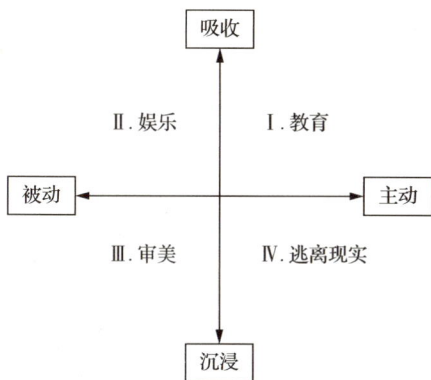

吸收

Ⅱ.娱乐　　Ⅰ.教育

被动　　　　　　　　主动

Ⅲ.审美　　Ⅳ.逃离现实

沉浸

图 6.2.1　体验模型的四个象限

在第Ⅰ象限中，个体对电竞赛事的竞赛活动及相关活动表现出兴趣，他们愿意积极吸收信息并主动参与，因此具有"教育"意义。在这种体验情境中，"教育"不仅表现为大脑对信息的吸收，还表现为通过实际的操作加深或强化对某些信息的理解。例如，有些人观看电竞赛事是为了学习操作技巧和战术策略。设计者为了使电竞赛事获得成功，在设计具体项目时就可以针对这方面进行重点考虑。图6.2.2所示为中国传媒大学南广学院电竞学院学生集体观摩职业电竞赛事合影。

图 6.2.2　中国传媒大学南广学院电竞学院学生集体观摩职业电竞赛事合影

在第Ⅱ象限中，个体对现场的竞赛活动表现出兴趣。在这个过程中，个体只是被动地通过自己的感官"吸收"体验，娱乐是他们的主要目的。在电竞赛事中，比较典型的代表就是直播观众，他们通过视听器官欣赏竞技活动。图6.2.3所示为人声鼎沸的电竞赛事现场。

图6.2.3 人声鼎沸的电竞赛事现场

在第Ⅲ象限中，个体将自己沉浸在电竞赛事的环境中，获得了审美的体验。这种体验是一种"凝视"。电竞赛事的设计者可以利用所营造的环境为观众提供可被注视的元素，令其能从中体会到美感，如图6.2.4所示。

图6.2.4 观众沉浸在《王者荣耀》赛事中

在第Ⅳ象限中，个体深度沉浸在电子竞技赛事中，达到暂时的"逃离现实"。这就像玩游戏过于专注一样，他们将个人精神完全投入电竞赛事中，并获得高度的兴奋及充实感。对于这类人，赛事举办方可设计模拟的比赛情境，让一部分到场的人参与其中，使其获得这种体验效果。

2. 基于情绪与情感引导的项目设计

情感刺激物的运用对电竞赛事具有重要的作用，这方面的设计要素通常包括仪式、重要人物或创业管理者的直接宣传（如开幕式或闭幕式的领导讲话）、选择性的信息与解释和壮观景象的制造（如《英雄联盟》S7 赛利用 VR 技术制造的飞龙，如图 6.2.5 所示）。

图 6.2.5　《英雄联盟》S7 赛场

在电竞赛场上总有一些"粉丝"会齐声高喊喜爱的选手的名字，或者高举写有选手名字的电子牌等。总体来讲，情感刺激多表现为一种整体上的气氛，并由此感染观众以使其产生情感反应。这些情感刺激的因素可以应用到电竞赛事活动的项目设计中，以形成良好的赛事氛围，助力赛事成功。

情绪与情感的刺激除了用气氛来表现，还表现在如何合理地设计赛事活动的结构。赛事活动的结构涉及时间和空间两个方面，前者是指出场的先后顺序，后者是指从哪个地方出场。另外，赛事参与者与观众之间的互动，以及赛事参与者之间的互动也能形成良好的氛围，达到积极引导人员情绪与情感的目的。例如，在比赛间隙设计一些小游戏来调动气氛、增加几个投资环节等，都会起到非常好的效果。

3. 活动规则的设计

规则是电竞赛事活动项目设计的关键构建元素之一，它一般由赛事的组织举办方制定，是所有参与者都要遵守的条例和章程。这里的规则包括仪式、行政规则、制度及规程等。有了规则，电竞赛事才能顺利举办。

4．项目活动中的创意设计

在电竞赛事项目的整体活动设计中，除了要满足观众的基本需求，最好能有一些创意设计来超越观众的需求。创意是指基于对现实存在事物的理解和认识，所衍生出来的一种新的抽象思维和行为潜能。要真正实现创意，需要在了解观众需求的前提下，给观众"意外"和"惊喜"。在各种需求中，观众对负面情绪宣泄的需求和对"新"与"喜"的需求是非常强烈的。

观众需要宣泄负面情绪。人们在生活中积累了一些负面情绪，希望在网络上来宣泄（包括在直播的平台发弹幕，如图6.2.6所示），这个过程中可能会有污言秽语。在进行赛事活动设计时，如何通过创意设计来满足观众的负面情绪宣泄，同时又不影响赛事自身，值得设计者深思。观众对"新"与"喜"的需求就是追求新鲜感与认同感，观众对一个项目是否喜欢，主要受以下两个因素的影响。一个因素是赛事活动的创意，它的形式能否让观众有新鲜感，如请一些明星来主持或者让一名知名电竞选手当赛事嘉宾，由于观众了解这些人的风格和背景，就容易产生认同感。另一个因素是电竞赛事活动的创意设计要与网络文化相结合，让观众产生认同感。这是因为电竞与网络渊源很深，电竞圈与网络文化更是密不可分。这些网络文化包括网络用语、网络热门事件、网络红人、二次元等。

图 6.2.6　直播平台弹幕

总之，一个好的电竞赛事创意设计，不仅能让观众满意，还能让整个赛事增色不少，取得赛事的成功。

6.2.2 制订方案

电竞赛事的全过程，从规划赛事到筹备赛事，再到举行赛事，最后对赛事进行评估，会涉及诸多文档。下面介绍电竞赛事方案的制订。

1．总体方案

总体方案由赛事承办方制订，经主办方审批后，用于整个赛事的筹备组织工作，是赛事的纲领性、原则性、指导性文件，是赛事筹备组织工作的总则。一般来说，总体工作方案主要包括以下内容。

（1）标题：方案名称。

（2）前言：表述赛事名称、举办时间、性质、背景等。

（3）指导思想：表述赛事主要的指导原则。

（4）主题：表述赛事的核心理念。

（5）总目标：表述赛事的最终目标及各类工作定位。

（6）组织机构：表述赛事筹备组织机构的设置与功能。

（7）主要工作任务：分解并表述各类工作任务。

（8）主要措施与要求：表述管理的办法及经费安排。

（9）主要时间安排：表述赛事全程主要工作时间节点及要求。

（10）结束语：表述决心与号召。

2．竞赛规程

竞赛规程是电竞赛事竞赛管理的纲领性文件，是赛事组织者与赛事参与者都必须遵守的规则，它也是举办单位必须向体育主管部门提交的文件材料之一。竞赛规程主要内容包括以下几个方面。

（1）赛事介绍，包括赛事名称、宗旨、主题、定位、目标等内容。

（2）组织机构，包括主办单位、承办单位、协办单位、指导单位等各组织机构，以及其他参加单位。

（3）竞赛项目，包括举办哪些比赛项目，是个体项目还是团体项目等。

（4）竞赛报名，包括报名时间、报名流程、报名细则等内容。

（5）竞赛时间。

（6）竞赛地点。

（7）竞赛办法，包括赛制规则、竞赛流程等。

（8）奖励办法。

（9）联系方式。

（10）未尽事宜。

2018年全国电子竞技公开赛（NESO）规程

一、赛事介绍

全国电子竞技公开赛（National Electronic Sports Open，NESO）是由国家体育总局体育信息中心主办，上海网映文化传播股份有限公司承办，各省、自治区、直辖市、新疆生产建设兵团、计划单列市体育部门组队参加的电子竞技综合性赛事，不仅是我国电子竞技体育发展战略的重要组成部分，同时也是宣扬电子竞技体育文化的重要组成部分。本赛事旨在为全国电子竞技爱好者提供一个公平、公正、公开的竞技平台，面向社会宣传电子竞技运动、传播电子竞技正能量。

二、组织机构

主办单位：国家体育总局体育信息中心。

承办单位：上海网映文化传播股份有限公司。

三、比赛项目

（一）邀请组比赛项目

《英雄联盟》（5V5）；

《绝地求生》（表演赛）。

（二）选拔组比赛项目

《英雄联盟》（5V5）；

《星际争霸2：虚空之遗》（1V1）；

《炉石传说》（1V1）。

四、裁判与仲裁

2018年全国电子竞技公开赛仲裁委员会成员将由组委会成员和相关方面人员组成，裁判员将由组委会选派。

五、组队与报名

（一）组队

各省、自治区、直辖市、新疆生产建设兵团、计划单列市体育局或体育总会及其直属单位为2018年全国电子竞技公开赛组队单位。

（二）报名

（1）在收到体育信息中心参赛通知后，各省、自治区、直辖市、新疆生产建设兵团、计划单列市体育局或体育总会及其直属单位需将填写好的组队报名表邮寄至2018年全国电子竞技公开赛组委会，邮寄方式为特快专递。

（2）请各组队单位确定一名联系人，公开赛组委会一应事宜将通过邮件和电话方式与该负责人进行沟通。

（3）代表队报名截止时间：2018年8月27日。

（4）报名方式：采用书面报名方式。

（5）报名规则：2018全国电子竞技公开赛分为邀请组及选拔组。组队单位可分别申报邀请组及选拔组。

六、总决赛时间

2018年12月。

七、总决赛地点

四川成都。

八、比赛办法

2018 年全国电子竞技公开赛执行本规程规定的相关规则。

九、各地区选拔赛赛制

（一）选拔赛时间

2018 年 8 ～ 10 月。

（二）选拔赛选手报名注册

（1）参加 NESO 2018 年的参赛人员代表资格依据本办法确定。

（2）参赛人员到 NESO 官方网站——电竞圈进行注册。电竞圈将注册审核权限给至各参赛地区。

（3）注册期为 2018 年 7 月 30 日～ 11 月 30 日。

在当前年度赛季中一旦确认注册地当年不得再进行更改。

参赛人员在次年可重新选择代表地注册。

（4）所有参赛单位将完成注册的本省（区、市）参赛人员名单提交至 NESO 赛事组委会，由 NESO 组委会进行统一备份管理。

（5）参加地区选拔赛及全国总决赛的选手必须是 NESO 注册选手。

（三）选拔赛形式

分赛区每个比赛项目设有一个总决赛参赛名额（分别为选拔名额或邀请名额）。邀请仅限英雄联盟邀请组。

（四）各项目选拔赛名额

经 NESO 官网注册报名选拔产生的冠军（选手 / 队伍）。

（五）英雄联盟邀请组邀请办法

组委会拟定邀请范围进行邀请，被邀者直接进入全国总决赛。

（六）英雄联盟邀请组邀请名额范围

英雄联盟：2017 ～ 2018 赛季 LDL 及 LPL 参赛队伍。

十、各地选拔赛举办流程及须知

（一）各地选拔赛举办方招商权益

2018 年 NESO 拥有指定的赛事冠名及赞助商。各代表队进行招商时，必须排除总决赛赞助商的竞品品牌，同时在分赛区的执行过程中，为总决赛赞助商进行品牌推广。队伍冠名，选拔赛冠名等各种方式的商务合作，各代表队组织方需提前向组委会进行报备。

（二）各地选拔赛赛区命名方式

2018 全国电子竞技公开赛"×××杯"YYY 代表队选拔赛。

（三）各地代表队命名方式

省市名＋冠名＋代表队，如上海申花代表队。

（四）各地选拔赛赛事日程安排

各地确认参赛的 30 天内，需提交明确的赛事执行计划及日程安排，内容主要如下。

1．选拔赛模式

（1）集中选拔：所有报名选手统一时间地点进行比赛。

（2）初赛结合决赛：各地区初赛后统一时间地点进行决赛。

2．赛事项目确定

各地区原则上必须举办总决赛所有正式项目，如有特殊问题，请提前联系全国组委会，如因商务需求各地选拔赛需增加项目，需在选拔赛开始前一个月与全国组委会确认，在获得全国组委会确认后方可执行。

3．选手报名及组织

全国组委会将建立网上报名系统，系统中将涵盖选手信息提交、赛程分组等多项功能，各地选拔赛参赛选手必须在网上报名系统中提交信息，各地选拔赛裁判需在赛事中更新晋级流程及比赛结果。

各地选拔赛参赛选手必须为代表地当地注册选手，代表地注册在 NESO 官网——电竞圈上进行，非注册选手不得参加，如违反此项规定并查实的，将取消该选手一切参赛资格。团队项目中有选手违反此项规定并查实的，将取消全队参赛资格。

4．参赛场地及比赛硬件确认

为保证宣传需求，各地选拔赛需在开赛前 30 天确认比赛场地，比赛场地需宽敞明亮，适合拍照，比赛场地位置需交通便利。

比赛场地比赛用机配置需提前 30 天提交组委会，移动电竞项目比赛用机需统一手机版本，赛前请务必更新所有比赛项目版本。

5．赛事现场制作物规定

全国组委会将统一制作选拔赛物料设计，包括横幅、海报、易拉宝、背景墙喷绘等，如各地有更多制作物制作需求，需按照组委会规定图案进行设计并提交组委会确认。

6．选拔赛奖金设置

各地选拔赛奖金可自行设置，全国组委会不做限定，奖金方案及赛后发放证明需报全国组委会备案。

7．赛后资料提交

各地组委会赛后需提交出线选手名单（在赛事系统中输入）、选拔赛现场照片。

（五）各地选拔赛推广工作

各地选拔赛主办方须于 7 月 30 日前，向全国组委会提交赛事推广方案，方案主要包括：

（1）新闻类：开赛报名新闻，各地比赛参赛通知，各地参赛特色特点，各地明星选手参赛状态。

（2）微博及自媒体：各地体育系统自媒体及各地明星选手微博等。

全国组委会将尽可能提供赛事新闻的撰写模板与新闻发布渠道，请各地组委会与全国组委会更多进行沟通。

十一、总决赛赛制

（一）总决赛时间及地点

（1）时间：2018 年 12 月。

（2）地点：四川成都。

（二）全国总决赛运动员（队伍）组成

（1）总决赛邀请组由各参赛单位邀请各项目职业选手／队伍组成。

（2）总决赛选拔组各项目选手／队伍由各地选拔赛运动员／队伍组成。

（三）抽签

各运动员／队伍将进行抽签。

（四）晋级流程

1．比赛方式

（1）选拔组和邀请组分别进行组内对决。

（2）选拔组和邀请组按照名次均能获得参赛分。

2．对阵方式

（1）进行小组循环赛决出八强。

（2）八强后采用单败淘汰赛制直至决赛。

十二、总决赛参赛流程及须知

（一）差旅安排

各地组委会需要负担参赛选手参加总决赛阶段比赛，往返总决赛城市的差旅费用，差旅费用不得以任何形式让选手自行承担。绝地求生表演赛参赛选手的差旅费用由组委会承担。

NESO全国组委会负责参赛代表队到达总决赛地点后，总决赛期间的落地接待，包括：

（1）在总决赛期间市内比赛场馆与指定酒店的接送工作。

（2）在总决赛期间，参赛代表队从完成签到起至比赛结束期间每日早、午、晚餐及指定酒店住宿。

（3）组委会接待参加总决赛代表队人员架构范围：团长1名，各项目经选拔确认后的正式参赛队员若干名。其他随行人员到达后需自行安排，组委会不承担随行人员相关责任。

（二）接待

（1）嘉宾接待：嘉宾在总决赛开始前1日入住组委会指定酒店。

（2）参赛代表队报到：参加全国总决赛运动员须在总决赛开始前2日入住比赛指定酒店。

（3）媒体接待：参加全国总决赛报道的媒体记者须在总决赛开始前1日入住指定酒店。

（三）着装

各地代表团参赛人员必须统一着装，各地组委会可在参赛服上印制赞助商LOGO，着装方案应于总决赛开赛前1个月报NESO全国组委会备案。如参赛服有冲突允许各地体育局在比赛期间穿着当地队服，上台颁奖环节时需更换NESO大赛指定服装。

（四）最佳赛区评选

NESO全国组委会将在总决赛颁奖环节评选三个最佳赛区给予颁发。

（五）保险

NESO全国组委会将为各代表队参赛名单内的人员购买人身意外商业保险，其他随行人员可自行安排，组委会不作统一安排，发生意外的NESO全国组委会不承担相关责任。

十三、总决赛奖励办法

（一）荣誉奖励

（1）总决赛每项比赛冠军颁发奖杯及证书。

（2）总决赛每项比赛亚军、季军颁发奖盘及证书。

（3）总决赛每项比赛冠、亚军取得入选电子竞技国家集训队资格。

（二）奖金

总决赛总奖金：890 000元。

各项目奖金分配原则

单位：元人民币

项目	冠军	亚军	季军
英雄联盟邀请组（5V5）	200 000	100 000	50 000
英雄联盟选拔组（5V5）	100 000	50 000	30 000
炉石传说（1V1）	50 000	30 000	10 000

续表

项目	冠军	亚军	季军
星际争霸 2（1V1）	50 000	30 000	10 000
绝地求生	100 000	50 000	30 000
合计		890 000	

注：奖金按《中华人民共和国个人所得税法》条例需扣除 20%。

NESO 全国组委会默认将奖金以银行转账的形式发放给获奖选手本人。如各地组委会在奖金接收方式上有特殊要求，需要先与获奖选手本人确认，在取得获奖选手本人书面同意的情况下将发放要求报送至全国组委会。

（三）总决赛代表队积分排名与奖励

1. 计分方法

各代表队每个项目的运动员按照名次取得积分，未获名次取得参赛基础分。每代表队各个项目运动员取得积分之和为该代表队的团体总分。各项目计分方法如下：

名次	分数
第一名	15
第二名	10
第三名	7
第四名	6
第五至八名	3
参赛分	1

2. 积分排名规则

（1）各代表队名次依据团体总分分数进行排列，分数高者列前。

（2）若分数相同，第一名名次居多者列前。以此类推第二、第三名名次。

（3）若分数、名次均相同，取团体项目名次居多者列前。

（4）若以上均相同，则排名并列。

（5）《绝地求生》（PUBG）属于表演项目，名次不获得积分。

3. 荣誉奖励

总决赛各代表队积分排列第一名颁发 NESO 全国电子竞技公开赛荣誉奖杯。

十四、联系方式

（一）国家体育总局体育信息中心电子竞技项目部

地址：北京市东城区体育馆路 11 号

邮编：100061

联系人：孙瑜

联系电话：010-87183016

传真：010-87183016

电子邮件：suny@sport.gov.cn

（二）全国电子竞技大赛组委会

地址：上海市静安区灵石路 658 号 302 室（大宁财智中心）

邮编：200072

联系人：徐润东

联系电话：60952795-8058

传真：60952758

电子邮件：xurd@neotv.me

十五、其他

2018 年全国电子竞技公开赛竞赛规程的最终解释权属于国家体育总局体育信息中心。其他未尽事宜将另行通告。

3. 竞赛规则

竞赛规则是对竞赛工作技术规范的约定，是对竞赛场地、器材条件的规定，是选手竞赛行为规范和裁判执法的依据。竞赛规则与竞赛规程共同构成对竞赛全过程的控制。

4. 主题活动方案

电竞赛事的相关活动，是指在完整筹备与举办过程中，以电子竞技为主题，赛事组织者为了提高赛事的综合效益、全面实现办赛目标，或者为了筹集资金，或者为了回报赞助商，或者为了进一步提升赛事的知名度、美誉度而举办的相关集众性活动。此类活动通常会有主题活动方案，活动方案是活动组织的工作规范，也是活动组织工作的依据。

主题活动方案的设计与制作流程一般按照以下方式实现：活动组织者按照总体工作方案要求提出计划想法、进行可行性调查论证、向领导汇报、起草方案、内部认证、向领导汇报、修改至定稿、正式公布及实施。

主题活动方案一般包括以下内容：①方案名称；②前言；③活动主题；④目的与意义；⑤活动描述与流程（时间、地点、活动内容、流程安排等）；⑥经费预算和经费来源；⑦组织结构及职能；⑧活动的效益预测；⑨活动的风险及防范；⑩联络方式；⑪结束语。

当然，除了以上提到的各项方案，根据实际需要，还会涉及场馆设计方案、工作进度表、赞助商参与方案、观赛手册等。

6.2.3　竞赛赛制

随着电子竞技成为一项体育项目，电竞和传统竞技体育之间的关系越走越密切。除了过去从商业化模式、俱乐部经营管理方面不断从传统竞技体育汲取养分，电竞领域内的大型赛事也开始在赛制上借鉴传统竞技体育赛事。其中，效仿 NBA 东西部分组制的有《英雄联盟》的 LPL、《王者荣耀》的 KPL，而效仿世界杯赛制的则有 S7 系列赛，甚至《英雄联盟》另一项国内赛事"德玛西亚杯"如今也借鉴了足协杯。第 12 个赛季的《穿越火线》职业联盟电视联赛（Cross Fire Professional League，CFPL），则更是同时借鉴了网球公开赛和 NBA 的赛制，将传统竞技体育赛事的赛制精髓融于己身。NBA 式的季后赛规则几乎已成大型电竞联赛标配，如图 6.2.7 所示。

图 6.2.7　电竞联赛 NBA 式赛制规则

中国电子竞技运动已有十余年的蓬勃发展史，在制定比赛赛制方面也有着相当丰富的经验，也曾诞生过 WCG、CPL、ESWC 等赛制赛程各具特色的顶级赛事。近年来电竞赛事在赛制上借鉴传统竞技体育的原因包括以下几个方面。

1．赛事体量今非昔比，借鉴成熟模式势在必行

电竞运动自身发展而形成的"刚需"，是电竞赛制模式全面向传统竞技体育靠拢的最为关键的因素。在过去，电竞运动发展尚不成熟时，除韩国这种全球绝无仅有的"举国电竞"特例外，在大部分国家和地区，任何电竞项目都难以形成大规模的线下落地联赛，即便是电竞运动开展较早的欧美地区，早期的联赛也基本以线上为主，以压缩成本。电竞圈内的落地赛基本是类似 WCG 的赛会制。早期电竞线下赛几乎全为赛会制。赛会制就是挑选一个有资格，或者公正，或者中立，或者合适的地点进行比赛，而不是在参赛队的主场或客场进行，如各种世界杯赛、欧洲杯赛等。图 6.2.8 所示为早年的 WCG 赛会制总决赛。

然而，电竞行业近年来的井喷式发展，使世界各地开始出现了大规模的线下落地赛事，电竞观赛人群也在不断扩大。于是，周期较长、场次多、能满足观众日常观赛需求的线下落地联赛，开始成为许多电竞观众的刚性需求。在国内，无论是诞生于 2012 年的 CFPL，还是诞生于 2013 年的 LPL，抑或是 2016 年问世的 KPL，都是这一刚性需求之下的产物。近两年，由于政策、产业等多方因素带来国内电竞大环境的持续改善，各大电竞项

目的顶级职业赛事，无论是参赛俱乐部规模、观众群体，还是比赛规格都保持了稳步上升的态势。

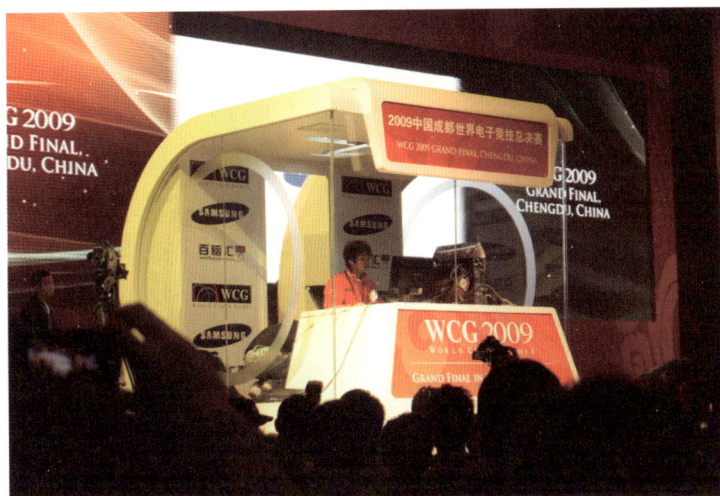

图 6.2.8　早年的 WCG 赛会制总决赛

随着参赛队伍越来越多，比赛强度越来越大，为了不让俱乐部和选手背负太过沉重的负担，通过对赛制的升级来更有效地实现联赛"扩容"，显然也是必经之路。改进赛制，最好的"老师"无疑是和电竞属性最为相近的传统竞技体育，尤其是篮球、足球、网球这种高度职业化的竞技体育项目。因此，我们也才能够看到,《穿越火线》CFPL 从 S12 赛季开始采用"季前赛（淘汰制）＋常规赛（循环制）＋季后赛（淘汰制）"的新赛制，而《英雄联盟》LPL 也开始启用东西部分区的内外双循环赛制。这两种赛制的模式截然不同，但都是借鉴自传统竞技体育的成熟赛制，也都能够预防联赛"扩容"后赛程偏长、联赛强度偏大的问题，联赛"扩容"是 LPL 赛制变革的重要原因之一。图 6.2.9 所示为《英雄联盟》LPL 双循环制。

图 6.2.9　《英雄联盟》LPL 双循环制

2．观赏性不容忽视，NBA 成借鉴热门

电竞联赛纷纷效仿传统竞技体育的做法，除了对联赛"扩容"有利，对于提升比赛观赏性、提升赛事商业化水平的考量同样不容忽视。这一点，从当前国内最有分量的几项电竞职业联赛就能看出端倪。

首先，在 2018 年 1 月揭幕的 2018 年 LPL 春季赛，LPL 开始实施近似于足球、篮球联赛中的主客场制，除了上海这个过去 LPL 的大本营，Snake、LGD、OMG 三支战队分别落户重庆、杭州、成都，位于不同城市之间的战队之间交锋将依据赛程中制定的主客场安排来决定比赛的所在地。从实施结果来看，主客场制给 LPL 带来了丰富的话题和各主场城市火爆的线下观赛氛围，以及更加踊跃的赛事赞助商。

其次，在 2018 年 3 月 9 日正式开战的 CFPL S12 赛季，则首次引入了类似 NBA 的"季前赛＋常规赛＋季后赛"模式。季前赛会淘汰四支队伍，由剩余的队伍参与大循环赛制的常规赛并决出排名，再由常规赛前八名进行单场淘汰制的季后赛，最终决出冠军、亚军、季军等名次。图 6.2.10 所示为 CFPL S12 赛季新赛制。

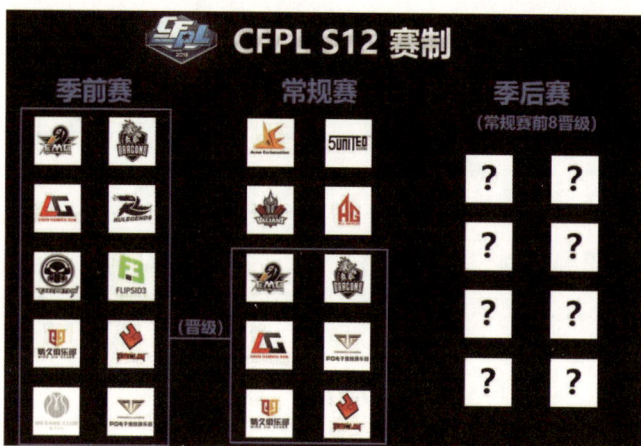

图 6.2.10   CFPL S12 赛季新赛制

新的赛制下，CFPL 参赛队伍总数虽然仍为 14 支，但由于季前赛有部分战队淘汰，常规赛只有 10 支战队，一方面让常规赛赛程被适当压缩，另一方面通过季前赛的淘汰机制筛选出本赛季状态更理想的战队，有效提升赛事的整体观赏性和竞技水平。

除 LPL 和 CFPL 外，在 2018 年 3 月 21 日揭幕的 2018 年 KPL 春季赛，同样效仿 NBA 模式，采取了东西部分区制度，将东西部队伍的赛场分别安排在上海和成都两地，有效地提升了赛事的观赏性和赛程效率。图 6.2.11 所示为 2018 年 KPL 春季赛东西部对决赛制。

图 6.2.11　2018 年 KPL 春季赛东西部对决赛制

3．"借鉴"的表象之下，是各具特色的赛事基因

尽管各大电竞项目职业联赛开始效仿传统竞技体育的赛制模式，但任何项目、任何赛事，其赛制也都绝非"照搬"传统竞技体育赛事，而是从各项目自身实际情况和升级赛制的核心目的出发，从传统竞技体育中寻找恰当的目标加以参考，最终形成具有自身特色的电竞联赛赛制。上述被反复提及的三个典型案例——LPL、CFPL 和 KPL，无疑都符合这一规律。其中，历史最为悠久的 CFPL，其 S12 赛季新赛制可以说是在上述联赛中最为独特的一个。CFPL 新赛季设立了"十进六"的季前赛。"季前赛"概念虽源自 NBA，但很显然，CFPL 的淘汰制季前赛与仅有热身作用的 NBA 季前赛有着显著区别。CFPL 还保留了一贯严酷的升降级制度，季前赛遭淘汰的四支队伍，与常规赛末两名，以及季后赛保级赛落败的两支队伍，都无法获得下赛季的直接参赛资格。因此，CFPL 赛制既拥有作为联赛赛制的长周期、高频度的基本特征，又融入了赛会制比赛的淘汰机制，这种"二合一"的模式让比赛竞争更为激烈。图 6.2.12 所示为 CFPL S12 季前赛。

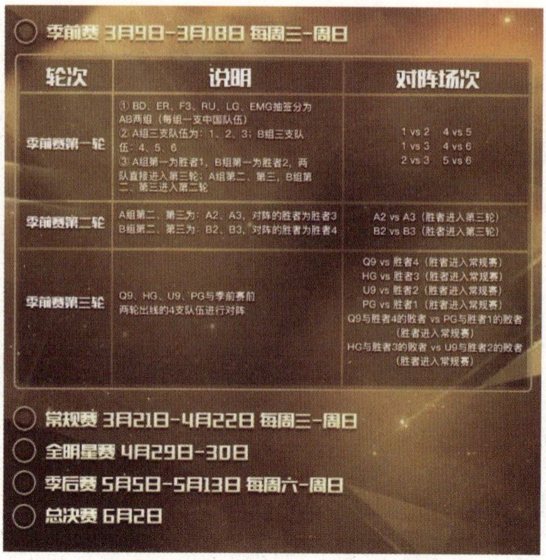
季前赛 3月9日-3月18日 每周三-周日

轮次	说明	对阵场次
季前赛第一轮	① BD、ER、F3、RU、LG、EMG抽签分为AB两组（每组一支中国队伍） ② A组三支队伍为：1、2、3；B组三支队伍：4、5、6 ③ A组第一为胜者1，B组第一为胜者2，两队直接进入第三轮；A组第二、第三，B组第二、第三进入第二轮	1 vs 2　4 vs 5 1 vs 3　4 vs 6 2 vs 3　5 vs 6
季前赛第二轮	A组第二、第三为：A2、A3，对阵的胜者为胜者3 B组第二、第三为：B2、B3，对阵的胜者为胜者4	A2 vs A3（胜者进入第三轮） B2 vs B3（胜者进入第三轮）
季前赛第三轮	Q9、HG、U9、PG与季前赛前两轮出线的4支队伍进行对阵	Q9 vs 胜者4（胜者进入常规赛） HG vs 胜者3（胜者进入常规赛） U9 vs 胜者2（胜者进入常规赛） PG vs 胜者1（胜者进入常规赛） Q9与胜者4的败者 vs PG与胜者1的败者（胜者进入常规赛） HG与胜者3的败者 vs U9与胜者2的败者（胜者进入常规赛）

常规赛 3月21日-4月22日 每周三-周日
全明星赛 4月29日-30日
季后赛 5月5日-5月13日 每周六-周日
总决赛 6月2日

图 6.2.12　CFPL S12 季前赛

目前在国内 MOBA 领域影响力最大的 LPL 赛事，则出于自身联赛建设及商业化的需要。例如，《英雄联盟》相关赛事在赛制上全面向全球体育赛事中商业化较为成熟的 NBA 靠拢，不仅取消了顶级联赛的升降级制度，还打造了带有区域联赛特性的、近似于 NBA G-League 的 LDL 发展联赛。《王者荣耀》KPL 联赛虽与 LPL 一样选择了 NBA 赛制作为借鉴对象，但其主要着眼点则在于东西部分区带来的、全新的竞争格局。作为当前 MOBA 领域移动电竞赛事领军者的 KPL，为了打造更有利于各俱乐部均衡全面发展的竞技环境，避免个别顶级战队垄断行业资源，还额外借鉴了 NBA 的联盟化运作模式，以及“工资帽”等具体规则。图 6.2.13 所示为 KPL 职业电竞联盟成立时所颁布的联盟规则。

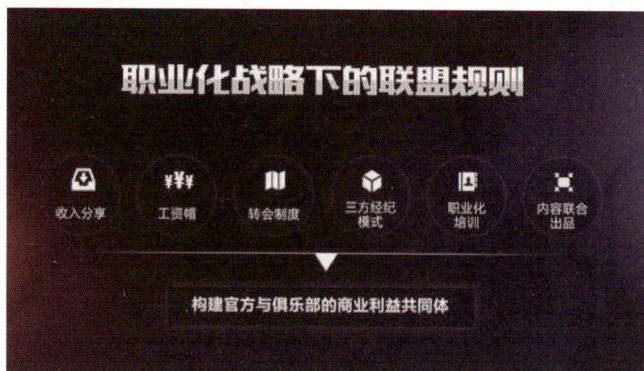

图 6.2.13　KPL 职业电竞联盟成立时所颁布的联盟规则

LPL、CFPL、KPL 这三个最能代表当前中国电竞赛事发展的大型线下落地联赛，不约而同地选择在 2018 年进行大刀阔斧的改革，这一“巧合”现象，所反映的也正是中国电竞产业高速发展、本土联赛环境日益成熟的大趋势。不过，这三个来自不同项目的顶级联赛，虽然在赛制改革的思路上有相似之处，都选择了从 NBA 等传统竞技体育赛事借鉴，但实际上，每项联赛的变革背后，都有着对于项目和赛事长久发展的深度考量。对于已有六年历史、已进入第 12 个赛季的 CFPL 来说，进行大幅度的赛制升级，在季前赛引入多家海外俱乐部加入争夺，无疑都是为了保持赛事自身活力，以满足观众的需要。归根结底，电竞赛事服务的是观众，只要观众欢迎，任何革新都是值得尝试的。

6.2.4　比赛规则

比赛规则是电竞赛事过程中参赛选手和裁判员必须遵循的技术规范和行为准则。比赛规则是确保整个赛事顺利进行的规范性保障制度，参赛选手和裁判员以此规范来约束自己的行为，目的是让选手规范参赛，裁判员规范评分，保证整个赛事的公平、公正。当然，电竞项目繁多，每个项目都有自身的特点，比赛规则也有自己的独特之处，但基本的结构是相似的，包括总则与细则。下面以 DOTA 5v5 为例介绍比赛规则。

知识链接

DOTA 5v5 赛事规则

一、总则

1．游戏版本

比赛使用《魔兽争霸 3 之冰封王座》（版本：TFT1.24E）作为比赛客户端。

2．地图

比赛使用的地图为 DotA Allstars v6.78b 中文版。

3．胜利

某方一致认输或是摧毁对手世界之树 / 冰封王座的一方获胜。

4．选手规则

（1）选手有责任了解并遵守所有的守则，公平竞赛。

（2）要求选手具有职业素养，并表现出良好的体育精神，严禁在比赛过程中以任何理由辱骂对手、辱骂裁判。一旦发生辱骂行为，当值裁判有权将辱骂他人者所在的战队直接判负，事后还要由组委会根据事件的严重程度，考虑是否追加判罚。一些有争议的、过激的语言，也禁止出现，如白痴等，否则会导致裁判很难把握判罚尺度。

（3）除队长之外，选手不允许在比赛中使用公聊，违反者将有可能受到裁判的警告。有突发事件请求暂停的除外。

（4）如果选手有其他不当的行为，视情节严重，由裁判作出处罚。

5．战队规则

（1）不能使用的队伍名称包括但不限于以下的名称：亵渎、伤害任何种族、性别，宗教组织，非法毒品使用或者粗俗的用语。

（2）每支队伍最少需要五名选手，最多可报名六人，指定其中一名场上队员为队长。小组赛出线选手与总决赛参赛选手至少有四人应保持一致。

（3）队长即为队伍的联系人，队长的决定代表整支队伍，有任何问题组委会也只会与队长协调，其他队员与组委会、裁判之间进行的任何商议均被视为无效。

二、细则

1. 比赛设置

（1）比赛时间由电竞组委会决定，规定比赛时间后半个小时未上线的战队视为自动弃权所有本轮比赛。

（2）比赛在规定时间内开始。如有特殊情况，裁判可以推迟比赛。

（3）每局比赛间隙，队员有10分钟的休息时间。

2. 比赛规则

（1）比赛模式。

① 比赛采用三局两胜赛制。

② 比赛模式为CM（队长模式）：-CM 1（近位先 ban/pick）和 -CM 2（天灾先 ban/pick）。

• 登入游戏界面的时候，双方队长各输入 -roll 100，数值比较大的一方来选择阵营或者 ban/pick 顺序 [如 A 队选了阵营（近位 / 天灾），B 队决定谁先 ban/pick]。如果 roll 的数字相同则继续 roll，直到分出大小。

• 近位和天灾第一名队员默认为 ban/pick 的人选。

• 双方轮流各自选取 4 个禁用英雄，共 8 个禁用英雄。

• 双方轮流选取英雄，按照 1/2/2/2/2/1 的顺序，各自选取 5 个，共 10 个英雄。

• 选取的英雄会在生命泉按照一字行排开，队员选择自己使用的英雄。

• 队员间允许互换英雄。

（2）主机问题与重载问题说明。

① 比赛开始 10 分钟内，如果发生队员未能选择英雄或者队员掉线的情况，双方各有一次要求重新游戏的权利。重新游戏的过程中，选手必须按之前的选择顺序选择之前选择的英雄。任何已经发生的动作如物品、技能、首发路线选择和 FB（first blood，第一滴血）的获得都必须按照之前的状态复原。待双方的第一波小兵交战之后才可以进行换线。

② 比赛默认发生 FB 之后保存一次，以后每 15 分钟或某方要求则保存一次游戏。

③ 当队员掉线时，如果存在有效的存档，掉线方可以要求重载，反之则必须继续比赛。重载记录之前，要再次保存。若重载后发现存档损坏，则必须还原回比赛最后状态的存档。如果是发生最近存档损坏的情况，掉线前的优势方对读取的存档有异议，裁判可以使用使掉线前的优势方保持优势的一些措施。例如，掉线前的优势方可以在掉线前的劣势方五人必须待在本方泉水的情况下直接 A 掉一个或几个塔或者兵营。然后，等掉线前的优势方也回到本方泉水后，双方重新开始正常比赛。裁判拥有此规则的解释权。

④ 魔兽非法错误（fatal error）导致所有人都弹出游戏，而且无有效存档的情况下，游戏进行时间少于 30 分钟的必须 AG。超过 30 分钟的等待裁判来判定，裁判有权根据当时的场上形势，参考兵营、失塔数、杀人数和 FB，判定某一方胜利。禁止任意形式的恶意掉线行为，一经发现立即判负。

⑤ 任何故意利用游戏 Bug（漏洞），导致比赛出错的情况，一经发现立即判负。

3. 关于物品

（1）允许共享操作用小鸡存放物品或者英雄购买商品，购买的商品必须直接交付给购买者。

（2）允许借给同一路的队友下列恢复性物品：治疗指环、虚无宝石、回复戒指、艺人面罩、坚韧球、魔瓶。如果双方分开不归还物品，裁判会根据具体情况判定是否犯规。借用某些物品的时候要小心避免不慎合成了其他物品。

（3）允许共享的物品：小净化药水、小瓶装蓝色药水、Essifation 的远古祭祀、侦察守卫、岗哨守卫、真视宝石、回城卷轴、复活盾以及奶酪，但不允许拿去卖掉。

（4）出现掉线情况，可以使用掉线者的英雄继续进行比赛。任何情况下都不允许拾取或卖掉掉线者的物品，包括使用掉线者卖出（team sell）。掉线者的英雄可以放在一边，也允许追加掉线者的装备，恶意养人仍会被判罚警告甚至直接判负。

4. 比赛限制

（1）允许杀死队友。

（2）禁止利用游戏中的 Bug，如扔掉 BKB（black king bar，黑皇杖），导致游戏出错等。

（3）禁止任何形式的养人。

（4）禁止恶意停滞小兵（如圣骑士通过自己招的部队在基地出口长时间停滞小兵等）。短时间在小兵的移动路线上控制其前进速度将不会被判恶意。

（5）禁止滥用暂停。在特殊情况下，每队队长可以各暂停游戏 1 次，每次最长 2 分钟。

（6）禁止一切形式的 BD（back door，偷塔）高地建筑。己方的小兵未到达对方基地时，禁止任何形式的传送到对面基地的偷塔行为，但允许当己方的兵全部死光时仍继续攻击敌人基地里的任意建筑物，一旦进攻方退下防守方高地则必须等待下一波兵到达基地后方可再次对敌方建筑物进行攻击。

5. 成绩报告

比赛结束后，双方队长均需要向当值裁判提供本队的 replay（回放），并递交比赛结果单。

6. 处罚

裁判负责对整场比赛的监控，并对违规行为作出判罚。情节严重的直接判负，而情节较轻的予以警告，三次警告视为直接判负。每场比赛的警告数，不会累积到下一场。

7. 其他

（1）各选手在比赛开始起直到比赛完全结束不能与他人（队友除外）交流。

（2）禁止比赛中的选手给对方带来不快或影响对方比赛能力的频繁的 Chatting（发言、聊天），出现此类情况将受到裁判警告。

（3）比赛进行中，电脑或设置上的问题导致比赛无法正常进行时，选手可在聊天窗口连输 P 键要求暂停（Pause）。因键盘问题无法在游戏内的聊天窗要求暂停时，可举手示意。裁判应即刻暂停游戏，然后进行适当的措施使比赛能够顺利重新开始。私自暂停比赛将受到裁判警告。游戏暂停状态仍被视为比赛进行中，所以在没有裁判的许可下选手不能离开比赛席或与裁判及组委会以外的人进行交谈。

（4）允许使用第三方辅助软件（如 Warkey Ts UT 等）。禁止使用作弊软件（如 Maphack Drophack 等）。

8. Bug 给特定选手带来不利时应遵从的条款

（1）故意使用 Bug 取得利益的事实明确时，根据 WCG 组委会的判断可宣布警告处分或重新比赛或被淘汰。

（2）不是故意的，但 Bug 发生时由组委会判断是否继续比赛或重新开始比赛。

（3）发生未知的 Bug 时，比赛中的选手或裁判、组委会可要求暂停比赛。此后由组委会判断是否继续比赛或重新开始比赛。

9. 比赛高压线

高压线 1，比赛现场不得发生打架斗殴、辱骂他人的行为；

高压线 2，比赛中不得使用任何第三方软件；

高压线 3，比赛中不得使用带有攻击性或嘲讽性的言语及口吻（包括口头和游戏公屏）。

触及高压线者，一律取消比赛资格。

6.2.5   赞助招商

赞助是指企业或组织为了达到自己的目标而向某一社会事业或社会活动提供资金、物资或服务支持的一种商业行为。它是市场营销的内容之一，企业或组织通过赞助营销，投入资金、劳动力、物资、技术或服务，来获得冠名、广告、专利及促销等权利的互惠回报，最终达到促进对应产品的销售、提升品牌知名度等效果。当前，赞助是市场经济中的一个非常普遍的现象。

在电子竞技赛事领域，赞助是赛事组织举办方进行赛事活动运营的主要资金来源之一。赛事组织举办方在赞助招商的过程中，会用到赞助招商方案。下面介绍电子竞技赛事赞助招商方案要点，这些要点可以根据赛事类型和目标赞助商的不同而进行增删。

1．电子竞技赛事的活动价值

电子竞技赛事的活动价值，一般包括游戏简介、赛事简介、赛事的理念、赛事的意义、赛事用户的画像等内容，还包括赛事组织举办方的背景、举办赛事的经验、赛事的合作伙伴等内容。通过这些内容，能让赞助商基本了解本次电子竞技赛事的基本轮廓，初步判断是否与其赞助计划相吻合。

2．电子竞技赛事的活动运营

电子竞技赛事的活动运营主要介绍电子竞技赛事的规划（如职业联赛的年度规划）、活动方案、活动流程（如某场赛事的流程是赛事介绍—互动环节—明星出场—明星现场互动—赛前分析—嘉宾访谈—完整直播—赛间分析—礼品派发）等内容。通过赛事运营的介绍，能让赞助商了解赛事的组成，以及赛事的特点、优势、亮点，从而对赛事形成更清楚的认识。

3．电子竞技赛事的赞助合作

电子竞技赛事的赞助合作方案是赞助招商的重点，涉及赞助的核心，也是能否引起赞助商的兴趣并进一步接触的关键。

1）赞助内容

赞助内容是指赞助商以什么方式来提供赞助。赞助商一般可提供资金、产品、技术或服务。

2）赞助形式

赞助形式主要涉及赞助商的层次结构，如提供资金进行赞助，将按资金对赞助商进行分层，如图 6.2.14 所示。

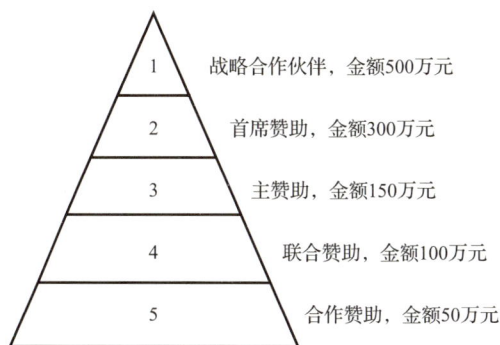

图 6.2.14　赞助形式

图中金字塔层级：
1　战略合作伙伴，金额500万元
2　首席赞助，金额300万元
3　主赞助，金额150万元
4　联合赞助，金额100万元
5　合作赞助，金额50万元

3）赞助权益

表 6.2.1 为招商方案中的赞助商资源说明。

表 6.2.1　招商方案中的赞助商资源说明

赛事资源	资源说明	资源特点	赛事资源	资源说明	资源特点
直播资源	品牌广告 Logo 展现 赞助商介绍 现场互动	高曝光	官网资源	广告位	流量引入
场地资源	展位 广告位 产品展示 海报	场景化	推广资源	官网 客户端 微博 公众号	强曝光
IP 资源	赛事形象授权	品牌联合			

赛事赞助资源提供给赞助商使用，就形成了赞助权益。表 6.2.2 以直播资源为例具体地说明赞助权益实现的细节。

表 6.2.2　赞助方案中直播资源的权益

资源列表	资源描述	展示频次	展示时间
大场片头广告	15s 视频	每场 1 次	214s
小场片广告	15s 视频	每天 1 次	80s
5s 片头转场 （BP 结束正式开赛前）	5s 视频	每局 1 次	500s
5s 片尾转场 （比赛结束切回主播赛前）	5s 视频	每局 1 次	500s
开场赞助商播报	90s 视频 （包含所有赞助商）	每天 1 次	90s
低飞 Logo （回放、结尾鸣谢、战队介绍、数据排行、赛后采访等）	图文	每天 8 次	800s
互动环节奖品提供	4min	每天 1 次	80s

4）赞助收益

赞助收益是说明权益会带来哪些回报。例如，电竞赛事整合电视、广播、平面、网络等多领域传播渠道，在赛事各个时间段形成联运效应，实现多平台化、多样式的全方位立体传播。赞助方案中也可更具体地说明有哪些广告收益、产品销售收益、品牌价值收益，最好有图文示例。

5）赞助流程

赞助流程是要告诉赞助商应该通过什么流程来最终达到赞助。一般流程如下：咨询反馈，即企业或组织收到赞助招商方案后反馈需求、提出意向；谈判报价，即双方就赞助规模、赞助方式、收益回报等进行谈判；签订合同，即双方达成赛事赞助的共识，确定细节后签订合同；设计定稿，即双方就合作中的具体设计进行确定；项目运作，即赞助商服务和品牌保护等赞助事宜的具体运作。常见电子竞技赛事赞助流程如图 6.2.15 所示。

咨询反馈　谈判报价　签订合同　设计定稿　项目运作

图 6.2.15　常见电子竞技赛事赞助流程

6）联系方式

联系方式一般要写明公司地址、电话、电子邮件地址、网址等联系信息。

6.3　电竞赛事执行

微课：赛事执行

电竞赛事是一个体系，包括赛事策划（筹备）、赛事宣传、赛事执行、反馈总结等环节。当赛事策划筹备工作及赛事宣传完成后，就要进入赛事执行阶段，赛事执行是电竞赛事中最庞大、最复杂、涉及面最广的阶段。只有赛事执行完成得好，整个赛事才能保证成功，才能达到既定目标，完成赛事任务。

6.3.1　人员安排

赛事执行的目的是推进赛事的顺利进行，保证赛事的圆满完成，达到赛事预定的目标。要确保电竞赛事有序进行，就需要赛事执行团队有强有力的执行能力。赛事执行团队一般需要赛事裁判员、主持人、解说员、赛事保障人等。要让赛事具有影响力，能吸引观众注意，这些赛事执行人员及他们完成相应任务的效果是十分重要的。当然除了以上四类人员，赛事的顺利执行还需要其他工作人员，如赛事前期的准备人员、现场摄影摄像人员、赛事数据统计整理人员等。一场电竞赛事的圆满完成，赛事执行人员的安排要做到准确、到位。下面就将赛事执行需要的几类工作人员做简单介绍。

1. 赛事裁判员

一名合格的电竞赛事裁判员，不仅要做得了网管，还要能当得了心理治疗师，并且精通相应的电竞项目。例如，当一局比赛即将结束，却突然掉线，一切心血付诸东流，日常游戏中遇到这种情况只能从头再来。在高水平电竞赛事的赛场中，赛事裁判员需要站出来调解问题与矛盾，让比赛恢复进行。这只是赛事裁判员所需要具备的技能之一。相对于传统竞技体育裁判，对赛事裁判员的综合能力要求更高，除了调解处理突发事件外，熟练掌握游戏操作、协调比赛各个环节，乃至帮助选手调试比赛机器都可能是他们工作的一部分。

当赛事裁判员在赛后收到比赛队伍双方的申诉时，只有了解赛项、了解平台及规则，并且具有丰富比赛经验的裁判才能妥善处理，才能确保比赛结果的公正公平，仔细研读双方申诉报告，调出赛事原始视频核对，参考以往赛事先例，征询其他同类电竞比赛裁判意见，最终不偏不倚、有理有据地给出令双方信服的赛事结果。因此，电竞赛事裁判员的选择是至关重要的。

2. 赛事主持人

电竞赛事主持人是灵魂人物，具有穿针引线、承上启下的作用（图6.3.1）。电竞赛事主持人必须要懂得各种游戏规则，有较好的口才，应变能力强，具有一定知名度，这样才能调动现场气氛、调节节奏、把握方向，控制整个现场场面，让电竞赛事更加精彩。

图 6.3.1　电竞赛事主持人

3. 赛事解说员

电竞赛事解说员需要具有以下几个方面的能力（图6.3.2）。第一，要具有游戏的相关知识，能够一眼分辨出游戏之中的技能战术以及选手的操作；第二，要有善于观察的眼睛，一场比赛中会有几个比较重要的时刻，在这些重要的时刻中，解说员应该能够分辨出能够使双方分出胜负的关键因素；第三，要有一定的语言表达能力，解说过程中不能冷场；第四，要有一定的应变能力，能够在出现突发事件时从容救场。

图 6.3.2　电竞赛事解说员

4. 赛事保障人员

电竞赛事的顺利进行，离不开赛事保障团队的支持，他们主要完成机器调试、账号测试、保障比赛过程有序进行、维护现场秩序、制订硬件故障预案和突发事件处理预案、现场直 / 转播布置等工作（图 6.3.3），这些都是电竞赛事能正常进行的必要保障。赛事保障没有做到周全细致，那就可能在电竞赛事过程中出现问题，影响电竞赛事的正常进行。

图 6.3.3　电竞赛事保障人员工作现场

5．其他工作人员

除了以上几类工种，电竞赛事举办还需要其他工作人员的参与，以保障赛事有序正常地开展。例如，赛前报名队伍信息的统计、报名通道的录入等；赛前参赛队伍的确认；确定赛制赛程，抽签分组，签到；组织比赛，并处理赛中相关问题；督促赛事宣传团队根据组委会要求拍照；赛事相关数据统计整理；做赛点赛事反馈统计等。

电竞赛事不但要有环境优美的场馆、功能强大的硬件设备、充足的人员保障，还需要有充足的内容（赛事及相关活动）、强大的宣传手段，再加上有序有力的赛事执行，如此才能为观众奉上一场精彩的电竞赛事，实现办赛目的。

6.3.2 现场执行

大型电竞赛事是一项复杂工程，需要不同的团队鼎力协作才能完成。要执行一场大型线下电竞赛事活动需要的基础配置有导演团队、直播技术团队、OB（observer，导播）团队、赛事团队、后期团队及制片团队六大部分。

1．导演团队

导演团队中有导演与若干助理导演。在赛事初期策划时，导演需要策划整体的创意思路，制订赛事的呈现方案，统筹导演组的具体工作安排，与其他团队对接各类需求。在比赛现场执行制作时，导演是整个赛事流程的"领航员"，助理导演要具体执行整个赛事呈现进程中的各类事物，包括舞台流程把控、艺人解说流程对接，以及与技术团队的沟通。无论是在现场还是直播中，所有观众都能够看到的内容，导演团队都会参与其中。在电竞赛事中，导演团队扮演了"核心大脑"的角色，他们的专业水准在很大程度上决定了赛事呈现的流畅度与创意性。图 6.3.4 是导演在现场与各团队沟通赛事细节。

图 6.3.4　导演在现场与各团队沟通赛事细节

2. 直播技术团队

如果说导演团队是"核心大脑"，那么直播技术团队就是比赛呈现的"操盘手"。这个团队的核心就是导播组。除了众所周知的直播画面切换，导播组的工作内容还包括在前期选定直播设备，制作设备系统图并搭建起整套直播设备（图6.3.5）。在直播过程中，他们还要负责VCR（video cassette recorder，录像机）短片的播放，与导演、摄像师、音控师、灯光师沟通，将导演想要表达的舞台直播效果完美地呈现给现场与屏幕前的观众。他们只有合作无间，才能保证比赛呈现的完整度与观赏性。由于导播专业性以及对于直播的重要性，一般高规格的线下赛事往往会配备两位导播，一位负责主切画面，另一位会在主切导播发生突发情况时顶上，保证现场直播不受意外干扰。对于设备操作的熟练度、画面镜头的切换以及突发情况的临场应变能力是衡量一位导播业务水平的基本标准。一名合格的导播需要数年的经验积累，这也使导播成为电竞行业较为稀缺的人才。

图6.3.5　导播第一视角

在直播技术团队中，IT与维技是保障电竞赛事顺利进行的"护航员"。IT在前期需要根据不同赛事的网络需求规划带宽分配，包括比赛用带宽、直播用带宽、现场办公用带宽等，同时还负责比赛用机的管理与维护。同时，他们还需要在直播时将直播画面推送至各大网络直播平台并实时监控网络异常波动。可以说没有IT的守护，观众们将看不到高清流畅的比赛画面。维技的工作同样重要，比赛现场的直播设备系统、强弱电布线图、导播间工位图以及除导播设备之外，如布线、选手通话设备、GoPro摄像机等的搭建撤场都在他们的工作范围之内。除此之外，他们还肩负着设备的运输、管理及维护的职责。没有他们的技术支持，赛事整体推进的效率会大打折扣。维技的工作从搭建到撤场都会参与其中，可以说是最累的岗位之一。

3. OB 团队

OB 团队的工作不仅仅是切换比赛中的游戏画面这么简单，他们还要根据不同的游戏，制定不同的 OB 策略，如游戏内近远镜头的切换、画面切换的逻辑性、游戏画面包装的建议、游戏中各类功能界面的运用等（图 6.3.6）。此外，一场比赛的 OB 是由整个 OB 团队来完成的，各个 OB 负责不同视角、不同选手的画面输出。可以说 OB 是比赛游戏画面中的"导演"，他们对游戏的理解及切换画面的意识决定了观众的观赛体验。

图 6.3.6　OB 画面操控

4. 赛事团队

电竞赛事的主体是比赛，赛事团队的主要职责就是针对不同项目制定合理的赛程赛制、管理比赛用账号、管理专业裁判、收集赛事数据等。此外，参赛选手的联络、接待与管理是他们最重要的工作内容。一场大型电竞赛事的参赛人员动辄数百人，差旅安排、定妆照拍摄、接送机、选手到场时间等都需要赛事团队作出合理的规划。高效的沟通与强大的执行力是这一岗位必备的素质（图 6.3.7）。

图 6.3.7　赛事团队成员与选手沟通比赛细节

5．后期团队

后期团队的主要工作是字幕包装设计和视频制作。设计组需要在前期针对比赛理念与基调输出 KV（key visual，主视觉）设计，这个主 KV 决定了后续所有赛事包装、视频包装及比赛呈现的风格。此外，还需要制作直播赛事的包装设计。这个岗位需要有较高的审美与创新能力。为了快速地将比赛对阵、选手信息、赛事数据等内容呈现给观众，字幕组需要在前期根据需求制作字幕系统，在比赛直播中使用字幕机实时地将内容输出（图 6.3.8），帮助观众更全面地了解比赛进程。

图 6.3.8　动态字幕包装

视频制作组需要根据设计组的包装设计输出动态包装与音效。或许观众在观看比赛的时候很少会留意动态包装，但是这对于比赛内容的呈现至关重要。试想一下，若从解说台画面切换到今日对阵时没有任何转场与动态包装，那将会显得非常生硬。

此外，视频制作组还需要产出非常多的视频内容，包括比赛宣传片、选手采访、比赛花絮、精彩回顾、各类视觉效果等。大多数视频素材的拍摄集中在白天，所以视频制作组一般会在晚上通宵达旦输出成片，用于第二天的直播。

6．制片团队

制片团队的主要职责分为商务对接和后勤保障。从与甲方沟通明确需求到场馆选择、活动报批、安保消防、舞美灯光、演职人员、VIP 接待、供应商管理等，这些都是制片团队的工作内容。此外，所有与赛选手和工作人员的餐饮、服化都由制片团队提供后勤保障。制片团队是整场比赛的"大管家"，事无巨细，有求必应。图 6.3.9 所示为 TGA（The Game Awards）腾讯电竞运动会亚运会电竞赛事承办团队。

图 6.3.9　TGA 腾讯电竞运动会亚运会电竞赛事承办团队

综上所述，一场大型线下电竞赛事所需要的岗位基本齐全了。各个岗位都是整个体系中不可或缺的一环，只有整个团队合作无间，才能将电竞赛事制作得更专业、更具观赏性。每家电竞赛事制作公司的团队架构会有所不同，但是具体的工作内容大同小异。

知识链接

腾讯电竞（图 6.3.10）是中国最具竞争力的电竞品牌。腾讯电竞从 2010 年以 TGA 开始布局，正式品牌成立于 2016 年 12 月 9 日，并与腾讯游戏、阅文集团、腾讯影业、腾讯动漫、腾讯音乐娱乐组成"新文创"数字内容产业矩阵。

图 6.3.10　腾讯电竞 Logo

学习评价

进行学习评价，并在"总结与反思"栏内写下自己的学习总结。

学习评价表

评价内容	自我评价			教师评价	
	了解	熟悉	理解	合格	不合格
三大国际电竞赛事					
电竞赛事的分类					
电竞赛事项目设计的内容					
电竞赛事方案的制订					
电竞赛事赛制					
电竞赛事比赛规则					
电竞赛事赞助招商					
电竞赛事执行的内容					
电竞赛事现场控制					

总结与反思：

教师签字：

单元测试

一、填空题

1. 国际三大电竞赛事是 _____、_____ 和 _____。

2. 基于体验者类型的项目设计主要有 _____、_____、_____ 和 _____ 四种。

3. 电竞赛事方案制订涉及 _____、_____、_____、_____、场馆设计、工作进度、赞助商参与、观赛手册等。

4. 电竞赛事比赛规则是 _____。

5. 赞助是 _____，赞助是赛事组织举办方进行赛事活动运营的主要资金来源之一。

6. 电竞赛事赞助合作涉及 _____、_____、_____、赞助收益、赞助流程和联系方式等。

7. 电竞赛事执行涉及 _____、_____、_____、赛事保障人员和其他工作人员等。

8. 电竞赛事现场执行团队主要有 _____、_____、_____、赛事团队、后期团队及制片团队等。

二、简答题

1. 简述电竞赛事的分类。

2．简述电竞赛事项目确定的内容。

3．电竞赛事总体方案包括哪些内容？

4．简述赞助商的几个层次。

5．简述电竞赛事现场控制要素。

参 考 文 献

恒一，2017．电子竞技概论 [M]．南京：江苏人民出版社．

前瞻产业研究院，2019．2019 年中国电子竞技产业研究报告 [R]．北京：前瞻产业研究院．

直尚电竞，2018a．电子竞技导论 [M]．北京：高等教育出版社．

直尚电竞，2018b．电子竞技产业生态 [M]．北京：高等教育出版社．

直尚电竞，2019．电子竞技赛事管理 [M]．北京：高等教育出版社．

张轩，巩晓亮，2019．电子竞技新论 [M]．北京：电子工业出版社．